KB074841

소크라테스의 변명

크리톤·파이돈·향연

세계교양전집 16

소크라테스의 변명
크리톤·파이돈·향연

플라톤 지음

최유경 옮김

올리버

플라톤Platon

• 차례 •

소크라테스의 변명

소개글

 소크라테스는 여러 가지 죄로 아테네 시민들에 의해 재판을 받게 되었다. 죄목은 모두 그가 철학을 가르쳤다는 것과 연관이 있다. 그를 고발한 사람은 멜레토스이고, 소크라테스는 몇백 명의 아테네 시민 배심원단 앞에서 연설을 한다. 이 유명한 작품에서 소크라테스는 모든 것에 대해 질문하는 그의 철학적 실천을 변호하고 철학적 삶의 아름다움을 묘사한다.

변론

오, 아테네 시민 여러분, 저를 고발한 사람들에게 여러분이 어떤 영향을 받았는지 저는 잘 모릅니다. 그들은 저 자신이 누구인지조차 잊게 할 정도로 저를 아주 잘 설득했죠. 물론 그들의 말에 진실은 전혀 없었습니다.

그들의 숱한 거짓말 중 저를 가장 놀라게 한 것이 있습니다. 여러분에게 제 연설에 속아선 안 된다고 했던 말입니다. 제가 그리 대단한 연설가가 아니란 사실을 증명하면 자신들의 거짓이 바로 드러날 텐데 말이죠. 그런데도 그들은 부끄러운 줄 모르니, 이 또한 너무 놀랍습니다. 그들이 일컫는 연설이란 진실이 담긴 제 연설과는 완전히 다릅니다. 그들은 거짓말을 하고 있습니다. 여러분은 저에게서 진실만을 듣게 될 겁니다. 물론 저는 그들처럼 한껏 꾸민 화려한 연설은 못합니다. 그저 제 생각과 주장을 진솔하게 전달할 뿐입니다. 저는 제 연설에 정당성이 있다고 자신하고, 제가 가는 길이 옳다고 확신합니다. 여러분은 제가 젊은 연설가처럼 듣기 좋게 꾸며 말하길 기대하지는 않으실 거라 믿습니다. 오랜 인생을 살아온 제가 그럴 리는 없겠지요.

여러분께 부탁을 하나 해야겠습니다. 저는 평소에 하던 대로 자신을 변호할 생각이라 이제부터 광장, 환전상들의 탁자, 혹은 다른 어느 곳에서든 제가 버릇처럼 쓰던 말들을 듣게 되실 겁니다. 그러니 이에 놀라 제 말을 막는 일은 없길 바랍니다.

제가 70이 넘은 나이에 난생처음으로 법정에 서봐서 이곳의 말들이 제게는 너무 생소합니다. 그러니 제가 모국어를 사용하는 타지에서 온 사람이라 여기고 제 말을 너그러이 들어주시면 좋겠습니다. 그래야 정당하지 않겠습니까? 제가 말하는 방식이 어떻든 너무 신경 쓰지 마시고 다만 제 말이 진실인지 아닌지 내용만 따져주십시오. 웅변가는 진실을 말할 테니 재판관님들은 정당하게 결정만 내리시면 됩니다.

우선 저를 처음 고발한 사람들의 오래된 고발 내용에 대해 답한 후, 나중에 저를 고발한 사람들의 고발 내용으로 넘어가겠습니다. 수년 동안 저를 부당하게 고발한 자들이 너무 많고 저는 그들이 나름 매우 위험한 사람들이라고 생각하기 때문입니다. 저는 저를 처음 고발한 사람들이 아니토스(당시 정치인의 대표적 인물 - 역주)와 그의 일당들보다 더욱 두렵습니다. 왜냐하면 그들은 여러분이 어릴 때부터 여러분의 정신을 사로잡아 거짓을 불어넣었기 때문입니다. 그들은 하늘 위의 것들과 땅 아래의 것들을 탐색하는 현자 소크라테스란 사람이 있는데 그는 나쁜 일을 좋은 명분으로 치장하는 사람일 뿐이라며 여러분을 속였습니다. 그런 잘못된 생각을 퍼뜨린 자들이 바로 제가 두려워하는 저의 첫 고발자들입니다. 제가 그들을 가장 두려워하는 이유는 이 고발자들이 그런 헛소문을 듣는 사람들에게 소크라테스처럼 하늘과 땅의 이치를 탐색하는 사람은 신의 존재를 믿지 않는다는 착각을 심어주기 때문입니다. 저를 이렇게 고발한 사람들의 수는 적지 않으며, 또 아주 오래전부터 이런 헛소리를 해왔습니다. 여러분이 어릴 때, 즉 여러분이 지금보다 쉽게 영향을 받는 나이에 그런 말들을 했고 그에 대한 진실을 답해줄 사람은 없었지요. 이는 반론할 피고가 존재하지 않는 궐석재판이나 다름없습니다. 무엇보다 제가 힘든 것은 그 고발자들이 누구인지 이름조차 모른다는 겁니다. 우연히 알게 된 한 명의 희극 작가가 있다는 것 말고는요. 그들은 모든 시샘과 악의로 여러분을 설득하려 하는데 그중에는 자기 자신 또한 설득하려 하는 이들이 있습니다. 이런 부류의 사람은 정말이지 다루기가 힘듭니다. 그 사람들을 여기 데려다가 따져볼 수도 없으니 대답 없는 그림자들에게 제 변호를 하는 것이나 다름없군요. 그래서 여러분께 부탁드리는 겁니다. 이처럼 저를 비방하고 고발한 사람들은 최근 고발자들과 옛날 고발자들로 나뉩니다. 그렇기에 오래전부터, 그리고 훨씬 자주 들어온 이 옛날 고발자들의 저에 대한 비난에 대해 먼저 답하는 것이 타당하다고 생각합니다. 여러분도 이해해 주시길 바랍니다.

자, 그러면 이제 저의 변호를 해야 할 시간입니다. 오래 지속되어 온 저에 대한 비방을 짧은 시간 안에 깨끗이 해명하도록 노력하겠습니다. 저의 변호가 저나 여러분에게 좋은 것이고 제 명분에

도움이 된다면 꼭 성공하기를 바랍니다. 하지만 이러한 비방에 대해 변호한다는 것이 애초에 힘든 일임을 알기에 성공하기 쉽지 않으리라 생각합니다. 그러니 결과는 신에게 맡기고 저는 법률에 복종하여 제 변호를 하겠습니다.

그럼 변호에 앞서 처음으로 다시 돌아가 묻겠습니다. 저를 비방한 고발의 내용, 멜레토스가 고발한 저의 죄의 내용은 무엇일까요? 자, 그 비방자들은 저에게 뭐라고 했던 걸까요? 제 고발자인 그들이 진술서에 뭐라고 했는지 요약해보겠습니다. '소크라테스는 악한이고 호기심이 많은 사람이다. 그는 하늘에 있는 것과 땅 아래 있는 것들을 탐구하고 나쁜 일을 좋은 일로 보이게 만든다. 그리고 그는 이와 같은 생각을 다른 사람에게 주입시킨다.'

이게 바로 고발의 내용입니다. 아까 말한 희극 작가 아리스토파네스의 작품 《구름》에서 여러분이 직접 본 그대로지요. 그의 희극에서는 소크라테스라 불리는 사람이 여기저기 돌아다니며 자신이 공중에서 걷는다는 등 엉터리 이야기들을 늘어놓는다고 되어 있어요. 도무지 무슨 말을 하는 건지 저는 알 수가 없습니다. 그렇다고 제가 자연철학을 공부하는 학생들을 폄하하는 것은 아닙니다. 청년 멜레토스가 제가 그렇게 중죄를 지었다고 고발한 것은 정말 유감스러운 일이지만 진실은 간단합니다. 아테네 시민 여러분, 저는 그런 물리적인 사색과는 아무런 관련이 없습니다. 여기 계시는 많은 분이 진실의 목격자이고 저는 그분들에게 호소합니다. 제가 하는 말을 실제 들어본 적 있는 분들이라면 아실 겁니다. 앞서 말한 희극에서처럼 말도 안 되는 이야기를 제가 길게든 짧게든 한 번이라도 떠들고 다닌 적이 있는지 말입니다. 이에 대해 주위 사람들한테 얘기해 주세요. 아마 주위 사람들도 저에 대한 헛소문을 말하겠지만, 여러분은 그런 이야기를 듣고 진실인지 판단할 수 있으리라 생각합니다.

고발에는 제가 선생으로 돈을 받았다는 근거 없는 내용도 있습니다. 이런 혐의도 정말 진실과는 거리가 멉니다. 물론 저는 한 인간이 인류를 지도할 능력이 있다면 그 가르침의 대가로 돈을 받는 것도 명예로운 일이라고 생각합니다. 레온티노 사람인 고르기아스, 케오스 사람인 프로디코스, 그리고 엘리스 사람인 히피아스 같은 자들(세 명은 유명한 소피스트들이다-역주)이 바로 그런 능력자들입니다. 그들은 여러 나라를 돌아다니며 젊은이들을 설득하여 자신들에게 와서 돈을 주고 배우게 만듭니다. 젊은이들이 그들의 나라에서 이미 배우고 있는 선생님들은 아무것도 가르치지 못한다고 말하면서요. 그리고 그 돈을 지불하는 것조차 감사하게 만드는 사람들입니다. 저는 최근 파로스 사람인 철학자가 아테네에 살고 있다고 들었는데 그에 대해 듣게 된 경위는 이렇습니다. 소피스트들에게 막대한 돈을 쏟아 부은 히포니코스의 아들 칼리아스를 우연히 만났습니다. 그에게 아들이 둘 있다는 것을 알고 있었기에 저는 이렇게 물었습니다. "칼리아스, 만약 자네의 두 아들이 망아지나 송아지라면 그들을 가르쳐 훌륭하게 만들 사람을 찾기는 쉬울 거야. 말 조련사 혹은 농부를 고용해도 망아지나 송아지에 알맞은 기능을 가르쳐 향상시키고 훌륭하게 만들어 주겠지. 그러나 자네 아들들은 인간이 아닌가. 누가 그들을 가르칠 수 있다고 생각하나? 인간과 정치적 덕을 이해하는 사람이 있을까? 자네는 아들들이 있으니 틀림없이 그런 생각을 해봤을 텐데 혹시 누가 있는가?" 그러자 그는 있다고 대답했고 저는 그가 누구이며 어디 사람인지, 또 가르침에 대해 얼마를 받는지 물었습니다. 그는 "파로스 사람인 에우에노스요, 5므나(고대 로마의 화폐 단위. 당시 1므나는 노동자가 약 100일간 일해야 벌 수 있는 금액 - 역주)를 받습니다"라고 답했습니다.

'에우에노스는 행복한 사람이군.' 저는 생각했습니다. 그가 정말 그런 지혜를 가지고 있고 그토록 저렴한 값에 가르침을 준다면 말입니다. 만약 제가 그 사람과 똑같았다면 저는 매우 우쭐대며 자만했을 것입니다. 그러나 사실 저는 그런 지식은 없습니다.

아테네 시민 여러분, 그러나 분명 여러분 중에는 이렇게 말하는 사람이 있을 겁니다. "그렇다면 소크라테스 씨, 당신을 고발한 진짜 원인은 무엇입니까? 당신이 뭐 하는 사람인지 의심스럽습니다. 당신이 다른 사람들이 보통 하는 일들을 했다면 이 모든 소문과 이런 고발은 일어나지 않았을 텐데요. 우리가 당신에 대해 경솔한 판단을 내리지 않도록 당신이 뭐 하는 사람인지 말 좀 해 주세요." 당연히 이런 의문을 가질 수 있다고 생각합니다. 그러니 저는 제가 왜 지혜롭다고 불리는지, 그리고 왜 그런 악평을 받고 있는지 설명하려고 합니다. 주목해 주세요. 여러분 중에는 제가 농담을 하고 있다고 생각하는 분도 있겠죠. 그러나 저는 완전히 진실만 얘기할 겁니다. 아테네 시민 여러분, 제가 지혜롭다 불리는 건 제가 어떤 종류의 지혜를 가지고 있기 때문이라고 말하겠습니다. 어떤 지혜냐고 물으신다면 인간이기에 가질 수 있는 그런 지혜라고 말씀드리겠습니다. 저는 제가 그런 지혜를 지녔다고 생각합니다. 그러나 제가 앞서 말한 사람들은 뭐라 설명하기 어려운 인간의 지혜 이상을 가진 것 같습니다. 저는 그런 것은 가지질 못했습니다. 제가 그런 지혜를 가졌다고 말하는 사람들은 저를 중상하려고 거짓을 말하는 겁니다. 그리고 아테네인 여러분, 제가 과장하는 것처럼 들린다 해도 제 말을 막지 말아 주세요. 제가 이제부터 말하는 것은 제 말이 아니라 여러분이 믿을만한 분의 말입니다. 제가 지혜를 지녔다는 것이 사실이라면 저는 그 증인으로 델포이의 신(아폴론-역주)을 채택하겠습니다. 여러분은 카이레폰(아테네에 30인의 독재정권이 수립된 동안 국외로 망명했다 돌아온 민주파 시민-역주)을 알고 계시죠? 그는 일찍이 제 친구였고 여러분과는 같이 망명했다가 돌아온 사람입니다. 여러분도 알다시피 그는 모든 일에 맹렬하게 임하는 사람이죠. 그는 델포이에 가서 다음의 문제에 대해 신탁을 받으려 했습니다. 아까도 말씀드렸듯 듣기 힘들 수 있지만 제 말을 막지 말아 주세요, 여러분. 그는 소크라테스보다 현명한 사람이 누구냐고 신탁에 물었습니다. 그러자 신탁을 내리는 아폴로의 무녀가 답하길 저보다 현명한 사람은 없다고 했답니다. 카이레폰은 죽었으나 그의 형제가 여기 있으니 제 말의 진실을 증언해 줄 겁니다.

제가 왜 이런 말을 할까요? 제가 왜 그런 나쁜 평판을 얻었는지 설명하려고 그런 겁니다. 저는 그 신탁을 듣고 신이 뭘 의미하신 건지 궁금했습니다. 이 수수께끼를 어떻게 풀어야 할까. 제가 대체 어떤 지혜를 가졌다는 건지, 그 지혜가 큰지 작은지 도통 모르겠는데 제가 제일 지혜로운 사람이라지 않습니까? 무슨 말씀이신지는 모르겠지만 어쨌든 그는 신이고 신의 본성은 거짓말을 하지 않는 것이니까요. 그래서 저는 오랫동안 생각한 끝에 그렇게 말씀하신 것에 대해 신에게 물어볼 방법을 생각해 냈습니다. 저보다 더 지혜로운 사람을 찾으면 그를 데리고 신에게 가서 "신께서는 제가 가장 현명하다고 하셨지만 여기 저보다 더 현명한 자가 있습니다"라고 말하는 것이었죠. 그래서 저는 지혜를 가졌다고 알려진 한 사람을 찾아갔고 그를 관찰했습니다. 제가 진짜 지혜로운 자인지 검토해보기로 한 그 사람은 정치인이었는데 그 이름을 거론할 필요는 없다고 생각합니다. 그런데 그와 이야기를 나눠보니 도무지 지혜로운 사람이라고 생각할 수가 없었습니다. 아무리 많은 사람이 그를 지혜롭다 하고 자기 스스로도 그렇다 생각한다지만 말입니다. 그래서 저는 그 사람에게 당신이 스스로 현명하다고 생각할지 몰라도 그건 사실이 아니라고 알려주려 했습니다. 그러나 결국 그 사람과 거기 있던 다른 몇몇 사람들에게 미움만 받게 되었습니다. 그래서 저는 그들을 떠나 돌아오며 생각했습니다. 저나 그 사람이나 둘 다 아름다운 것과 선한 것이 진정 무엇인지 모르지만 제가 그 사람보다는 낫다고요. 왜냐하면 그는 모르면서 안다고 여기지만, 저는 모를 뿐 아니라 모르는 걸 모른다고 여기기 때문이죠. 모르는 것을 모른다고 생각한다는 점에서 제가 그 사람보다 좀 더 나은 점이 있다고 생각합니다. 그 후 저는 자신이 지혜로운 사람이라고 떠들어대는 다른 사람을 찾아갔지만 결과는 같았습니다. 또다시 그와 그의 곁에 있던 사람들에게 미운털만 박혔지요.

그런 식으로 여러 명을 찾아다녔는데 결과는 언제나 같고 미움만 잔뜩 받게 되니 슬프고 두렵기도 했습니다. 그러나 신의 말씀이니 저는 그 말씀을 우선해야 했습니다. 그래서 신의 말씀이 무슨 뜻인지 알 것 같은 사람들을 모두 찾아가 그 의미를 밝혀야 한다고 생각했습니다. 아테네 시민 여러분, 개에게 맹세하며 말하겠는데('개에게 맹세한다'는 표현은 당시 아테네 사람들이 신의 이름을 함부로 부르고 싶지 않을 때 자주 사용했다고 한다 - 역주) 저는 여러분께 진실만을 말하고 있습니다. 제가 그렇게 지혜롭다 불리는 사람들을 찾아다니고 난 후 내린 결론은 이렇습니다. 제일 지혜롭다 알려진 사람들은 거의 어리석은 사람들이었고, 반면 보잘것없다고 여겨지는 사람들이 오히려 더 지혜롭고 현명했습니다. 결국 신탁을 부정할 수 없다는 것을 깨닫게 된 제 힘들었던 방랑 이야기를 계속해야겠습니다. 정치인들 다음으로 저는 시인들을 찾아갔습니다. 비극 작가나 주신酒神을 찬양하는 희극 작가 등 여러 종류의 시인이었습니다. 제가 그들보다 무지하다는 사실이 단번에 드러날까 두려워 저는 그들이 쓴 글 중에서 가장 공들인 부분을 알려 달라고 한 다음 그것이 어떤 뜻인지 물었습니다. 그들이 제게 뭔가를 좀 알려줄 거라 기대하면서요. 그런데 믿어지지 않는 것이, 말씀드리기도 참 뭐한데, 그들 자신이 쓴 시에 대해 스스로 잘 설명하는 사람이 하나도 없었습니다. 저는 시인들이 타고난 재능이나 영감으로 시를 쓰는 것이지, 지혜로 쓰는 게 아님을 깨달았습니다. 예언자나 점쟁이들은 의미도 알지 못하면서 좋은 말들을 하잖아요. 시인들도 똑같다는 생각이 들었습니다. 좀 더 관찰하니 그들은 자신들이 시를 잘 쓰다 보니 다른 분야에서도 가장 현명하다고 믿고 있는 것 같았습니다. 사실이 아닌데도 말입니다. 그래서 저는 제가 정치인들보다 낫다고 생각했던 똑같은 이유로 시인들보다 낫다고 생각하며 그들을 떠났습니다.

마침내 저는 기술자들을 찾아갔습니다. 저는 이 분야에 대해 아무것도 모르지만 그들에게 많은 지혜가 있을 거라고 확신하면서 말이죠. 그리고 제 생각이 틀리진 않았어요. 그들은 확실히 제가 모르는 많은 것들을 알고 있었고 그 방면으로는 저보다 지혜로웠죠. 그런데 조금 더 보니 아무리 훌륭한 기술자들도 시인들과 똑같은 실수를 범하고 있었습니다. 자신들이 훌륭한 기술을 갖췄으니 다른 모든 종류의 커다란 문제들도 잘 안다고 생각하는 것이죠. 이런 단점이 그들의 지혜를 가리고 있었습니다. 그래서 저는 신탁을 대신해 자신에게 물었죠. 그들이 가진 지식도 없지만 그들의 무지함도 없는 지금의 내 상태가 좋을까, 아니면 그들의 상태가 좋을까 하고요. 저는 자신에게도, 그리고 신탁에 대해서도 지금의 내 상태가 훨씬 좋은 것이라 답했습니다.

이러한 저의 호기심 때문에 저는 가장 나쁘고 위험한 적들을 갖게 됐고 많은 중상을 듣게 된 것입니다. 그리고 이제는 제가 지혜로운 사람이라 불립니다. 제가 다른 사람들에게서 부족한 지혜를 찾아내면 그 자리에 있던 사람들은 제가 그 문제에 있어서는 지혜가 있다고 상상하기 때문입니다. 그러나 아테네 시민들이여, 진실은 무엇인가요? 지혜로운 존재는 오직 신뿐입니다. 그리고 신탁으로 신이 보여주고자 했던 것도 인간의 지혜는 보잘것없거나 아무것도 아니라는 사실입니다. 신탁이 소크라테스를 언급한 것은 저를 지칭한 게 아니라 그냥 인간의 한 예를 든 것입니다. "인간들아, 가장 지혜로운 자는 소크라테스처럼 자기의 지혜가 사실 보잘것없다는 사실을 아는 자다"라고 말하고 싶었던 것 아닐까요? 그래서 제가 신에게 복종하여 여기저기 다니며 아테네 사람이든 아니든 지혜로워 보이는 사람이면 누구든 그 지혜를 헤아려 보았던 겁니다. 만약 그가 지혜로운 사람이 아니면 저는 신탁의 말처럼 그가 지혜롭지 않다는 사실을 밝혀줍니다. 바로 이런 일을 하느라 바빠서 공적인 일이든 사적인 일이든 신경 쓸 틈이 없고 신을 섬기느라 매우 가난하게 살고 있습니다.

그러다 보니 할 일 없는 돈 많은 부자 젊은이들이 저를 따라다니면서 제가 지혜로운 척하는 사람들에게 따져 묻는 걸 듣더군요. 그런 광경이 재밌으니 그들도 제 흉내를 내어 자기들도 다른 사람들에게 따져 묻고 그런 겁니다. 그러면서 젊은이들 또한 정말 많은 사람이 아는 게 없으면서 자신들이 잘 안다고 생각하고 있음을 금세 발견하게 되었습니다. 그러자 젊은이들에게 지혜가 없음을 들킨 사람들은 자기 자신에게 화를 내야 마땅할 텐데 오히려 저한테 화를 내더군요. 당황스럽지만 결국 그들은 소크라테스가 청년들을 잘못 이끄는 사악한 사람이라고 떠들어댔습니다. 그러나 누군가 이유가 무엇이냐고, 소크라테스가 어떤 나쁜 것을 행하고 가르치느냐고 물으면 그들은 답을 하지 못했습니다. 답을 모르니까요. 그들은 답하기가 궁한 상황인 것을 감추려고 같은 말을 반복했지요. 그것은 모든 철학자에게 해당하는 죄목으로, 구름 위나 땅속에 있는 것들을 가르치고 신은 믿지 않으며 나쁜 일을 좋은 명분으로 치장한다는 바로 그 말이었습니다. 당연히 자신들이 지혜가 있는 척하다가 들킨 사실에 대해서는 말하고 싶지 않았겠죠. 그런데 그런 사람들이 워낙에 숫자도 많고 야심만만하며 에너지가 넘쳐서 전투적인 자세로 여러분을 그럴듯하게 설득한 것 같습니다. 그들이 상습적으로 하는 저에 대한 중상이 바로 이런 것입니다. 그리고 이게 바로 멜레토스, 아니토스, 리콘이 저를 고발한 이유입니다. 멜레토스는 시인들을 대신해서, 아니토스는 기술자들과 정치인들을 대신해서, 그리고 리콘은 변론가들을 대신해서 저를 중상하는 것입니다. 그리고 처음에 말씀드렸듯이 그러한 중상이 너무나 눈덩이가 되어 저는 한 번에 해명해 낼 수 있다고 기대도 못 하겠습니다. 그러나 아테네 시민 여러분, 저는 크든 작든 정말 아무것도 숨김없이 꾸밈없이 말씀드립니다. 물론 그래서 제가 미움받는 것도 알지만 미움받는다는 사실 자체가 제 말이 진실이라는 걸 입증해주는 것 아니겠습니까? 저에 대한 이런 편견이 저를 중상하는 이유임을 지금이나 앞으로나 더 조사해보면 아시게 될 겁니다.

저를 처음 고발한 사람들에 대해서는 충분한 변론을 한 것 같습니다. 그러니 이젠 두 번째 고발 집단에게 변론을 해야겠습니다. 그들은 자칭 애국자이며 훌륭하신 멜레토스가 이끄는 무리의 사람들입니다. 그들의 진술서를 읽어볼까요? 그 내용은 소크라테스가 악을 행하는 사람이라는 겁니다. 소크라테스가 젊은이들을 부패시키고 국가가 신봉하는 신을 믿지 않고 자신만의 새로운 신들을 믿고 있다고요. 이게 고소 내용입니다. 그럼 하나하나 따져봅시다. 멜레토스는 제가 악을 행하고 젊은이들을 부패시킨다고 합니다. 그러나 아테네 시민 여러분, 정말이지 그 멜레토스야말로 악을 행하는 사람입니다. 그는 전혀 관심 없는 일들에 대해 열정과 흥미를 가장하여 사람들을 법정으로 끌어와 저를 재판하게 하는 데 온 힘을 다 쏟고 있습니다. 이걸 마치 장난처럼 여기면서도 진지한 척하고 있어요. 저는 이 말이 사실이란 걸 여러분 앞에 밝힐 것입니다.

소크라테스 멜레토스, 앞으로 나와 내 질문에 대답해 주세요. 당신은 젊은이들이 향상하고 발전하는 데 관심을 기울이고 있습니까?

멜레토스 네, 그렇습니다.

소크라테스 그러면 재판관들에게 말해주시오, 누가 젊은이들을 발전시키는지. 당신은 젊은이들을 부패시키는 사람을 발견했는데 그 사람이 나라고 고발하여 재판관들 앞에 힘들게 날 데려왔으니 말이요. 그러니 말해 보시오. 그럼 젊은이들을 발전시키는 사람은 누굽니까? 거봐요, 멜레토스, 당신은 조용하네요. 할 말이 없겠죠. 부끄러운 일입니다. 내가 말한 것처럼 당신은 그 같은 일에 관심이 없다는 충분한 증거요. 우리 앞에서 자신 있게 말해 보시오, 누가 젊은이들을 발전시키는지.

멜레토스 그건 법률입니다.

소크라테스 내가 묻는 것은 그게 아닌데, 그럼 애초에 그 법률을 알고 있는 사람은 누군가요?

멜레토스 여기 있는 재판관들이죠.

소크라테스 뭐라고요? 그게 무슨 말이죠, 멜레토스? 여기 계신 분들이 젊은이들을 지도하고 발전시킬 수 있다고요?

멜레토스 네, 그렇습니다.

소크라테스 재판관들 전부가 그렇다는 거요, 아니면 일부는 그렇고 일부는 아니라는 거요?

멜레토스 그들 전부입니다.

소크라테스 오, 놀랍군요. 젊은이들을 발전시키는 사람들이 그렇게 많다니. 그럼 여기 청중들은 어떤가요? 그들도 또한 젊은이들을 발전시키나요?

멜레토스 그들도 그렇습니다.

소크라테스 그러면 평의회(고대 아테네에서 국민으로 이루어진 민회의 일을 처리하거나 행정을 본 기관 - 역주) 의원들은요?

멜레토스 그들 또한 그렇습니다.

소크라테스 그러면 민회(20세 이상 아테네 시민 누구나 참여하는 국민의 의회 - 역주) 의원들이 젊은이들을 부패시키나요? 아니면 그들 또한 젊은이들을 발전시키나요?

멜레토스 그들도 젊은이들을 발전시킵니다.

소크라테스 그럼 나 빼고 모든 아테네 사람들이 젊은이들을 발전시킨다는 얘기군요. 나만 그들을 부패시키는 것인가요? 확실합니까?

멜레토스 단언하건대 그렇습니다.

소크라테스 당신 말이 맞다면 난 참 불행한 사람이군요. 그러나 물어보겠소. 동물인 말의 경우는 어떻습니까? 모든 사람이 말들을 잘 훈련시키고 좋은 말로 기르는데 한 사람만 그 말들을 해롭게 할 수 있나요? 정확히 그 반대 아닌가요? 한 사람이나 소수의 사람이 말을 잘 훈련시키고 다수의 사람이 말을 제대로 못 다루고 상처만 입히지 않느냐는 말입니다. 이건 말뿐만 아니고 다른 동물들에도 해당되는 얘기 아닌가요, 멜레토스? 당신과 아니토스가 그렇다 하든 아니라 하든 대부분의 경우에 이는 사실입니다. 젊은이들을 부패시키는 게 오직 한 사람이고 세상 나머지 모두가 젊은이들을 발전시킨다면 행복한 일이겠죠. 그러나 멜레토스 당신은 젊은이들에게 전혀 관심이 없다는 걸 충분히 보여줬어요. 나를 여기로 끌고 온 그 문제들에 대해 당신은 전혀 관심조차 없다는 것에서도 당신의 경솔함이 느껴집니다.

그리고 멜레토스, 하나만 더 물어봅시다. 이번엔 제우스신에게 맹세코 대답해 주세요. 선한 시민들 사이에서 사는 게 좋은가요, 나쁜 시민들 사이에서 사는 게 좋은가요? 대답해 봐요. 쉽게 대답할 수 있는 거잖소. 선한 사람들은 이웃들에게 선한 일을 하고 나쁜 사람들은 악한 영향을 끼치지 않나요?

멜레토스 그건 맞죠.

소크라테스 그러면 같이 지내는 사람들에게서 이익을 얻기보다 해를 입기를 원하는 사람이 있을까요? 멜레토스, 대답해 보시오. 법률이 당신에게 답하라고 요구하는 겁니다. 해를 입고자 하는 사람이 있을까요?

멜레토스 물론 없지요.

소크라테스 그럼 당신은 내가 젊은이들을 부패시키고 타락시킨다고 고발했을 때, 내가 고의로 그들을 그렇게 한다는 겁니까, 아니면 고의는 아니라는 겁니까?

멜레토스 고의로 그러는 겁니다.

소크라테스 그렇지만 멜레토스 당신은 방금 선한 사람은 그 이웃을 선하게 하고, 나쁜 사람들은 그 이웃을 해롭게 한다는 것을 인정하지 않았나요? 자, 그럼 그것은 당신의 그 출중한 지혜로 인생에서 일찌감치 알게 된 진실입니까? 그리고 나는 이 나이에 내가 같이 지내는 사람이 나에게 해를 입으면 나 또한 그에게 해를 입는다는 것을 모르는 깜깜무식으로 산다고 말하는 거요? 그것도 내가 고의로 그 사람에게 해를 입힌다고요? 정말이지 멜레토스 당신의 말은 설득력이 없어요. 나 말고 다른 사람들도 그렇게 생각할 겁니다. 나는 다른 사람들을 부패시키지 않아요. 설사 그랬다 해도 그건 고의가 아닐 겁니다. 그러니 이 두 가지 점에서 모두 멜레토스 당신은 거짓말을 하는 거요. 만약 나의 잘못이 고의가 아니라면 법 앞에 끌고 올 문제는 아닌 겁니다. 당신은 개인적으로 저를 불러 경고를 하거나 타이르면 되는 거예요. 제대로 충고를 들으면 고의로 잘못한 게 아닌 이상, 다시는 그렇게 하지 않으려 할 테니까요. 그러나 당신은 나에게 할 충고도 없고 가르치려고도 하지 않았어요. 나를 법정에 끌고 왔지요. 법정은 가르치는 곳이 아니고 벌을 주는 곳입니다.

아테네 시민 여러분, 멜레토스는 크든 작든 이런 일에는 관심이 전혀 없습니다. 그렇지만 멜레토스, 나는 아직도 왜 당신이 내가 젊은이들을 부패시킨다고 주장하는 것인지 궁금합니다. 당신의 고소장에 의하면 내가 젊은이들에게 국가가 신봉하는 신들을 인정하지 말라고 가르치고 대신 다른 새로운 신들이나 영적 존재들을 믿게 하려고 한다는데, 당신 말은 내가 이러한 가르침으로 젊은이들을 부패시킨다는 겁니까?

멜레토스 네, 제 말이 그 말입니다.

소크라테스 그렇다면 멜레토스, 우리가 말하고 있는 그 신들에 대해 당신이 의미하는 게 뭔지 저와 이 재판관들에게 좀 더 분명하게 말해주시오. 내가 다른 사람들에게 어떤 신들을 믿게 한다면 나도 그 신들을 믿는 것일 테니 무신론자는 아니겠군요. 즉 무신론자는 아니므로 무신론자라는 죄는 없지만, 그 신들이 국가에서 신봉하는 신들과 다르기 때문에 나의 죄를 묻는 것인가요, 아니면 내가 단순히 무신론자이고 무신론을 다른 사람들에게 전파한다고 죄를 묻는 것인가요? 어떤 쪽인지 명확히 해주시오.

멜레토스 제가 말하는 건 후자 쪽입니다. 당신은 무신론자입니다.

소크라테스 오, 정말 예상 못한 대답이군요. 멜레토스, 왜 그렇게 생각하는 거요? 내가 다른 사람처럼 해와 달을 신으로 섬기지 않는다는 겁니까?

멜레토스 맹세컨대 재판관님들, 소크라테스는 신을 섬기지 않습니다. 그는 해를 돌이라 하고 달을 흙이라 합니다.

소크라테스 이봐요, 멜레토스. 당신은 아낙사고라스(자연철학자, 천문학설로 불경죄로 고발당했다-역주)를 고발하고 있는 것 아닌가요? 이런 주장들이 클라조메나이 사람인 아낙사고라스의 책에 나오는 것임을 모를 정도로 여기 재판관님들이 문맹인지 아십니까? 그리고 과연 젊은이들이 소크라테스에게 그런 것들을 배운다는 말이 있습니까? 그런 내용의 책들은 극장에 자주 전시되어 젊은이들이 1드라크마(로마의 화폐로 1드라크마는 노동자의 하루 품삯-역주)면 어렵지 않게 살 수 있습니다. 젊은이들은 얼마든지 돈 주고 사서 볼 것이며, 또 그들은 소크라테스가 이러한 기이한 가치관을 창시했다고 하면 비웃을 겁니다. 그러니 멜레토스, 말해 보시오, 당신은 정말로 내가 어떤 신도 믿지 않는다고 생각하나요?

멜레토스 제우스신에게 맹세코 당신은 절대 신을 믿지 않습니다.

소크라테스 아무도 당신을 믿지 않을 겁니다, 멜레토스. 당신은 당신 자신도 믿지 못하는 것으로 보여요. 아테네 시민 여러분, 저는 멜레토스가 무모하고 무례하며 젊은 허세나 부당함으로 그 고소장을 쓴 것이 아닌가 하는 생각이 듭니다. 수수께끼를 만들어서 저를 시험하려는 것인가 하는 생각도 해 봅니다. '지혜롭다는 소크라테스가 내가 경박스럽게 헛소리를 해도 알아차리는지 시험해 볼까? 아니면 내가 소크라테스와 다른 청중들을 속일 수 있을까?' 이렇게 말입니다. 왜냐하면 저에 대한 그의 고발장에서 그는 소크라테스가 신의 존재를 믿지 않아 유죄이지만, 그럼에도 신들을 믿고 있어 죄인이라고 말하고 있는 것이니까요. 이런 말은 진지함이라곤 찾아볼 수가 없는 장난입니다.

아테네 시민 여러분, 멜레토스가 왜 일관적이지 않은지 저랑 함께 살펴봐 주세요. 멜레토스 당신은 대답해 주시오. 그리고 청중 여러분은 제가 앞서 부탁했던 것처럼 평소 제 태도로 말을 해도 노여워 말고 저를 막지 말아 주십시오.

멜레토스, 사람들이 하는 일이 있다는 것은 믿지만 사람들이 존재하는 것은 믿지 않는 사람이 있을까요? 아테네 시민 여러분, 멜레토스가 대답하게 해주세요. 방해하지 말아 주세요. 멜레토스, 말을 타는 것은 믿지만 말이 존재한다고는 믿지 않는 사람이 있나요? 또는 플루트를 부는 행위는 믿지만 플루트를 부는 사람이 존재하는 건 믿지 않는 사람이 있을까요? 대답은 '없다'입니다. 멜레토스 당신이 대답하지 않으니 제가 대신해서 당신과 법정에 대답한 겁니다. 그렇게 믿는 사람은 아무도 없습니다. 자, 그럼 다음 질문에는 대답을 해 주세요. 사람이 신의 섭리는 믿지만 영혼이나 다이몬(인간과 신의 중간 존재, 정령 - 역주)은 믿지 않을 수 있나요?

멜레토스 그럴 수 없죠.

소크라테스 법정이라 그렇겠지만 대답을 해 준 것에 감사해야겠군요. 당신은 고발장에서 내가 그것이 새로운 것이든 오래된 것이든 신의 섭리를 믿고 가르친다고 썼죠. 어찌 되었든 나는 신의 섭리를 믿습니다. 그렇다면 신성한 존재를 믿는 것이죠. 그럼 어떻게 영혼이나 다이몬의 존재를 믿지 않을 수가 있을까요? 당연히 믿겠지요. 당신이 답을 안 하니 동의하는 거라 믿고 말하는 거요. 자, 그럼 영혼이나 다이몬이란 무엇이오? 그들은 신이거나 신의 아들 아닌가요?

멜레토스 그건 확실히 그렇지요.

소크라테스 이것이 바로 내가 당신이 수수께끼같이 알쏭달쏭한 말을 지어냈다고 하는 이유입니다. 다이몬이나 영혼은 신입니다. 당신은 처음에 내가 신을 믿지 않는다고 하였죠. 그러나 다시 내가 다이몬을 믿으면 신을 믿는 것이라고 말했어요. 만약 다이몬이 그의 어머니가 님프든, 다른 어느 여성이든 합법적인 신의 아들이라면, 어느 누가 신의 아들은 존재하는데 신은 존재하지 않는다고 믿을까요? 마치 노새는 있는데 노새를 낳은 말이나 당나귀의 존재는 부인하는 것과 같지 않소. 완전 난센스입니다. 멜레토스 당신이 고소장을 쓴 것은 나를 시험하기 위해서든가, 아니면 나를 고소할 진짜 이유가 없기 때문 아닌가요? 그러나 당신이 아무리 신의 섭리나 신성한 것을 믿지만 신이나 다이몬이 있다는 것은 믿지 않을 수 있다고 설득해도 거기 넘어갈 사람은 없을 거요.

멜레토스의 고소장에 대한 제 변론은 이제 충분했다고 생각합니다. 더 이상 세세한 변론은 필요 없을 겁니다. 그러나 저는 얼마나 많은 사람이 저를 미워하는지 잘 알고 있습니다. 제가 만약 유죄 판결을 받는다면 그것은 멜레토스나 아니토스가 아닌 바로 이것, 세상의 질투와 중상이 그 이유가 될 것입니다. 이것은 많은 착한 사람들의 죽음을 가져왔고 앞으로도 더 그럴 것입니다. 절대 제 선에서 그치지 않을 테지요.

이렇게 말씀하실 분도 있겠죠. "소크라테스 당신은 당신을 사형으로 이끌지도 모를 삶을 살아온 게 부끄럽지 않나요?" 그러면 저는 당당하게 대답할 겁니다. 당신이 틀렸다고요. 무언가에 쓸모가 있는 사람이라면 무엇을 할 때 옳은 일인지 옳은 일이 아닌지, 선한 사람이 할 일인지 악한 사람이 할 일인지만을 생각해야지, 이것이 살 일인지 죽을 일인지를 계산해서는 안 됩니다. 당신의 생각대로라면 트로이에서 죽은 영웅들, 특히 테티스의 아들(트로이 전쟁의 영웅, 아킬레우스-역주)은 아무 쓸모도 없는 사람이 됩니다. 그는 불명예를 감수하느니 죽음을 불사했습니다. 그는 친구 파트로클로스의 원수를 갚으려고 헥토르를 죽일 생각에 불타올랐습니다. 그때 여신인 그의 어머니는 "아들아, 네가 그렇게 하면 너 또한 죽게 될 것이다. 죽음의 운명이 헥토르 다음엔 너를 기다리고 있으니까"라고 말했습니다. 그러나 이런 경고를 받고도 그는 친구의 원수를 갚지 않고 불명예스럽게 사는 것이 두렵지, 죽음은 두렵지 않다며 말했습니다. "그렇다면 저는 당장 죽음을 택하겠어요. 쭈그러진 배 곁에서 세상의 조롱거리와 부담이 되어 살아남느니 친구의 원수를 갚겠습니다." 이런 아킬레우스가 과연 죽음이나 위험을 두려워했겠습니까? 사람은 자신이 선택했든 윗사람이 지정했든 위험을 무릅쓰고서라도 자신의 자리를 지켜야 합니다. 죽음이나 그 외 어떤 것보다 불명예를 생각해야 합니다. 아테네 시민 여러분, 너무나 당연한 말 아니겠습니까?

그러니 여러분이 뽑은 통치자가 전쟁에서 포테이다이아, 암피폴리스, 델리온에 저를 배치했을 때 저는 죽음을 각오하고 제가 처한 그 자리를 지키는 것이 저의 임무라고 생각했습니다. 이제 저는 신이 명령한 대로 저 자신과 남들을 살피는 철학자의 임무를 다하기 위해 생각하고 사색하는 삶을 살아가고 있지요. 그럴진대 죽음 혹은 다른 어떤 것에 대한 두려움 때문에 이 자리를 버린다면 이상한 일이 아니겠습니까. 만약 제가 죽음이 두려워 신탁에 복종하지 않고 신의 존재를 부인한다면 이 법정에 끌려 나오는 것이 당연합니다. 죽음을 두려워하는 사람은 진정 지혜로운 사람이라고 할 수 없으니까요. 그런 이가 스스로 지혜롭다고 여긴다면 이는 지혜를 가장한 것에 불과합니다. 모르는 것을 아는 척하는 것일 뿐입니다. 죽음은 어쩌면 가장 큰 선일 수 있는데 다들 죽음이 가장 큰 악이라 생각하고 두려워합니다. 사람이 알지 못하면서 안다고 생각하는 무지만큼 불명예스러운 무지가 또 있을까요?

저는 저세상에 대해 잘 알지 못하므로 모른다고 합니다. 아마 그런 점에서 여러분과 제가 다른 것이고 더 지혜롭다고 할 수 있겠지요. 그러나 저는 부정한 일을 하고 신이든 사람이든 더 나은 자에게 복종하지 않는 것은 악이요, 불명예스러운 일임을 알고 있습니다. 그리고 저는 악을 두려워하고 피하려다가 혹시 선일지 모르는 것까지 놓치는 우를 범하지 않을 겁니다. 그러므로 이왕 법정으로 소크라테스를 끌어냈으니 사형에 처해야 한다면서 만약 풀려나면 여러분의 아들들이 저 사람의 말에 현혹되어 인생을 망칠 것이라고 주장하는 아니토스의 말에 여러분이 넘어가지 않고 저를 풀어주신대도 이 말은 꼭 해야겠습니다. 여러분이 저를 풀어주면서 "소크라테스, 우리는 아니토스의 말에 개의치 않고 당신을 석방합니다만 한 가지 조건이 있습니다. 여태 해 온 당신의 탐구 혹은 철학을 멈추세요. 그렇지 않으면 우리는 당신을 다시 붙잡아 사형에 처하겠습니다"라고 한다면 저는 다음과 같이 말하겠습니다. "아테네 시민 여러분, 저는 여러분을 존경하고 사랑합니다. 그러나 저는 여러분보다는 신에게 복종할 겁니다. 철학을 가르치고 실천하는 것을 절대 멈추지 않고 누구를 만나든 제 생각을 열심히 권할 겁니다. 현명하고 훌륭한 아테네 시민 여러분, 엄청난 부와 명예, 평판은 쌓으려 하면서 지혜와 진리, 정신적 향상은 등한시하는 것이 부끄럽지 않으신가요?" 만약 누군가 이 말을 듣고 자신은 지혜와 진리, 정신적 향상에 신경을 쓴다고 말하면 저는 그를 그냥 보내지 않고 따져 물어 진짜 그런지 검토할 것입니다. 만일 그가 말로만 그렇다 하고 그러한 덕을 갖추지 못한 것을 알게 된다면 저는 훌륭한 것을 하찮게 여기고 하찮은 것을 중하게 여긴 문제로 그를 나무라겠습니다. 그리고 그가 나이가 많든 적든 아테네 사람이든 다른 나라 사람이든 만나는 모든 사람에게 같은 행동을 할 겁니다. 특히 고국 사람인 아테네 시민에게는 더욱 그렇게 할 겁니다. 이는 신의 명령임을 알아주시면 좋겠습니다. 저는 아테네에 있어서 신에 대한 저의 봉사보다 더 좋은 선은 없다고 믿습니다. 왜냐하면 저는 돌아다니면서 만나는 사람마다 나이가 많든 적든 몸이나 재산보다는 정신을 향상하는 데 먼저 신경 써야 한다고 가르치고 있으니까요. 돈에서 덕이 나오는 것이 아니라 덕에서 돈이 나오는 것이며, 또 공적으로든 사적으로든 다른 좋은 것들도 나오는 겁니다. 이것이 제 가르침입니다. 만약 이 가르침이 젊은이들을 부패시키는 사상이라면 저는 해로운 사람이겠죠. 하지만 누군가가 제 가르침은 이런 것이 아니라고 주장한다면 그는 거짓말을 하는 겁니다. 그러니 여러분, 아니토스의 말을 믿든 말든 알아서 하시고 저를 무죄 석방하시든 말든 알아서 해주세요. 여러분이 어떻게 하든 저는 제 길을 바꾸지 않을 것이며 여러 번 죽임을 당한대도 마찬가지입니다.

아테네 시민 여러분, 제 말을 막지 말고 들어주세요. 아까도 부탁드렸듯이 제 말을 끝까지 들어주시면 감사하겠습니다. 말할 게 좀 더 있는데 들으시면 고함을 지르실지도 모릅니다. 그래도 제 말을 듣는 것이 여러분에게 이로우니 소리를 지르지는 말아 주세요. 제가 알려드리고 싶은 것은 저 같은 사람을 죽이면 결과적으로 저 자신보다 여러분을 더욱 크게 해치는 꼴이 되리라는 겁니다. 그 무엇도 저를 해치지 못합니다. 멜레토스나 아니토스도 마찬가지죠. 그들은 그렇게 할 수가 없어요. 더 나은 사람이 더 못한 사람에게 해를 입는다는 것은 허락되지 않는 일입니다. 아니토스의 경우는 그보다 더 나은 사람을 죽이거나 추방하거나 시민권을 박탈할 수도 있다고 인정은 합니다. 아니토스와 사람들은 그가 더 나은 사람에게 커다란 해를 가했다고 생각하겠지요. 그러나 저는 동의할 수 없습니다. 다른 사람의 목숨을 부당하게 빼앗으려는 그 악의 행위는 아니토스 그 자신에게 훨씬 더 큰 해가 될 겁니다.

그러므로 아테네 시민 여러분, 여러분은 제가 자신을 위해 변론한다고 생각하시겠지만 실은 여러분을 위한 겁니다. 여러분이 저에게 유죄 판결을 내린다면 신이 여러분에게 주신 선물을 해치는 죄를 짓는 것이니까요. 절 사형에 처한다면 이후 여러분은 절대 저와 같은 사람을 찾지 못할 겁니다. 제 입으로 이렇게 말하면 좀 우스울 수 있지만 저와 같은 사람은 신이 우리 국가에 선물한 등에 (소나 말 같은 가축에 붙어서 피를 빨아먹는 곤충—역주)와 같은 존재입니다. 등에로 비유한 이유는 국가란 훌륭하고 혈통도 좋지만 몸집이 커서 둔한 말과 같은 존재이기 때문입니다. 그래서 항상 흔들어 깨워줘야 하지요. 저는 신이 국가에 붙여 놓은 등에로서 온종일 어디서나 여러분을 일깨우고 설득하며 나무라는 역할을 부여받은 겁니다. 여러분은 저와 같은 사람을 쉽게 찾을 수 없을 테니 부디 저를 아껴주길 바랍니다. 하지만 감히 단언하건대 여러분은 단잠을 자다가 방해받아서 깬 사람처럼 화를 내며 아니토스의 말대로 저를 때려죽이려 결정할 겁니다. 그리고 신이 또 다른 등에를 보내주지 않으면 여러분은 여생을 깨어나지 못한 채 잠만 자겠지요. 제가 신이 저를 여러분에게 보냈다고 말씀드렸는데 그 임무는 다음과 같이 증명할 수 있습니다. 저는 오랫동안 다른 사람들과는 다르게 제 일은 뒤로 하고 여러분의 일에 신경 써 왔습니다. 마치 아버지나 형처럼 개별적으로 여러분에게 가서 덕을 쌓으라고 권했습니다. 이것은 인간 본성으로는 쉬운 일이 아닙니다. 만약 제게 이득이 있다거나 여러분께 덕을 권함으로써 보수라도 받았다면 말이 되겠지만요. 하지만 여러분도 알아볼 수 있듯 그런 일은 결단코 없었습니다. 그러니 저를 고발한 뻔뻔한 자들도 제가 누군가에게 어떤 보수를 요구했노라 증인을 세워 책임을 물을 수 없었던 것이지요. 저는 제 말이 진심임을 충분히 증명해 줄 증인이 있습니다. 그건 바로 제 가난입니다.

누군가는 제가 사적으로 바쁘게 다니며 다른 사람 일에는 충고하면서 왜 대중 앞에 나서서 국가의 일에 충고하지는 않는지 궁금할 수도 있을 겁니다. 이유가 있습니다. 제가 여러 번 말씀드렸는데 여러 곳에서 제게 내려오는 신탁이나 징후 때문입니다. 멜레토스는 이것을 고소장에서 희화화했지요. 이 징후는 일종의 목소리인데 제가 어렸을 때 처음 들려왔습니다. 그것은 제가 무엇을 하려 할 때 못하게 만류는 하지만, 하라고 명령하지는 않습니다. 이게 바로 제가 정치인이 되는 것을 저지합니다. 그리고 저는 그게 옳은 일이라 생각합니다. 왜냐하면 만약 제가 정치에 관여했다면 저는 벌써 죽었을 테고 여러분이나 저 자신에게 절대 좋은 일을 하지 못했을 겁니다. 이제 제가 진실을 말할 텐데, 여러분, 화를 내지 말아 주세요. 진실인즉슨 나라에서 일어나는 많은 위법과 부정한 행위와 싸워가며 여러분과 또는 다른 다수의 사람에게 반대하는 사람치고 목숨을 부지하는 사람은 없습니다. 정의를 위해 싸우는 사람은 조금이라도 더 목숨을 부지하고 싶다면 개인적으로 행동해야지, 공적인 움직임으로는 가능하지 않습니다.

제가 말하는 것에 대한 확실한 증거를 보여드리겠습니다. 그것은 말만이 아니라 여러분이 훨씬 가치를 두는 것, 즉 행동입니다. 제 삶의 여정을 그 증거로 보여드리겠습니다. 죽음을 두려워하여 불의에 굴복하는 삶을 살아오지 않았지만 그렇게 굴복하지 않는 것은 곧 죽음을 불러온다는 사실을 증명해줄 이야기가 있습니다. 법정 이야기를 하나 들려 드릴 텐데 그다지 흥미롭지는 않지만 사실입니다. 아테네 시민 여러분, 저는 공직으로는 평의회 의원으로 딱 한 번 일해 본 게 다인데 제가 속한 안티오키스 부족은 아르기누사이 전쟁이 끝나고 참전용사들의 시체를 거두지 않은 죄로 장군들의 재판을 주재했고 여러분은 그 장군들을 유죄 판결하기로 했습니다. 그러나 그것은 나중에 여러분 모두 인정했듯, 법에 어긋난 것이었습니다. 그 당시 저는 유일하게 그 판결에 반대한 공관이었으며 반대표를 던졌습니다. 그리고 연설자들이 저를 고발하고 체포하라고 위협했을 때 여러분은 그렇게 하라고 외쳤습니다. 저는 투옥과 죽음이 두려워 불의를 주장하는 여러분의 편에 서기보단 위험을 무릅쓰더라도 법과 정의의 편이 되겠다고 마음먹었습니다. 이것은 민주제가 행해지던 시절의 이야기입니다. 그러나 과두제 시기에는 권력을 잡은 30인(펠로폰네소스 전쟁이 끝나고 스파르타의 무력을 배경으로 크리아티스 등 30인이 독재정권을 수립하여 8개월간 공포정치를 했다 – 역주)이 저와 다른 네 사람을 원당으로 불러서 살라미스 사람 레온을 사형에 처하기 위해 데려오라 명했습니다. 이것은 그들이 항상 명령하는 종류의 표본이라 할 만한 것으로 더 많은 사람을 자신들의 범죄에 끌어들이기 위한 것이었습니다. 그래서 저는 말뿐만 아니라 행동으로도 보여주었습니다. 이런 말을 써도 이해해 주신다면 저는 죽음에는 눈곱만큼도 신경 쓰지 않고 부정과 불의를 저지르지 않는 데에 대단히 신경 쓰는 사람이니 그것을 행동으로 보여준 겁니다. 그 정권은 엄청나게 억압적인 힘을 가지고 있었지만 제게 나쁜 짓을 하도록 위협할 수는 없었습니다. 우리가 원당을 나왔을 때 그 네 명은 살라미스로 가 레온을 잡아 왔지만 저는 조용히 집으로 갔죠. 그 정권이 곧 붕괴되지 않았다면 저는 영락없이 사형감이었습니다. 이 말에는 많은 증인이 있습니다.

공직에 종사하면서 항상 옳은 일과 정의를 지키는 것을 첫 번째로 여기는 선한 사람으로 사는 게 가능하기나 하겠습니까? 그것도 이렇게 오랜 시간을요. 아테네 시민 여러분, 아닙니다. 저도 그럴 수 없고 어느 누구도 그럴 수 없습니다. 그러나 저는 공적으로든 사적으로든 제 모든 행동에서 항상 같은 모습이었고, 저를 중상하는 이들이 저의 제자가 아닌 사람들을 제자라고 부르는 사실에 대해서도 양보한 적이 없습니다. 저는 제자들을 가져본 적이 없습니다. 그러나 제 본업으로서 제가 이야기를 할 때, 젊든 나이가 들었든 와서 듣고 싶은 사람이 있다면 저는 거절하지 않습니다. 또 오직 돈을 내야만 이야기를 들려주며 대화한 적도 없습니다. 부자든 가난한 이든 누구라도 제게 이야기를 해달라고 요청하고 제 물음에 대답하고 제 말을 경청할 수 있습니다. 그리고 그런 사람들이 나중에 나쁜 사람이나 좋은 사람이란 걸 알아도 제게는 아무 책임이 없습니다. 왜냐하면 저는 그들을 가르친 적이 없고 또 어떤 것을 가르치겠다고 공언한 적도 없으니까요. 그러니 누군가가 아무도 들어본 적 없는 걸 저에게 사적으로 배웠거나 들었다고 하면 그건 그 사람이 거짓말을 하고 있는 겁니다.

그런데 왜 사람들이 계속해서 저와 대화하기를 좋아할까요? 아테네 시민 여러분, 그 이유는 이미 말씀드렸듯 제가 현명한 체하는 사람들에게 따져 물으며 그들을 검토하는 모습을 옆에서 보는 게 좋아서입니다. 사실 재미가 있지요. 신은 저에게 현명한 체하는 사람들에게 꼬치꼬치 캐물으라고 명을 내리셨습니다. 신탁과 비전을 통해, 또 신이 뜻하는 바를 인간에게 넌지시 알리는 모든 방법으로 신은 제게 명령을 내리셨습니다. 아테네 시민 여러분, 이것이 진실이 아니라면 곧 반박될 겁니다. 제가 젊은이들을 부패시키거나 부패시켜 왔다면 그중에는 이제 나이가 들어 자신이 젊었을 때 저에게 나쁜 충고를 들었음을 깨닫고 고발자로서 여기 나와 복수할 사람들이 있을 테지요. 그들이 직접 그렇게 못하면 그들의 집안사람, 즉 아버지나 형 혹은 친척 누구든지 여기 나와서 저에게 어떤 해악을 입었는지 말했을 겁니다. 이제 그들의 시간입니다. 여기 법정에 많이들 나와 있군요. 저기 크리톤이 있네요. 저와 동갑이고 같은 지방 사람이며, 또 여기 보이는 크리토불루스의 아버지이기도 하죠. 그리고 또 스펫토스 지방의 뤼사니아스도 있네요. 그는 여기 있는 아이스키네스의 아버지입니다. 그리고 에피게네스의 아버지인 케피시아 지방 사람 안티폰도 있네요. 그리고 저와 관계있는 몇몇 사람들의 형제들도 보입니다. 테오조티데스의 아들이자 테오도투스의 형제인 니코스트라투스가 있는데 테오도투스는 이미 죽었으므로 형제가 복수하려 했다면 말리진 못하겠죠. 또 이쪽에는 데모도쿠스의 아들인 파랄루스가 와 있네요. 테아게스의 형제였지요. 아리스톤의 아들인 아데이만투스도 보이는데, 여기 플라톤(이 글의 저자-역주)이 그의 형제입니다. 그리고 아에안토도루스도 보이고요. 그는 여기 보이는 아폴로도로스의 형제이지요. 이 밖에도 저는 많은 사람을 들 수 있습니다. 멜레토스는 저를 고발할 때 이 중 누군가를 증인으로 내세웠으면 더 좋았을 뻔했지요. 만약 그때 잊은 거라면 지금 해도 좋습니다. 제가 양보해 드리겠습니다. 만일 증언 비슷한 걸 할 수 있다면 얼마든지 말하세요. 그러나 아테네 시민 여러분, 지금 제가 호명한 사람들은 제게 복수하러 온 사람들이 아닙니다. 오히려 반대로 저를 도와주러 온 겁니다. 멜레토스와 아니토스가 저를 청년들을 부패시키는 자라고 불렀지만 실은 그렇지 않다고 증언해주러 말입니다. 저 젊은

이들이 저 때문에 부패했는데도 저를 도와주러 왔다는 건 말이 되지 않지요. 여기 온 다른 무슨 이유가 있을 겁니다. 그뿐 아니라 저 젊은이들의 나이 든 친척들도 와 있습니다. 그들은 무슨 이유로 저를 위해 증언하려는 걸까요? 진실과 정의를 위해서가 아니라면 왜 그렇게 하려 하겠습니까? 그들은 제가 진실만을 얘기함을 알기 때문입니다. 그리고 멜레토스는 거짓말을 하고 있다는 사실도요.

자, 그러면 아테네 시민 여러분, 더 드릴 말은 많지만 제 변론은 이 정도로 하지요. 아마 여러분 중에는 자신의 경우를 생각하면서 저의 변론이 왜 이런지 의아해하는 분들도 있을 겁니다. 왜냐면 그들은 이와 비슷한, 혹은 이보다 더 작은 소송에도 재판관들의 동정을 받기 위해 엄청나게 울면서 자식들도 법정에 데리고 나오고 또 그도 모자라 많은 친척과 친구들을 데리고 나와 애걸복걸한 기억이 있을 테니까요. 그러나 저는 목숨에 큰 위험이 있을지라도 그렇게 하지 않습니다. 이런 말을 드리면 제게 기분이 상해서 안 좋게 투표할 분도 있을 겁니다. 여러분 중에 그런 분이 없길 바라지만 만약 있다면 저는 이렇게 말씀드리는 게 좋겠네요. 친구 같은 여러분, 저도 인간입니다. 호메로스(고대 그리스의 시인.《일리아스》와《오디세이아》를 썼다 - 역주)의 말대로 나무나 돌이 아닌 살과 피를 가진 인간에게서 태어났으니까요. 가족이 있고 아들도 셋이나 있습니다. 아테네 시민 여러분, 아들 하나는 다 컸고 나머지 둘은 아직 애들입니다. 그러나 저는 그 애들을 여기 데려와 여러분께 저의 무죄를 간청하는 일은 하지 않습니다. 왜 하지 않을까요? 제 주장이 너무 단호해서도, 여러분에 대한 존경이 없어서도 아닙니다. 제가 죽음을 두려워하든 말든 그것은 차치하고 다만 세평을 생각할 때 그런 행동은 저를 위해서나 여러분을 위해서나, 또 국가를 위해서나 불명예스러운 일이니까요. 이렇게 나이가 들어 현자라 불리는 사람이 품위를 손상시키는 일을 해서는 안 되지 않겠습니까. 제가 들을 자격이 있는 말인지는 모르겠으나 어쨌든 세상은 제가 다른 사람들보다 어떤 면에서 더 뛰어나다 하니까요. 여러분 중에도 지혜나 용기, 또 다른 어떤 덕목에서 뛰어나다는 평가를 받는 분들이 계시는데 그런 분들 역시 이런 행동을 한다면 부끄러운 일입니다. 저는 평소에 평판이 좋았지만 재판을 받게 되자 말도 안 되는 행동을 하는 사람들을 많이 봐왔습니다. 그들은 사형 판결이 정말 무시무시한 일이고 사형을 면하면 불사신이라도 된다고 생각하는 듯 보였습니다. 저는 그런 사람들이 나라의 부끄러움이라 생각합니다. 다른 나라에서 온 사람이라도 그렇게 생각할 겁니다. 아테네에서 저명하다는 평을 받아 명예와 요직을 얻은 사람들도 부녀자들이랑 다를 바가 없구나 하고요. 저는 그래서 저처럼 명성이 있는 사람들이 그런 행동을 해서는 안 된다고 생각합니다. 만약 그런 행동을 하는 사람들이 있다면 여러분은 그것을 허락해서는 안 됩니다. 오히려 여러분은 그렇게 처량한 듯 꾸며 동정심을 사면서 나라를 우스꽝스레 만드는 사람들에게 묵묵히 처신하는 사람보다 더 무서운 형벌을 내릴 수 있다는 것을 보여줘야 합니다.

또한 평판의 문제는 제쳐놓더라도 재판관에게 통사정하거나 무죄방면을 청탁하는 것은 잘못된 행동입니다. 그들에게 옳은 사실을 알리고 설득해야지요. 재판관의 의무는 재판을 하는 것이지,

무슨 인심 쓰듯 정의를 선물하는 게 아니잖습니까. 재판관은 법에 따라 재판할 것을 서약했지, 자기가 원하는 대로 재판하기로 한 게 아니니까요. 그러므로 여러분이 맹세를 저버리거나 위증하도록 해서도 안 되며, 여러분 자신도 위증하는 버릇을 버려야 합니다. 그것은 곧 신에 대한 불경이나 다름없으니까요. 그러니 아테네 시민 여러분, 이처럼 불명예스럽고 불경하며, 잘못된 거라고 생각하는 일을 제게 강요하지 마세요. 특히 멜레토스에 의해 불경죄로 고소되어 재판을 받는 지금은 더더욱 강요하지 말아 주시기 바랍니다. 왜냐하면 여러분의 맹세를 제가 설득이나 간청의 힘으로 압박할 수 있다면 저는 여러분에게 신의 존재를 믿지 말라고 가르치는 것이나 다름없으니까요. 그러면 이렇게 변론하면서도 결국 나는 신을 믿지 않는다고 고발하는 꼴이 되지 않겠습니까. 하지만 여러분, 이런 일은 정말 말도 안 되는 겁니다. 저는 신의 존재를 믿고 그 믿음의 정도는 제 고발자들이 신을 믿는 것과는 비교도 안 되니까요. 그러니 이제 저는 여러분과 신에게 저에 대한 판결을 맡기겠습니다. 저에게도 여러분에게도 가장 좋은 그런 판결이길 바랍니다.

투표 결과, 소크라테스는 유죄 판결을 받는다

오, 아테네 시민 여러분, 제가 유죄 판결에 슬퍼하지 않는 데는 이유가 있습니다. 저는 이럴 줄 알았거든요. 다만 무죄와 유죄 표차가 거의 같다는 것에 놀랐습니다. 저를 반대하는 표가 훨씬 많을 거라 생각했는데 그렇지 않았습니다. 30표만 다른 쪽에서 더 나왔다면 저는 무죄방면 되었을 겁니다. 그리고 원고인 멜레토스에게는 단호히 제가 승리했다고 말하겠습니다. 왜냐하면 아니토스와 리콘 또한 원고로 나서지 않았다면 멜레토스는 투표수의 5분의 1을 얻지 못해 법대로 천 드라크마의 벌금을 물었을 테니까요(아테네에는 원고가 전 투표수의 5분의 1을 얻지 못하면 벌금을 물던 제도가 있었다-역주).

멜레토스는 제게 사형을 구형하고 있습니다. 아테네 시민 여러분, 그렇다면 저는 저 자신에게 어떤 형을 제의할까요?(원고가 피고의 형량을 제의하면 그다음 피고도 자신의 형량을 제의하여 재판관이 하나를 택하던 제도가 있었다-역주) 분명히 제가 마땅히 받아야 하는 형량을 제의해야겠지요? 어떤 것이 제게 적절할까요? 평생 게을러 보일 정도로 영악하지도 않고 다른 많은 사람이 신경 쓰는 일들, 즉 돈 버는 일, 가정을 돌보는 일, 군을 지휘하거나 의원이 되어 민중 앞에 발언하는 일, 관직을 얻고 정당 활동을 하는 일 등에는 관심이 전혀 없는 한 사람에게 과연 어떤 벌이 내려져야 적절할까요? 제가 굳이 이런 길을 갔던 건 저 자신이 너무 정직하다 보니 정치인으로 살기는 힘들겠다고 생각했기 때문입니다. 그래서 저에게나 여러분에게나 소용이 없는 그런 일을 하는 대신 여러분에게 최대의 이익을 줄 수 있는 길을 갔던 것이지요. 그래서 저는 여러분에게 덕을 쌓고 지혜를 얻는 일에 마음을 써야지 사적 이익에 신경 써서는 안 되고, 나라 자체를 생각해야지 나라의 이익에만 마음을 써서는 안 된다고 설득했습니다. 자신의 모든 행동에서 이렇게 마음을 쓰라고요. 이런 사람에게 적절한 형량이란 뭘까요?

아테네 시민 여러분, 이런 사람은 오히려 그 보답으로 좋은 것을 받아야 하는 게 아닐까요? 그에게 잘 어울리는 종류의 것이어야 합니다. 여러분에게 이익을 주고 여러분을 가르칠 시간을 갖기를 원했던 가난한 한 남자에게 어떤 보상이 어울릴까요? 아테네 시민 여러분, 의심할 것 없이 이런 사람에게는 프리타네이온(고대 그리스의 시 행정 사무소 - 역주)에서 생활비를 받는 것이 어울립니다. 올림피아 경마나 말 두 마리 혹은 네 마리가 끄는 마차 경기에서 우승하여 상을 받는 시민보다는 훨씬 좋은 보상을 받아야 하지 않겠습니까? 왜냐하면 저는 가난하고 멜레토스는 충분히 가진 사람이니까요. 그리고 그는 여러분에게 오직 행복의 껍데기만 주지만 저는 여러분에게 행복의 실체를 전합니다. 그러므로 저에게 정당하게 어울리는 형량을 제의한다면 저는 프리타네이온에서 생활비를 받는 거라고 말씀드리겠습니다.

아마 여러분은 제가 앞서 울며 탄원하는 것이 옳지 않다고 말할 때처럼 지금 생활비를 받아야 한다고 말하는 것이 참으로 대범하다고 생각하실 것 같습니다. 하지만 저는 그 누구에게도 고의로 잘못을 저지른 적이 없는데 여러분을 설득하지 못하고 있어요. 너무 시간이 짧기 때문이죠. 만일 아테네 법도 다른 나라처럼 사형 판결이 하루 만에 내려지지 않는다면 제가 여러분을 설득할 수 있었으리라 믿습니다. 그러나 이 짧은 시간에 저에 대한 커다란 중상들을 다 반박한다는 것은 불가능합니다. 어찌 됐든 저는 제가 다른 사람에게 나쁜 일을 하지 않았듯이 저 자신에게도 나쁜 일을 해서는 안 된다고 확신합니다. 저는 나쁜 일을 당할 이유가 없고 어떤 벌을 제안할 이유도 없습니다. 왜 제가 그래야 하죠?

멜레토스가 제안한 사형이라는 형량이 두려워서요? 죽음이 좋은 건지 나쁜 건지도 알지 못하면서 그저 나쁠 거라고 확신하는 벌을 저 스스로 제안해야 하는 건가요? 투옥되는 것이요? 왜 제가 감옥에 있으면서 11명의 집행위원의 노예로 살아야 하나요? 아니면 벌금을 매기고 이것을 다 물 때까지 감옥에 가둬두는 방법을 제의할까요? 이것도 같은 이유로 안 됩니다. 저는 돈이 없습니다. 감옥에 있으면서 있지도 않은 돈을 물 수는 없지요. 그렇다면 국외추방이라는 형량을 내려야 할까요? 아마도 여러분이 제게 부과할 가능한 형벌일 듯한데, 그러나 제가 국외추방을 제의한다면 저는 결국 목숨에 집착하는 사람이 틀림없겠지요. 그리고 저와 같은 국민인 여러분이 제 담화와 말을 참지 못하고 그것들이 통탄스럽고 혐오스럽다고 여겨 더는 듣기 싫다는데 외국 사람들이라고 듣고 싶어 하겠습니까? 그럴 리 없겠죠. 이 나이에 국외로 추방되어 이 도시 저 도시로 쫓겨 다니며 사는 삶은 어떨까요? 제가 어디를 가든 젊은이들은 제게 귀를 기울일 것이며, 제가 그들을 쫓아 버리면 그들은 어른들에게 부탁해 저를 쫓아내라 할 겁니다. 그러나 만약 제가 젊은이들에게 오라 하면 그들의 부모나 친구들이 그 젊은이들을 위해 저를 쫓아내겠지요.

이렇게 말할 사람도 있겠죠. "소크라테스, 당신은 침묵을 지키고 외국으로 가서 아무 방해 없이 조용히 살면 되지 않나요?" 그러나 이 문제로 여러분을 이해시킬 답을 찾는 게 힘드네요. 제가 그렇게 하면 신에게 불복하는 것이라 입을 다물 수 없다고 하면 여러분은 농담인 줄 알고 믿지 않겠죠. 또 덕에 대해 매일 말하고 자신과 남을 항상 검토하는 삶이 최선이며 검토하지 않는 삶은 가치가 없다고 하면 여러분은 역시 믿지 않겠죠. 그러나 여러분을 이해시키기 힘들어도 전 진실을 말할 겁니다. 저는 제가 어떤 해를 입어야 한다고 생각해 본 적이 없어요. 제게 돈이 있다면 벌금을 내겠다고 하겠습니다. 저한테 더 해가 될 것은 없으니까요. 그러나 제겐 돈이 없으므로 제가 가진 가능한 금액을 벌금으로 내면 어떨까 합니다. 저는 1므나(당시 화폐 단위, 기능인의 하루 노동 대가 정도의 금액 - 역주)를 낼 수 있으니 1므나의 벌금을 무는 형량을 제의합니다. 그런데 여기 와 있는 제 친구들인 플라톤과 크리톤, 크리토불루스와 아폴로도로스가 보증을 서겠다며 30므나를 제의하라고 합니다. 그럼 30므나를 벌금으로 제의하도록 하겠습니다. 이들은 신용할만한 사람들이니까요.

소크라테스는 사형선고를 받는다

아테네 시민 여러분, 여러분은 이제 곧 이 나라를 비방하는 사람들로부터 당신이 현자인 소크라테스를 죽였다는 악랄한 평을 들을 것입니다. 제가 현명하지는 않지만 그 사람들은 여러분을 비난하기 위해서라도 저를 현자라 부르겠지요. 여러분이 조금만 더 기다렸다면 여러분이 바라는 바가 저절로 왔을 겁니다. 저는 늙어서 이미 죽음에 가까우니까요. 저는 여러분 모두가 아니라 저를 사형하라고 투표한 분들에게 말하는 겁니다. 그리고 한 가지 더 말하고 싶군요. 여러분은 제가 무슨 말이라도 남김없이 하여 무죄방면을 받을 수 있었을 텐데 할 말이 부족하여 유죄 판결을 받았다고 생각하시는 것 같습니다. 그러나 제가 유죄를 받은 것은 말이 부족해서가 아닙니다. 다만 뻔뻔스러움이나 몰염치가 부족하여 여러분이 제게서 듣고 싶어 하는 말을 하지 않으려 했기 때문입니다. 그것은 여러분이 다른 사람들한테서는 많이 들었던, 울며 매달리고 한탄하면서 살려달라고 하는 말들이지요. 그러나 저한테는 아무 가치가 없습니다. 위험에 처했다고 해서 비루하고 천한 말을 하지는 말아야 한다고 생각했고 그래서 제 변론에 대해서도 후회 없습니다. 여러분과 같은 방식으로 말하고 살아남느니 제 방식대로 하고 죽는 게 낫습니다. 흔히 전쟁터에서도 무기를 다 버리고 무릎 꿇고 살려달라고 하면 살 수 있는 것처럼 어떤 위험에 처해도 뭐든 말하거나 행동하거나 하여 죽음을 면할 수는 있는 겁니다. 그러니 여러분, 죽음을 면하는 것이 어려운 게 아닙니다. 불의를 면하는 게 어려운 겁니다. 왜냐하면 불의는 죽음보다 걸음이 빠릅니다. 저는 늙고 느리게 움직이므로 더 느린 놈인 죽음에 붙들렸지만 나를 고발한 사람들은 열심이고 재빨라서 더 빠른 놈인 불의에 붙잡힌 겁니다. 이제 저는 여러분에게 사형이라는 형을 받고 여기를 떠납니다만 그들은 진리에 의해 사악함과 불의라는 형을 선고받은 겁니다. 저는 이 판결에 따라야 합니다. 그러니 그들도 그들이 받은 형에 복종해야 할 것입니다. 저는 이 모두가 다 정해진 운명이 아닌가 합니다. 그리고 이렇게 된 것도 괜찮은 것 같습니다.

그리고 저를 사형에 처한 여러분에게 예언 하나를 하겠습니다. 저는 이제 죽을 때가 되었으니까요. 죽음이 가까워진 인간은 예언 능력을 얻는다지 않습니까. 제 예언은 제게 사형 투표를 한 사람들에게는 제가 죽은 후 사형보다 무거운 벌이 기다리고 있으리라는 것입니다. 여러분은 여러분의 생활을 검토하고 비난하는 자를 피하고 싶어 저를 죽이기로 했지만 결과는 완전 다를 겁니다. 제가 죽은 후에는 여러분의 생활을 검토하고 비난할 사람들이 지금보다 훨씬 더 많아질 테니까요. 저는 이제껏 젊은이들이 여러분을 검토하고 비난하는 것을 억제해 왔습니다만 이제 그들은 그렇게 할 것입니다. 젊은이들인 만큼 그 방법이 더욱 매섭고 불쾌하게 느껴질 테지요. 이렇듯 사람을 죽임으로써 여러분이 사악한 삶을 사는 것에 대해 누군가가 비난하는 걸 막을 수 있다고 생각하면 오산입니다. 그런 방법으로는 비난에서 벗어날 수 없을뿐더러 명예롭지도 않습니다. 가장 쉽고 고귀한 방법은 비난하는 다른 사람을 막으려 하지 말고 여러분 스스로 좋은 사람이 되는 겁니다. 이게 바로 저를 사형에 처한 사람들에게 죽기 전에 남기는 저의 예언입니다.

이제 제가 사형에 처해질 곳으로 옮겨가기 전에 관원들이 준비를 할 테지요. 그 시간 동안 저는 저에게 무죄 투표를 한 친구 여러분들과 지금 여기서 일어난 일들에 대해 이야기를 나누고 싶습니다. 조금만 곁에 있어 주세요. 시간이 좀 있으니 서로 얘기해도 괜찮지 않을까요. 여러분은 제 친구이니 제게 일어난 이 사건의 의미를 같이 되씹어 보고 싶습니다. 재판관 여러분, 저는 여러분을 진정한 재판관이라고 부르겠습니다. 저는 제게 일어난 신묘한 상황에 대해 말하고 싶습니다. 본래 제 안에는 신성한 능력이 있어서 제가 무슨 실수를 하려 하거나 안 좋은 일에 부딪히면 아무리 사소한 것이라도 습관처럼 반대하는 신탁을 내려왔습니다. 그런데 보시다시피 이번에 저는 일반적으로 마지막이자 가장 큰 재앙이라고 믿는 죽음이라는 것을 맞닥뜨렸습니다. 그러나 오늘 아침 제가 집을 나설 때도 법정에 오는 길에도 또 변론을 하는 중에도 신탁은 제가 하려는 말에 어떤 반대 신호도 보내지 않았습니다. 보통은 제가 무슨 말을 하려 하면 신탁이 막곤 했는데 이번 문제에 대해서는 제 말이나 행동 모두에서 어떤 반대도 없었습니다. 왜 아무 말씀이 없었을까요? 제가 말씀드릴게요. 이번에 제게 일어난 일은 좋은 일이라고 넌지시 암시해주신 겁니다. 그리고 우리가 죽음을 나쁜 것이라 생각하는 것도 실수라고요. 제가 무언가 나쁜 일을 하려 한다면 그 반대 신호가 오지 않을 리가 없으니까요.

그러면 우리가 달리 생각하여 죽음이 좋은 거라고 희망할 이유가 있는지 봅시다. 둘 중 하나인데요, 죽음은 아무것도 없는 상태, 즉 순전히 의식이 없는 상태이거나 혹은 사람들이 말하듯 영혼이 이 세상에서 저세상으로 옮겨 가는 겁니다. 만약 죽음이 아무런 방해 없이 자는 잠, 즉 꿈조차도 없는 잠이라면 죽음은 말로 할 수 없는 이득입니다. 왜냐하면 꿈조차 꾸지 않고 잘 잔 밤들, 인생에서 그 나머지 밤들과 비교하여 훨씬 행복하고 기분 좋았던 그 밤들의 수가 얼마나 되는지 생각해보세요. 일반인뿐 아니라 어떤 위대한 왕이라도 그런 밤들을 꼽으라면 그렇게 많지 않을 테니 말입니다. 죽음이 진정 그와 같다면 저는 죽음이 이득이라고 말하겠습니다. 죽음이 영원한 것이라면 이 경우에는 단 하룻밤에 지나지 않을 테니까요. 그러나 만약 죽음이 다른 곳으로 가는 여행이라면, 그리고 그곳에 죽은 이들이 모두 머무르고 있다면, 친구인 재판관님들, 이보다 더 좋은 게 있겠습니까? 만일 인간이 이 세상의 자칭 재판관이라 공언하는 자들에게서 벗어나 저세상으로 순례를 가서 참된 재판을 한다는 미노스, 라다만티스, 아이아코스, 트리프톨레모스와 그 밖에 자신의 생애에서 정의로웠던 반신들을 만날 수 있다면 그 순례야말로 정말 가치 있는 것 아닐까요? 또 오르페우스, 무사이오스, 헤시오도스와 호메로스(모두 시인들이다-역주)와 함께 대화해볼 수 있다면 무엇을 지불한들 아까울 사람이 있겠습니까? 없겠지요. 그러므로 만약 그것이 사실이라면 저는 죽고 또 죽겠습니다. 저는 특히 거기서 팔라메데스, 텔라몬의 아들 아이아스, 또 마찬가지로 부당한 재판을 받고 죽은 고대의 영웅들을 만나 제가 당한 부당함과 그들이 당한 부당함을 비교하며 이야기하는 커다란 즐거움을 상상해보게 되네요. 그리고 더 큰 즐거움은 아마도 여기 이 세상에서도 그랬던 것처럼 거기에 가서도 참과 거짓 지식에 대해 탐구하고 더 나아가 누가 진정 지혜로운 자인지, 누가 지혜로운 척만 할 뿐 지혜롭지 않은 자인지 검토해보는 일일 겁니다. 재판관님들, 그 위대한 트로이 원정을 이끈 지도자와 오디세우스, 시시포스, 그리고 수많은 그 밖의 남녀들을 제가 검토해볼 수 있다면 무엇인들 지불하지 않겠습니까? 그들과 대화를 나누고 질문하여 검토할 수 있다면 무한한 기쁨일 겁니다. 저세상에서는 적어도 사람들에게 질문을 던지고 그들을 검토한다 해서 사형에 처하는 일은 없겠지요. 왜냐하면 그곳 사람들은 이 세상의 우리보다 행복할 뿐만 아니라 전해지는 바가 사실이라면 모두 불사신이니까요.

그러니 재판관님들, 여러분도 죽음에 대해 희망을 품으세요. 그리고 확실한 한 가지는 선한 사람에게는 살아서나 죽어서나 나쁜 일이 일어나지 않는다는 겁니다. 신들은 선한 사람과 그의 일은 결코 방치해 두지 않습니다. 제가 죽음에 가까워지는 이 일도 우연히 일어난 게 아닙니다. 그러나 저는 이제 시간이 되었고 죽어서 고통으로부터 해방되는 것이 저를 위해 더 좋은 일임을 분명히 알고 있습니다. 그렇기에 신탁은 제게 어떤 신호도 보내지 않았고 또 같은 이유로 저는 저에게 유죄 투표를 한 사람들이나 저를 고발한 자들에게 화를 내지 않겠습니다. 유죄 투표를 한 사람들은 저에게 해를 끼치려 했지만 결과적으로는 오히려 제게 선한 일을 하게 된 겁니다. 단, 결과는 그렇지만 선한 의도는 아니었으니 그들은 비난받아야 마땅합니다.

그러나 저에게 유죄 투표한 분들에게 부탁이 하나 있습니다. 제 아들들이 성인이 되면 제가 여러분을 검토한다며 괴롭혔던 것처럼 여러분도 제 아들들을 괴롭혀 주십시오. 만약 그 애들이 덕보다는 부와 다른 어떤 것에 신경 쓰고 아무것도 아닌 사람이면서 뭐나 되는 것처럼 우쭐대면 그들을 나무라 주세요. 정작 신경써야 할 것에는 마음 쓰지 않으면서 아무것도 아닌 사람이 뭔가 대단한 사람인 것처럼 굴 때 제가 나무랐던 것처럼요. 여러분이 그렇게 해주면 저와 제 아들들은 여러분에게 옳은 대접을 받는 겁니다.

자, 떠날 시간이 되었습니다. 우리는 우리의 길을 가야겠죠. 저는 죽으러, 여러분은 살기 위해서요. 그러나 어느 쪽이 좋은지는 신만이 아실 겁니다.

크리톤

소개글

  사형 집행을 눈앞에 둔 소크라테스를 찾아와 탈옥을 권유하는 친구 크
리톤에게 소크라테스는 탈옥이 정의롭지 못한 이유를 이성과 논증을 바탕
으로 설명하며, 법에 따라 죽음을 받아들일 것을 단호하게 전하고 있다.

소크라테스 크리톤, 이 시간에 웬일인가, 너무 이르지 않나?

크리톤 그래, 이르긴 하지.

소크라테스 지금 몇 시쯤 됐지?

크리톤 동틀 때쯤 되었네.

소크라테스 간수가 어떻게 들여보내 준 건가?

크리톤 내가 여기 자주 왔지 않은가. 벌써 친해졌다네. 그리고 뭘 좀 줬어.

소크라테스 지금 막 왔나?

크리톤 아니, 아까 왔어.

소크라테스 그럼 깨우지 않고 왜 조용히 앉아만 있었지?

크리톤 소크라테스, 만약 내가 자네처럼 괴로운 상황에 있다면 오랜 시간 견디진 못할 것 같군. 그런데 자네가 그렇게 평온히 단잠을 자는 걸 보고 감탄스럽더라고. 그래서 안 깨운 거야. 행복하게 잠자는 시간을 보내라고 말일세. 난 자네가 일생을 행복하게 산다고 가끔 생각했지. 그런데 이번에 이렇게 재앙을 맞고도 순순히 견디는 걸 보니 더더욱 그런 생각이 드네.

소크라테스 내 나이에 죽음에 가까워졌다고 투덜대고 있으면 보기 좋진 않잖은가.

크리톤 그렇지만 다른 사람들은 자네와 비슷한 나이에 이런 환난이 닥치면 다들 불평하며 안절부절못하던데.

소크라테스 그건 그렇지. 그런데 왜 이렇게 일찍 온 건가?

크리톤 소식 전하러 왔네. 그런데 슬픈 소식이야. 자네한텐 안 그럴지 몰라도 자네의 친구들인 우리 모두에겐 괴롭고 무거운 소식이네. 특히 나한텐 더 그렇고.

소크라테스 무슨 소식이기에? 혹시 델로스에서 배가 도착했나? 그게 도착하면 내가 바로 죽는 거잖아.

크리톤 아직 도착은 안 했는데 아마 오늘 도착할 것 같네. 같은 배를 타고 오다가 수니온에서 내려 여기 온 사람들이 전해줬다네. 그 사람들 얘기를 들어보니 오늘 분명 도착할 것 같아. 그렇게 되면 자네의 사형 집행은 내일이 될 거야.

소크라테스 그 배는 행운을 싣고 오는 거라 생각하게. 그게 신의 뜻이라면 그렇게 되어야지. 그런데 난 배가 오늘 도착할 것 같지 않은데.

크리톤 왜 그렇게 생각하나?

소크라테스 배가 오면 나는 다음날 죽게 돼 있잖은가.

크리톤 그렇지, 형 집행 관계자들이 그렇게 말하고 있으니까.

소크라테스 난 오늘 안 오고 내일 올 거라 생각하네. 지난밤 꿈 때문에 그래. 바로 전에 자면서 꾼 건데, 자네가 날 안 깨우길 잘한 것 같네.

크리톤 무슨 꿈이었기에?

소크라테스 흰옷을 입은 아름답고 위풍당당한 한 여인이 내게 다가와서 날 부르더니 이렇게 말한 것 같았어. "소크라테스, 당신은 사흘째 되는 날 비옥한 프티에(호메로스의 《일리아드》에 나오는 문구로 아킬레우스의 고향. 소크라테스는 그곳을 저세상이라 생각했다 - 역주)에 갈 겁니다."

크리톤 신기한 꿈이군 그래.

소크라테스 그렇지만 내겐 아주 분명한 꿈 같아.

크리톤 그럴 수 있겠군. 그나저나 소크라테스, 아직 안 늦었으니 제발 내 말 듣고 목숨을 구하지 않겠나. 자네가 죽으면 나는 다시 만날 수 없는 친구를 잃게 될 뿐만 아니라 우리를 모르는 사람들이 나를 엄청 욕할 것이네. 내가 돈을 썼으면 자네를 구했을 텐데 그렇게 하지 않았다고 말이야. 친구보다 돈을 더 소중하게 여기는 것만큼 부끄러운 일이 어디 있겠는가? 대부분의 사람은 우리가 자네를 여기서 빼내 주려고 열심히 노력했지만 자네가 원하지 않았다는 걸 절대 믿지 않을 거야.

소크라테스 크리톤, 왜 그렇게 대중들 말에 신경을 쓰나? 우리가 신경 써야 할 건 훌륭한 사람들의 말이지. 훌륭한 사람들은 일이 일어난 그대로를 믿는 법이야.

크리톤 그렇지만 자네도 알다시피 대중들 말에도 신경을 써야 하네. 이번 자네 사건이 증명하고 있잖은가. 대중들의 비방을 받으면 사소한 나쁜 일들뿐 아니라 가장 큰 재앙까지도 닥치게 된다는 걸.

소크라테스 크리톤, 만약 대중이 가장 큰 재앙을 불러올 수 있다면 반대로 가장 큰 선도 불러올 수 있는 것 아닐까? 그럼 참 좋은 일이겠지. 그런데 둘 다 못 해. 대중은 사람을 현명하게도 어리석게도 만들 수 없어. 그저 그때그때 기회 되는대로 행동하는 것뿐이라네.

크리톤 그래, 그건 그렇다 치세. 그런데 제발 대답 좀 해 보게. 자네는 나와 다른 친구들 때문에 주저하는 것 아닌가? 우리가 자네를 여기서 몰래 빼져나가게 하면 밀고자들이 떠들어댈 테고 그러면 우리가 큰 재산을 잃고 다른 안 좋은 일들이 일어날까 봐 걱정하는 것 아니냐고. 그런 게 두려운 거라면 제발 두려움을 거둬들이게. 자네를 구하기 위해 위험을 무릅쓰는 건 당연한 거니까. 제발 내 말 듣고 하자는 대로 하세.

소크라테스 그래, 그런 것도 걱정이긴 하지. 그렇지만 다른 걱정도 많다네.

크리톤 그럼 일단 그건 걱정하지 말게. 돈을 많이 안 받아도 자네를 여기서 빼내는 걸 도와주겠다는 사람들이 있어. 그리고 또 밀고자들도 적은 돈으로 충분히 매수할 수 있고. 그리고 내 돈은 자네 마음대로 써도 되네. 나는 내 돈으로 충분할 거라 생각하지만 만약 자네가 나한테 미안해서 주저하는 거라면 여기 와 있는 외국인들 돈은 어떤가? 그들은 자네를 돕기 위해 돈을 쓸 준비가 된 사람들이야. 그중 한 명이 테바이 사람 심미아스인데 애초에 자네를 구하려고 돈을 충분히 가져왔다고 하네. 케베스도 그렇고. 또 다른 사람들도 많아. 돈 문제는 걱정할 필요 없으니까 주저하지 말고 목숨부터 구하고 보세. 그리고 자네가 법정에서 말했던 것처럼 살아 나가도 별 도리가 없고 뭘 해야 할지 모르겠다는 걱정은 하지 말게. 자네가 어딜 가든 많은 곳에서 자네를 반겨줄 걸세. 만약 테살리아로 가는 것도 괜찮겠다 싶으면 그곳으로 가게. 거기 내 친구들이 많아. 다들 자네를 존중해주고 안전하게 보호해 줄 거라네. 테살리아에서 자네한테 해를 끼칠 사람은 없을 거야.

무엇보다 자네가 목숨을 구할 수 있는데도 포기하는 건 옳은 일이 아닌 것 같네. 자네를 파멸시키려는 적들이 자네에게 하고자하는 바를 자네 스스로 행하는 거나 다름없지 않은가. 그리고 또자네는 자네 아들들을 배신할 생각인가? 자네가 기르고 가르칠수 있는데 그 애들을 버리려고 하고 있잖나. 그 애들은 어떻게 되든 상관없다는 식으로 말일세. 그 애들은 고아나 다름없는 처지가 될 텐데. 애당초 낳지 않았으면 모를까, 낳았으면 기르고 가르치는 수고는 당연히 해야 하는 거 아닌가. 그런데 자네는 왜 이리안이한 길을 택하려 하는 것인지 모르겠네. 훌륭하고 용감한 인간의 길을 택하는 것이 당연하지 않은가. 자네가 일생을 바쳐 덕을쌓기 위해 마음을 써왔다고 공언해온 것처럼 말이야. 자네의 친구인 우리는 이 모든 일이 우리의 비겁함 때문에 일어난 것 같아서모든 이에게 너무 부끄럽다네. 그렇게 하지 않을 수도 있었는데 법정에 끌려 나온 것도, 재판이 행해진 그 방식도, 그리고 이 모든일의 마지막 완성이 될 자네의 죽음까지도 모두 그렇다네. 안이함과 비겁함 때문에 자네를 구제할 수 있으면서도 노력하지 않았고,자네 스스로도 자신을 구하려 하지 않으니 어찌 부끄럽지 않겠나.그러니까 이 비극으로 끝날 문제가 자네와 우리 모두에게 부끄럽고 불명예스러운 일임을 인식하고 제발 이미 결심이 섰다고 말하지는 말게나. 이제는 그럴 시간조차도 없다네. 오직 한 가지 계획

크리톤 **55**

이 있을 뿐이야. 오늘 밤 안으로 모든 게 이루어져야 해. 이것마저 지연되면 더 이상 실행할 수 있는 수단이 없단 말일세. 제발 안 하겠다는 소리는 하지 말고 무슨 수를 써서라도 내 말을 듣게, 소크라테스.

소크라테스 크리톤, 자네 열의가 정말 가상하네. 그렇지만 그것도 옳은 원칙을 따를 때 그러한 것이지, 그렇지 않다면 그 열의는 더욱 슬픈 결과만 낳게 될 수 있어. 그러니 우리가 이 계획대로 해야 할지는 숙고를 해봐야 하네. 나는 내 안의 그 많은 생각들도 충분히 심사숙고해서 이치에 맞고 가장 좋은 것이라 생각되지 않으면 따르지 않는 사람이잖나. 지금 이 같은 불행이 덮쳤다 해서 여태 공언해오던 이치에 맞는 것들을 버릴 수는 없는 거야. 그 이치는 변함이 없고 나는 그걸 전과 같이 존중하네. 그러니 지금 이보다 더 좋은 원칙을 찾지 못한다면 나는 크리톤 자네 의견을 따를 수 없어. 대중의 세력이 지금보다 더 커져서 마치 어린애들이 하듯 우리에게 감금이나 사형, 재산몰수형을 내리겠다고 위협한다 해서 물러설 수는 없지. 그럼 우리는 이 문제를 어떻게 생각해야 가장 이해하기 쉬울까. 먼저 대중의 의견에 대한 자네의 주장을 다시 생각해 보면 자네는 대중의 의견 중 어떤 것에는 귀를 기울여야 하고 어떤 것에는 그러지 않아야 한다는 것이 옳다고 주장했네. 내가 사형선고를 받기 전에는 자네의 주장이 옳았을 수도 있지만 지금의 현실에서는 단순히 주장을 위한 주장일 뿐 하찮은 말장난에 지나지 않았다는 게 분명해졌어. 그래서 크리톤, 자네가 나와 함께 생각해 보길 바라네. 지금의 바뀐 처지에서는 그 주장이 다르게 받아들여질 수 있는 건지 아니면 같은 것인지, 그리고 그 주장을 버려야 하는지 따라야 하는지 말일세. 내가 방금 말한 것처럼 사람들이 품는 의견 중 어떤 것은 매우 높이 평가되어야 하고 어떤 것은 그렇지 않다고 생각이 깊은 이들은 이전부터 말해왔지. 크리톤, 이 말이 옳지 않은가? 자네는 내일 죽을 위험에 처한 것도 아니니 지금의 재앙이 자네의 판단을 흐리게 하진 않겠지. 그러니 잘 생각해 보게. 대중의 모든 의견을 존중해야 하는 것은 아니지만, 어떤 의견은 존중해야 하고 어떤 의견은 존중하지 않아야 한다는 것이 옳은 말이 아닌가, 어떻게 생각하는가?

크리톤 자네 말이 맞네.

소크라테스 좋은 의견은 존중하고 나쁜 의견은 존중하지 말아야지?

크리톤 그렇지.

소크라테스 현명한 사람들의 의견은 좋은 거고 어리석은 사람들의 의견은 나쁜 거지?

크리톤 물론이네.

소크라테스 자, 그럼 요점이 뭘까? 예를 들어 운동을 하는 사람이 그 일에 전념하려고 할 때 모든 사람이 하는 칭찬, 비난, 각종 의견에 다 귀를 기울여야 할까? 아니면 의사나 운동 전문가의 말을 들어야 할까?

크리톤 당연히 전문가 말을 들어야지.

소크라테스 그렇다면 그 사람은 주위 사람들의 말에 신경 쓰지 않고 오직 그 전문가에게 비판 대신 칭찬을 받을 수 있게 노력해야겠지?

크리톤 확실히 그렇네.

소크라테스 그러니까 많은 주위 사람들이 아니라 그 전문가의 감독을 받아 운동뿐 아니라 먹는 것도 마시는 것도 따라 해야겠지?

크리톤 그래.

소크라테스 그런데 만약 그 사람이 전문가 말을 따르지 않고 혹은 그의 비판이나 칭찬을 무시하고 많은 주위 사람들의 말을 중시한다면 그 사람은 어떻게 될까? 결과가 안 좋지 않겠나?

크리톤 그렇겠지.

소크라테스 결과가 안 좋다는 건 뭘까? 전문가의 말을 따르지 않으면 어떻게 되고 어떤 부분에 악영향을 미칠까?

크리톤 당연히 몸이겠지? 몸이 망가질 거야.

소크라테스 맞아. 그리고 이건 다른 모든 경우에도 해당되네. 일일이 말할 수는 없지만 정의와 불의, 천함과 고결함, 선과 악 등 우리가 지금 생각하는 이런 것들에 대해 대중의 의견을 따라야 할까? 아니면 이 모든 것들을 잘 이해하는 사람이 있다면 우리는 다른 누구보다 더 그 한 사람을 숭배하고 존경해야 할까? 우리가 그를 따르지 않는다면 정의를 실천해서 더 좋아질 수 있는 우리의 한 부분(몸에 빗대어 정신을 의미하고 있다 - 역주)을 부패시키고 해를 입히는 것 아닐까? 불의에 의해 파괴되지는 않을까? 아니면 이게 정말 아무것도 아닌 것일까?

크리톤 자네 말이 맞네.

소크라테스 그렇다면 건강은 건강한 것으로 더 좋아지고 건강하지 못한 것으로 손상되는 것이라 할 수 있겠군. 이를 이해하지도 못하는 사람들 말에 설득당해 우리의 건강을 망친다면 인생을 즐길 수 있겠나? 지금 우리는 우리 몸에 대해서 말하고 있는 걸세.

맞지?

크리톤 맞지.

소크라테스 우리가 병들거나 손상된 몸으로 인생을 즐길 수 있을까?

크리톤 결코 그럴 순 없겠지.

소크라테스 그렇다면 우리가 정의를 따르면 이익을 얻지만 불의를 따르면 해를 입는 어떤 것에 손상을 입는다면 우리 삶을 즐길 수 있을까? 그리고 그것이 몸보다 덜 중요하다고 생각할 수 있을까? 그것이 무엇이든 정의와 불의와 관련된다고 가정할 때 말이야.

크리톤 절대 몸보다 못할 리는 없겠지.

소크라테스 그게 더 가치 있단 말이지?

크리톤 훨씬 가치 있지.

소크라테스 그래, 훌륭하군. 내 친구 크리톤, 대중이 말하는 것에 신경 쓸 게 아니라 정의와 불의를 이해하는 사람, 혹은 진리 그 자체에 신경을 써야겠지? 그러니 자네가 처음에 말했듯 정의와 고결함, 선, 그리고 그 반대의 것들에 대해서 대중의 의견을 따라야 한다고 말했던 것은 옳지 않다네. 이렇게 말하면 누군가는 대중이 우리를 죽일 수도 있다고 말하겠지?

크리톤 분명히 그렇지. 그렇게 말하는 사람도 분명 있을 거야.

소크라테스 그래. 그런데 우리가 방금 말한 원칙이라는 건 우리가 전에 말한 것과 같아 보이네. 무엇보다 이걸 생각해 보게. 단지 사는 데 집착할 게 아니라 어떻게 잘 살 건지 신경 써야 한다는 게 변함없는 사실인지 아닌지 말이야.

크리톤 변함없는 사실이지.

소크라테스 그럼 잘 산다는 것에서 '잘'이란 말은 '고결하게', '정의롭게'와 같은 거 아닐까? 이것도 옳지 않나?

크리톤 옳네.

소크라테스 그럼 여태 인정한 사실로 볼 때 이런 생각이 들지 않나? 내가 아테네 시민들의 허락 없이 여기를 빠져나가려고 하는 것이 정의로운 것인가 아닌가 하는. 정의롭다고 여겨지면 탈출하고 아니면 포기하기로 하세. 자네가 언급한 것들, 즉 돈 문제나 평판, 자식 교육 같은 건 대중의 생각이네. 대중은 이치에 맞지 않아도 한 사람을 죽음에 처하게도 하고, 또 가능하다면 목숨을 살려내기도 하지. 그러니 우리는 다른 게 아니라 지금 말한 것이 이치에 맞는지 따져야 하네. 즉 나를 여기서 탈출시켜 줄 사람들에게 돈을 주고 감사하는 일이 옳은 것인지, 아니면 이 모든 일이 옳지 못한 것인지 말이야. 우리가 이렇게 하는 게 옳지 못한 일이라면 여기 남아 가만히 있다 죽음을 맞거나 다른 나쁜 일을 더 당하면 어찌하나 걱정하기보다 옳지 못한 행동은 하면 안 된다는 사실에 신경 써야 하지 않겠나?

크리톤 자네 말이 맞네, 소크라테스. 그럼 어떻게 해야 할까.

소크라테스 같이 생각해 보세. 내 말에 반대할 게 있으면 이치에 맞게 반대해 보게. 그럼 내가 자넬 따르겠네. 그러나 그렇지 않다면 아테네 시민들의 의지에 반하여 내가 여길 나가야 한다는 말은 이제 그만해주게. 나를 설득하여 행동하게 하려는 자네의 노력이 존경스럽지만 그것도 내 의지에 반하지 않을 때 얘기지. 그러니 우리 같이 이러한 일에 대해 생각해 봄세. 그 출발점이 자네에게 만족스러운지 생각해 보고 던져진 질문에 대해 옳은 답을 안다고 생각된다면 대답해 주게.

크리톤 그래 보겠네.

소크라테스 우리는 어떤 경우라도 고의로 부정을 행해서는 안 되는 걸까, 아니면 어떤 상황에서는 부정을 저지를 수도 있고 어떤 상황은 안 되고 그런 걸까? 혹은 우리가 전에 종종 동의했듯이, 그리고 지금 막 말했듯 부정을 저지르는 건 어떤 상황에서도 선이 될 수 없고 고결하지 못한 걸까? 그렇지 않다면 우리가 그동안 그렇게 인정해오던 뜻이 요 며칠 사이 다 소멸된 건가? 크리톤, 그렇게 오랜 기간 진지하게 대화해 온 게 물거품이 되었다는 건 이렇게 나이 먹은 우리가 결국 철없는 아이들과 다름없었다는 것 아닌가. 아니면 그 모든 질문을 할 필요 없이 우리는 전에 말하던 것들이 옳다고 확신하는 걸까? 대중이 허락하든 말든, 이보다 더 크거나 작은 벌을 받든, 부정을 행하는 건 어느 면으로 보나 그것을 행하는 사람에게 악이며 불명예지. 우리 이 말을 인정해도 되는 거지?

크리톤 그럼.

소크라테스 그렇다면 우린 어떤 경우라도 부정을 행해서는 안 되네.

크리톤 그렇겠지.

소크라테스 어떤 경우라도 부정은 용납되지 않으니 대중이 생각하는 것처럼 부정한 행위에 해를 입은 사람은 보복으로 부정을 저지를 수 있다는 건 말도 안 되는 거지?

크리톤 응, 그런 것 같네.

소크라테스 그러면 우리는 남에게 해를 끼쳐서는 안 되는 게 맞나?

크리톤 안 되지, 당연히.

소크라테스 그럼 뭔가에, 누군가에 해를 입었다 해서 보복으로 해를 끼치려 하면 될까, 안 될까?

크리톤 결코 안 되겠지.

소크라테스 남에게 해를 끼치는 건 부정을 저지르는 것과 같지.

크리톤 맞네.

소크라테스 그러니까 누군가에게 해를 입었다고 해서 복수한답시고 그 사람에게 똑같이 해를 입히는 건 옳지 못하지. 크리톤, 동의하지도 않으면서 대답만 그렇다고 하는 건 아니지? 오직 몇 사람에게만 이러한 것들이 옳고 앞으로도 그럴 거니까. 이런 게 옳다고 생각하는 사람들과 그렇다고 생각하지 않는 사람들은 어차피 느끼는 바가 다를 테고 서로의 다른 의견에 대해 경멸할 수밖에 없겠지. 그러니까 크리톤, 자네도 나와 같은 생각인지 잘 생각해 보게. 그리고 부정을 저지르는 것은 절대 옳지 않고 부정으로 보복하는 것도 마찬가지이며 해를 입었다 해서 보복으로 남에게 해를 입히는 것도 옳지 못하다는 생각을 우리 생각의 출발점으로 삼아야 해. 자네는 나랑 생각이 달라서 이런 원칙에 동의할 수 없나? 난 오랫동안 그렇게 생각해왔고 지금도 마찬가지야. 그러나 자네 생각이 다르다면 나에게 말해주고 자네가 전에 생각했던 것들이 변함없다면 계속 내 말을 들어주게.

크리톤 난 여전히 예전 생각 그대로고, 자네에게 동의하네. 계속 말해 보게.

소크라테스 그럼 다음으로 넘어가겠네. 아니, 하나만 물어보세. 어떤 사람이 옳다고 동의해서 하기로 한 약속이 있네. 그것을 지켜야 하는가, 아니면 안 해도 되는가?

크리톤 해야지.

소크라테스 자, 그럼 계속하겠네. 아테네의 허락 없이 여기를 탈출하면 남에게, 특히 절대 해를 끼쳐선 안 되는 사람에게 해가 될까, 되지 않을까? 그게 우리가 옳다고 동의한 것을 지키는 길일까, 아닐까?

크리톤 소크라테스, 자네 질문에 대답 못 하겠네. 잘 이해할 수가 없어서.

소크라테스 그럼 이렇게 생각해 보게. 우리가 여기서 탈출할 궁리를 하는 동안, 그 행동을 뭐라 부르든 아무튼 그러는 동안 나라의 법과 정치공동체가 우리 앞에 나타나 이렇게 말한다고 말이야. "소크라테스, 당신은 무슨 일을 꾸미고 있는 겁니까? 당신이 하려고 하는 일이 이루어진다면 그것은 법과 나라 전체를 파멸시키는 행위임을 모르는 겁니까? 아니면 당신은 나라가 내린 판결이 힘이 없어 개인의 손에 효력이 없어지거나 파괴되어도 국가가 전복되지 않고 계속 존속할 수 있으리라 생각합니까?" 크리톤, 상상해 봐. 이런 질문에 대해, 혹은 비슷한 충고에 대해 우리는 어떻게 대답해야 하겠는가? 어떤 사람이라도 특히 변론가라면 한번 내려진 국가의 판결은 집행되어야 한다는 법을 위반하려는 행동에 대해 할 말이 많을 것이네. 우리는 그들에게 국가가 부정을 행했고 올바른 판결을 내리지 않았다고 말해야 할까? 아니면 다른 대답을 해야 할까?

크리톤 그렇게 말해야겠지.

소크라테스 그렇다면 법이 이렇게 말하면 어쩌지? "국가가 내리는 판결에 대해서는 지키기로 합의된 것 아닙니까?" 그 말에 우리가 놀란다면 "소크라테스, 놀라지 말고 대답해 주세요. 당신은 질문하고 대답하는 것에 익숙하신 분이잖아요. 당신은 법과 나라에 무슨 불만이 있어서 우리를 파괴하려는 거죠? 당신을 존재하게 해준 게 우리 아닌가요? 당신의 아버지가 당신의 어머니를 아내로 맞고 당신을 낳게 해준 것이 우리 아닙니까? 말해 보세요. 우리 중에 결혼과 관련된 법이 있는데 그것에 흠이 있다는 건가요?" 그러면 나는 흠을 잡는 게 아니라고 답하겠지. "아니면 당신이 태어난 후 당신의 양육과 교육에 관여한 법에 대해서 흠을 잡는 건가요? 이와 관련해 정해진 법이 당신의 아버지에게 당신을 음악과 체육으로 교육시키라 명령했는데 그것에 문제가 있단 말인가요?" 나는 "문제가 없습니다"라고 답을 하겠지.

"좋습니다. 그러면 당신은 법에 의하여 낳아지고 길러지고 교육받았는데 당신과 당신의 조상들이 이 나라의 자손이지만 노예는 아니라고 항변하려는 겁니까? 만약 그렇다면 우리 사이에 똑같은 권리가 있다고 생각합니까? 즉 우리가 당신에게 무슨 일을 하든 당신은 그와 똑같은 일을 우리에게 하는 것이 올바르다고 생각합니까? 당신에게 아버지나 혹 주인이 있다면 당신은 그들과 같은 권리를 가질 수 없겠지요. 그들이 당신을 비난하거나 욕을 해도 당신은 욕으로 응수할 수 없으며 설사 매를 맞는다고 해도 그것에 응수하여 똑같이 갚아줄 수 없는 것입니다. 그 외에도 많은 비슷한 일이 있죠. 그런데 당신의 나라와 법에 대해서는 달리 행동해도 좋다는 겁니까? 나라와 국법이 옳다고 생각하여 당신을 죽이려 할 때, 당신도 할 수 있다면 나라와 국법을 파괴하려 하는 것이 정의로운 행동이라고 말할 겁니까? 덕에 마음 쓰는 것이 당신의 일이라고 주장했으면서 말입니다. 그리고 그렇게 현명하다면서 아버지나 어머니, 조상보다 더 명예롭고 존경스러우며 신성한 신들이나 현자들이 더 칭송하는 것이 국가임을 모릅니까? 국가를 존경하고 국가의 명령에 굴복하며 국가가 화가 났을 때는 아버지가 노여워할 때보다 더 순종해야 합니다. 수긍하고 명령에 따라야 하며 고통을 견디라고 명을 받으면 그렇게 해야 합니다. 매를 맞든 투옥이 되든 모두 참고 견뎌야 합니다. 국가가 당신을 전쟁에 보내면 부상을 당하든 죽임을 당하든 명령에 따라 전쟁터에 가야 합니다. 이것은 정의의 명령이기 때문입니다. 못하겠다고 할 수 없고 후퇴도 안 되며 맡은 일을 포기하고 떠나도 안 됩니다. 전쟁터에서든 법정에서든 어느 곳에서든 국가가 명하는 일은 따라야 합니다. 만약 그렇지 않을 때는 정의가 허락하는 범위에서 국가를 설득해야 합니다. 어머니나 아버지에게 횡포를 부리는 것도 신성하지 못하지만 국가에 대해서는 더더욱 그러합니다."

이렇게 묻는다면 크리톤, 어떻게 대답할 건가? 법이 옳다고 말하겠는가, 아니면 옳지 않다고 하겠는가?

크리톤 옳은 말을 하는 것 같은데.

소크라테스 법은 아마도 이렇게 계속할 거야. "그러면 소크라테스, 당신이 지금 하려고 하는 행위가 나라와 법에 옳지 않다고 말하면 우리는 진실을 말하고 있는 건가요? 우리는 당신을 낳아줬고 기르고 교육시켰으며 당신과 다른 모든 시민에게 우리가 줄 수 있는 좋은 것들을 주었을 뿐 아니라 아테네 사람 누구라도 성년이 되어 우리의 법과 관습 등 나라에 대해 알게 하여 마음에 들지 않으면 재산을 가지고 다른 곳 어디든 갈 수 있게 허락한다고 공표

하고 있습니다. 또 나라와 법이 싫어 식민지나 다른 나라 어딘가로 이민을 가고 싶어 하면 소유물을 모두 가지고 떠날 수 있게 허용해서 어떤 법도 방해하거나 금지하지 않고 있습니다. 그러나 우리가 정의를 행하는 재판의 방식과 나라의 통치 방식을 보고 나서도 우리와 함께하려고 생각하는 사람이라면 우리가 명하는 것에 복종하겠다고 모두 동의한 것으로 간주합니다. 만약 우리에게 동의하지 않는다면 세 가지 부분에서 잘못하고 있는 겁니다. 먼저 낳아준 우리에게 복종하지 않고, 둘째, 길러준 우리에게 복종하지 않으며, 마지막으로는 복종하기로 동의하고서는 복종하지 않으면서 우리가 무엇을 잘못하고 있는지 설득하지도 못하는 것이지요. 우리는 엄격하고 융통성 없이 우리 명령에 복종하라고 요구하는 게 아니라 선택의 기회를 주고 명령에 따르거나 아니면 따르지 않는 이유를 들어 설득하라고 하는데 두 가지 다 하지 않는 것이잖아요. 그러니 소크라테스, 당신이 지금 계획하고 있는 일을 행한다면 당신도 이런 죄를 저지르는 것이나 마찬가지이며 그 죄는 아테네 사람들 중에서도 제일 큰 죄일 겁니다."

만약 이 말에 "왜죠?"라고 묻는다면 법은 나에게 내가 아테네에서 누구보다도 더 철저히 법을 따르겠다고 동의했기 때문이라 말할 것이네.

"소크라테스, 당신이 우리나라와 법에 만족했다는 확실한 증거가 있습니다. 만약 그렇지 않았다면 당신은 아테네인 그 누구보다 여기를 떠나려고 했을 겁니다. 왜냐하면 당신은 이스트모스(바다의 신 포세이돈의 신전이 있고 2년마다 포세이돈을 기리는 축제가 열리던 곳-역주) 축제에 참석한 것 말고는 공공 행사를 위해 아테네 밖으로 나가 본 적이 없고 출정 빼고는 외국에 나간 적도 없으며 또 다른 사람들처럼 외국으로 여행한 적도 없기 때문입니다. 다른 나라와 그 법에 대해서도 알고 싶어 하지 않았고 우리나라에 만족하여 그 법률에 따라 아이를 낳고 살았습니다. 이는 당신이 우리나라를 좋아한다는 증거입니다. 그뿐만 아니라 이번 당신의 재판에서도 당신이 원했다면 다른 나라로 망명가는 것을 택할 수 있었습니다. 즉 지금 당신이 국가의 동의 없이 꾀하려는 것을 그때는 동의를 받고 할 수 있었다는 겁니다. 그때는 사형을 받는 것이 국외 추방보다 당당한 일인 것처럼 공언하더니 이제 와서는 염치없이 국법을 무시하고 탈옥하려고 꾀하고 있는 겁니다. 그런 행동은 국법을 파괴하는 가장 비천하고 사악한 노예나 하는 짓입니다. 당신이 우리 정부에 동의한 법을 지키겠다던 약속을 어기는 겁니다. 그러니 대답하세요. 소크라테스, 당신은 말이 아닌 행동으로 우리에 의해 지배받겠다고 약속한 것입니다. 이것이 진실인가요, 아닌가요?"

이렇게 질문해오면 크리톤, 우리는 어떻게 대답할 수 있을까? 동의하는 수밖에 다른 방법이 없지 않을까?

크리톤 그래야 할 것 같군.

소크라테스 법은 계속해서 이렇게 말하네. "그렇다면 소크라테스, 우리가 강요한 것도 아니고 속인 것도 아닌데 당신이 스스로 법을 지키겠다고 동의해 놓고 그 약속을 깨트리겠다는 게 아니면 뭔가요? 우리는 심지어 짧은 기간에 당신에게 동의하라고 하지도 않았습니다. 70년이라는 세월이 있었고, 당신이 마음에 들지 않았거나 법을 지키겠다는 동의가 정당해 보이지 않았다면 우리를 떠날 수 있었어요. 당신은 라케다이몬이나 크레타 통치법이 좋다고도 여러 번 말했지만 그곳으로 가고 싶어 하지는 않았어요. 그리스 이외의 지역이나 이민족의 나라 어디로도 가려 하지 않았죠. 당신은 심지어 절름발이나 소경, 그 외의 어떤 불구자보다도 이곳을 떠나려 하지 않았습니다. 그만큼 우리나라와 법에 만족한 것 아니었나요? 그런데 이제 당신은 스스로 동의한 것을 위반하려 하고 있습니다. 당신이 우리말을 듣는다면 나라를 버리고 탈주함으로써 웃음거리가 되는 길을 택하지는 않겠죠? 또 생각해 보세요. 당신이 국법을 어기고 지금 세운 계획을 실행할 경우 당신과 당신의 친구들에게 어떤 이익이 있습니까? 당신 친구들은 이렇게 함으로써 국외로 추방당하고 권리와 시민권을 빼앗기며 재산을 압수당할 위험을 무릅써야 합니다. 그리고 당신이 만약 테바이나 메가라로 간다면, 물론 그 두 나라 모두 좋은 법을 갖고 있지만, 당신은 그 나라에서 적으로 여겨질 겁니다. 자신들의 나라를 염려하는 사람이라면 누구나 당신을 법을 어지럽히는 자라 여기고 의심의 눈초리로 볼 겁니다. 그들은 당신이 청년들과 의지 약한 사람들을 부패시켰다는 아테네의 판결을 옹호하며 당신을 비난할 겁니다. 이러한데도 당신은 가장 잘 다스려지는 우리나라와 가장 법을 잘 지키는 사람들에게서 달아날 겁니까? 그렇게 하면 과연 당신의 인생은 살만해질지 궁금합니다. 당신은 그들에게 접근하여 뻔뻔스럽게 여기서 하던 얘기를 할 건가요? 덕과 정의, 합법 기관과 법률이 사람들이 가장 가치 있게 여겨야 할 것들이라고요? 그렇다면 당신이 하려는 행동은 매우 보기 흉한 짓이라 할 수 있지 않을까요? 당신도 그렇게 생각할 게 틀림없을 텐데요. 당신은 여기를 떠

나 테살리아로 가서 크리톤의 친구들에게 갈 건가요? 그곳은 무
질서와 무법천지의 나라로 그곳 사람들은 아마도 가죽옷이나 보
통 도망자들이 입는 옷을 걸친 당신의 우스운 모습을 보며 감옥
에서 탈주한 이야기를 듣고 싶어 할 겁니다. 만약 당신이 그 사람
들을 기분 나쁘게만 하지 않으면 그렇게 나이가 들어서 남은 생
이 얼마나 된다고 가장 신성한 법을 어기고 살려고 하느냐는 비난
을 듣지는 않겠지요. 그러나 당신이 그곳 사람들의 비위를 맞추지
못한다면 당신은 스스로 느끼기에 온갖 부당한 말들을 들을 겁
니다. 그러니 당신은 그들의 비위를 맞추며 노예로 비굴하게 살아
갈 겁니다. 그리고 당신이 테살리아에서 할 수 있는 일이 뭘까요?
마치 테살리아의 잔치에 간 것처럼 먹고 마시는 일 이외에는 없을
겁니다. 당신이 여기서 하던 정의와 다른 덕에 대한 이야기들은 어
떻게 될까요? 또 당신이 당신의 자식들을 기르고 교육하며 살고
자 테살리아로 간다면 결국 아이들은 외국인이라는 이름을 준 당
신에게 감사해할까요? 아닐 겁니다. 오히려 아이들에게는 당신이
살아 있는 동안 같이 있지는 못하더라도 여기서 길러지는 편이 더
잘 양육되고 교육받는 길일 겁니다. 당신의 친구들이 돌봐줄 테니
까요. 테살리아로 가면 그곳의 친구들이 아이들을 돌봐주겠지만
이곳에서는 어떨까요? 당신이 죽었다고 돌봐주지 않을까요? 아닙
니다. 당신의 친구들이 적어도 된 사람들이라면 당연히 돌봐 주겠
지요. 그러니 소크라테스, 당신을 길러준 우리의 말을 듣고 아이
들이나 목숨, 또 다른 어떤 것보다 정의에 우위를 두세요. 그래야
저세상으로 가서도 그곳 통치자들 앞에서 떳떳하게 말할 수 있을
겁니다. 만일 당신이 계획한 일을 행하면 이 생에서 당신과 당신의

친구들에게는 그 무엇도 더 이상 좋고 정의롭고 신성하지 않을 겁니다. 저세상을 가도 마찬가지입니다. 당신의 죽음은 법에 의한 것이 아니라 사람에 의해 누명을 쓴 것이지요. 하지만 그렇다고 당신이 해에는 해로, 악에는 악으로 불명예스럽게 앙갚음하고 우리에게 약속하고 동의했던 것을 위반하면 당신이 절대 해를 끼쳐서는 안 될 사람들, 즉 당신 자신과 당신의 친구들, 국가와 우리들, 즉 법에 해를 끼치게 됩니다. 그렇게 되면 우리는 당신이 살아 있는 한 끝까지 분개할 것입니다. 우리의 형제인 저세상 하데스의 법률도 당신이 우리를 파괴하려 했다는 사실을 알고 당신을 호의적으로 받아주지 않을 겁니다. 그러니 크리톤에게 설득당해 그가 하자는 대로 하지 말고 우리 말을 듣기 바랍니다."

크리톤, 이와 같은 말들이 내 귀를 맴돌아. 마치 키벨레의 숭배자들이 플루트 소리(키벨레는 그리스 신화의 여신으로 그 숭배자들은 종교의식에서 플루트 등 악기를 연주했다 - 역주)를 듣는 것처럼 말이야. 이렇게 이 말들만 귀에 웅웅거리고 다른 말들은 아무것도 들리지 않는다네. 그러니 내가 이런 생각을 품고 있는 한 크리톤 자네가 아무리 그와 반대되는 말을 한다 한들 그건 헛된 일이야. 그렇지만 크리톤, 날 설득시키기 위해 할 말이 더 있다면 해보게.

크리톤 그렇군. 나는 진정 더 할 말이 없네, 소크라테스.

소크라테스 그래, 이제 자네 생각은 거두게. 우리의 길은 신이 인도하게 놔두세나.

파이돈

소개글

　소크라테스의 죽음을 앞두고 소크라테스와 그의 친구, 제자, 추종자들이
모여 '영혼 불멸'이라는 주제로 대화를 나눈 내용을 담고 있다. 대화를 통해
소크라테스는 죽음이 끝이 아니며, 자신은 죽음 너머의 축복받은 세상으
로 가서 기쁨을 누리며 살 것이라고 전하고 있다.

에케크라테스 파이돈, 당신은 소크라테스가 감옥에서 독약을 먹고 죽던 날, 그 곁에 있었나요, 아니면 누군가에게 이야기를 전해 들은 건가요?

파이돈 저는 거기 있었어요.

에케크라테스 그렇다면 그는 죽기 바로 전 무슨 말을 했고 어떻게 죽었나요? 그 이야기를 들을 수 있다면 좋겠네요. 소크라테스가 독약을 먹고 죽었다는 말은 들었는데 그 이상 소식을 아는 사람이 없어서요. 오랫동안 플레이우스에 사는 사람이 좀처럼 아테네를 가지 않았고 거기서도 아무도 오질 않았거든요.

파이돈 그럼 재판이 어떻게 진행되었는지에 대해서는 들었나요?

에케크라테스 네, 누군가가 재판에 대해서 알려주긴 했습니다만, 왜 형을 받고 나서 바로가 아니라 집행이 한참 후에 진행됐는지는 이해를 못 하겠습니다. 이유라도 있는 건가요?

파이돈 소크라테스에게 일종의 행운이 따른 셈이지요, 에케크라테스. 아테네 사람들이 델로스로 보내는 배의 꼬리를 화환으로 장식한 날이 소크라테스가 재판을 받은 전날이었죠.

에케크라테스 그게 무슨 배인데요?

파이돈 아테네 전통에 따르면 그 배는 테세우스가 재물인 열네 명의 젊은이들과 함께 타고 크레타로 갔던 배인데, 결국 그 자신도 젊은이들도 모두 살아났다고 합니다. 아테네 사람들은 아폴로 신에게 그 배를 탄 사람들을 살려주면 매년 델로스로 사절을 보내겠다고 맹세했다고 해요. 이 관습이 지금까지 이어져 온 건데, 이 배가 아테네를 떠나 델로스에 도착해서 다시 아테네로 오는 날까지의 기간은 성스러운 기간으로 여겨집니다. 아폴로의 사제가 이 배의 꼬리를 화환으로 장식하면서 이 기간이 시작되는 겁니다. 성스러운 기간에는 나라를 더럽히지 않기 위해 사형을 집행하는 것이 금지되어 있어요. 만약 배가 항해 도중 역풍을 만나면 이 기간이 상당히 길어지기도 하지요. 소크라테스가 사형선고를 받기 바로 전날 배꼬리를 장식했기에 성스러운 기간이랑 겹쳐서 감옥에 오랜 시간 있다가 돌아가시게 된 겁니다.

에케크라테스 그렇군요. 소크라테스가 죽음에 임해서 어떻게 행동했나요, 파이돈? 무슨 말이나 행동을 했나요? 어떤 친구들이 그의 곁에 있었나요? 아니면 집행 당국이 친구들이 곁에 있지 못하게 해서 돌아가실 때 혼자였나요?

파이돈 아니요, 친구들이 몇 명 있었어요.

에케크라테스 바쁘지 않으면 그때 일이 어떻게 돌아갔는지 될 수 있으면 정확히 듣고 싶어요.

파이돈 바쁘지 않으니 원하시는 대로 얘기해 볼게요. 내가 말을 하든 남에게 듣든 소크라테스를 떠올리는 건 기쁜 일이니까요.

에케크라테스 듣는 사람들도 당신과 같은 생각일 겁니다. 그럼 가능한 한 정확하게 얘기해 주세요.

파이돈 그분과 함께 있으면서 정말 특별한 감정을 느꼈어요. 친구라 할 수 있는 분의 죽음이 임박했으니 당연히 동정심도 느껴져야 할 텐데 그런 감정도 거의 들지 않았죠. 소크라테스는 전혀 두려워하지도 않았고 그의 말이나 몸가짐도 고결해서 마치 축복받은 사람처럼 보였습니다. 저는 소크라테스가 저세상으로 가는 데는 분명 신의 부르심이 있는 거라고 느꼈습니다. 아마 저세상에 가서도 행복한 사람이 있다면 그건 소크라테스일 거라는 생각이 들어서 그런지 그런 시간을 보내면서 당연히 가질 법한 슬픈 마음도 없었어요. 다만 그때 우리의 대화 주제는 철학적 담론이었는데, 제가 철학적 담론을 할 때면 느꼈던 즐거움을 느끼지는 못했습니다. 물론 즐겁기는 했습니다만, 소크라테스가 곧 떠날 거라는 생각이 머릿속을 맴돌아서 묘하게 고통이 섞여 있었지요. 그곳에 함께 있던 우리 모두 같은 생각이었죠. 우리는 울기도 웃기도 했는데 특히 흥분을 잘하는 아폴로도로스가 그랬습니다. 그가 어떤 사람인지 당신도 알죠?

에케크라테스 알지요.

파이돈 그는 완전히 미친 사람 같았어요. 그렇지만 저와 우리 모두 큰 감명을 받았습니다.

에케크라테스 거기엔 누구누구 있었나요?

파이돈 아테네 사람으로는 아폴로도로스 외에 크리토불루스와 그의 아버지 크리톤, 헤르모게네스, 에피게네스, 아이스키네스, 안티스테네스, 그리고 파에아니아 시의 크테시포스, 메넥세노스와 그 외에도 몇 명 더 있었죠. 플라톤은 제 기억이 맞는다면 그때 병 중이었던 것 같고요.

에케크라테스 다른 나라에서 온 사람들도 있었나요?

파이돈 네, 테바이 사람 심미아스와 케베스, 그리고 메가라에서 온 파이돈데스와 테르피손이 있었죠.

에케크라테스 아리스티포스도 있었나요? 클레옴브로투스는요?

파이돈 그들은 아이기나에 있었다고 들었어요.

에케크라테스 또 누가 있었어요?

파이돈 말한 사람들이 거의 다인 것 같은데요.

에케크라테스 그렇군요, 그럼 무슨 얘기를 나눴는지 알려주세요.

파이돈 처음부터 전체 나눈 대화를 다 전달하도록 노력해 볼게요. 소크라테스 선생님이 돌아가시기 전 며칠간 우리는 판결을 내린 재판소에 아침 일찍 모여 그에게 갔어요. 감옥이 근처에 있었거든요. 감옥은 아침 일찍 문을 열지 않아서 우리는 얘기하면서 문이 열리길 기다렸고, 문이 열리면 들어가 소크라테스 선생님과 온종일을 보냈습니다. 마지막 아침, 우리는 평소보다 조금 더 일찍 모였습니다. 그 전날 밤 감옥을 떠나며 그 신성한 배가 델로스에서 돌아왔다는 소식을 들었기 때문이죠. 우리는 늘 모이던 장소에서 매우 일찍 만나기로 했어요. 감옥에 도착하자 매일 우리를 들여보내 주던 문지기가 이번엔 밖으로 나와 자신이 부를 때까지 기다려달라고 하더군요. 11명의 집행위원이 지금 소크라테스 선생님과 같이 있고 그의 사슬을 풀어주면서 오늘 형이 집행될 거라 말해주고 있다면서요. 그는 곧 다시 오더니 우리를 들여보내 줬고 들어가서 우리는 사슬이 풀린 소크라테스 선생님을 봤어요. 크산티페, 누군지 아시죠, 그분이 아이를 팔에 안고 곁에 앉아 있더군요. 으레 여자들이 그렇듯 그녀는 우리를 보자마자 울부짖으며 말했어요. "오, 소크라테스, 이제 친구들과 말하는 것이 당신에게도, 친구들에게도 마지막이네요." 소크라테스 선생님은 크리톤에게 눈을 돌려 말했습니다. "크리톤, 누군가에게 부탁해서 저 사람을 집에 좀 데려다 주겠나?" 크리톤의 하인 중 한 명이 그렇게 그녀를 데리고 나갔고 크산티페는 소리를 지르고 가슴을 치며 나갔습니다. 그녀가 나가자 소크라테스 선생님은 침대에서 일어나 앉더니 다리를 문질렀습니다. 그러면서 이렇게 말했죠. "쾌락이란 건 참 신기해. 고통과 반대의 것임에도 둘은 묘하게 연관되어 있단 말이지. 그 둘은 한 인간에게서 같은 순간에 존재하진 않지만 그 둘 중 하나를 추구하면 그 사람은 꼭 다른 하나도 함께 얻게 되지. 마치 몸은 두 개인데 하나의 머리로 연결되어 있는 것처럼 말이야. 만약 아이소포스가 그걸 알았다면 이런 우화를 만들어냈을 것 같아. 신이 두 몸뚱이가 싸워서 화해시킬 방법이 없자 두 머리를 하나로 붙여버렸다고. 이게 바로 쾌락과 고통 중 하나가 오면 곧 다른 하나가 뒤를 따르는 이유라고 말이야. 내가 경험해보니까 알겠어. 쇠사슬에 묶여 고통 받던 다리가 쇠사슬을 풀자 쾌락을 느끼는 것 같군."

그 말에 케베스가 말하더군요. "소크라테스 선생님, 아이소포스 얘기를 하시니까 많은 사람이 저에게 질문한 것이 생각났습니다. 그저께도 시인 에우에노스가 같은 질문을 했는데 절 보면 또 물어볼 테니 제가 그에게 대답할 수 있게 왜인지 좀 알려주시겠습니까? 질문인즉 선생님께서는 여태 시를 쓰신 적이 없는데 왜 감옥에서는 아이소포스의 우화를 시로 옮기고 또 아폴론 신을 찬미하는 곡을 짓고 계시냐고 하더군요."

"그에게 이렇게 말해주게, 케베스. 나는 아이소포스나 그 사람의 시와 겨루어 보려고 이렇게 하는 게 아니네. 그건 쉽지도 않은 일이고. 다만 어떤 꿈들의 의미가 좀 꺼림칙한 게 있어 그걸 풀 수 있을까 알고 싶었네. 나는 살아오면서 꿈에서 종종 음악을 작곡해야 한다는 속삭임을 들었네. 똑같은 꿈이 모양은 달라도 언제나 같은 말로 내게 말했어. 교양을 키우고 음악을 작곡하라고 말이야. 나는 지금껏 그것이 내게 철학을 하라고 권하는 걸로 상상해왔어. 철학은 내가 일생 동안 추구해 온 것이고 가장 고귀하고 훌륭한 음악이나 다름없잖나. 그 꿈은 경기장에서 이미 뛰고 있는 선수에게 관중들이 뛰라고 소리치는 것과 비슷하게 이미 철학을 하고 있는 나에게 철학을 하라고 명령을 했던 거야. 그런데 그 의미가 분명치 않아서…. 그 꿈이 하라는 게 철학이 아니고 세상에서 의미하는 음악 그 자체인지도 모르잖아. 사형선고를 받고 집행 유예기간에 있는 동안 꿈에 복종하여 그 꺼림칙함을 해소할 겸 죽기 전에 몇 개의 시를 쓰는 것도 좋겠다 생각했지. 그래서 처음에는 이번 제사의 신을 찬미하는 찬양가를 지었지. 그리고 진정한 시인이라면 모름지기 단어의 조합을 잘하는 것이 아니라 이야기를 잘 꾸며내야 한다고 생각하는데 나는 창의적 아이디어도 없고 해서 이미 있는 것 중에 내가 아는 아이소포스의 우화 몇 개를 시로 옮겨 봤네. 이런 일은 처음 해 봐. 그러니 케베스, 에우에노스에게 내 말대로 전해줘. 그리고 안부도 전하더라고. 그리고 그가 지혜로운 사람이라면 될 수 있는 대로 빨리 나를 뒤따르라고 말해 줘. 내가 오늘 죽게 될 것 같다고도 함께 전해줘. 아테네 사람들이 죽으라고 하니 어쩔 수 없지."

그러자 심미아스가 말했죠. "에우에노스는 그런 말을 전해줄 만한 사람이 아니에요. 제가 그 사람을 자주 만나 봐서 아는데 제가 아는 한 그 사람은 불가피한 일이 있으면 모를까, 절대 선생님의 뒤를 따를 자가 아닙니다."

소크라테스 선생님은 말했습니다. "아니, 왜? 에우에노스는 철학자가 아닌가?"

"철학자로 알고 있습니다만." 심미아스가 대답했습니다.

"그렇다면 그는, 아니 철학의 정신을 지닌 사람이라면 누구라도 죽기를 원할 걸세. 그러나 스스로 목숨을 끊는 일은 없겠지. 그건 불법이니까."

그리고 나서 소크라테스 선생님은 다리를 침대 아래로 땅에 내리고는 자세를 바꾸며 계속 말했습니다.

케베스는 물었죠. "철학자는 자살을 해서는 안 된다. 그러나 죽을 준비를 하고 있어야 한다. 그것은 무슨 뜻입니까, 소크라테스 선생님?"

소크라테스 선생님은 대답했습니다. "아니, 케베스, 그리고 심미아스, 자네들은 필롤라오스의 제자이면서도 이것에 대해 듣지 못했는가?"

"듣긴 했지만 말이 애매모호해서요."

"나도 들은 얘기를 전할 뿐이야. 그렇지만 내가 들은 걸 되풀이하지 말란 법도 없지 않나. 그리고 내가 지금 저세상으로 가려는 마당에 우리가 죽음의 순례를 떠나는 것에 대해 생각하고 얘기해 보는 일도 적절할 듯하네. 지금부터 저녁까지 이야기를 나눌 주제로 그보다 좋은 것이 어디 있겠나?"

"그렇다면 소크라테스 선생님, 말씀해주세요. 왜 자살은 옳지 못한가요? 방금 말씀하신 필롤라오스가 테베스에 함께 있을 때 같은 말을 한 것을 듣긴 했어요. 그리고 다른 사람들도 똑같이 말했고요. 그러나 저는 그 누구의 말도 어떤 의미인지 이해가 가질 않습니다."

"낙담하지 말게, 언젠가 이해될 날이 있을 거야. 난 자네가 이런 걸 궁금해할 거라 여기는데. 어떤 나쁜 일들이 어떨 때는 좋은 것일 수도, 또 어떤 이에게는 좋은 것일 수도 있지만 왜 죽음은 그렇지 않은지, 그리고 죽는 게 더 낫겠다고 생각했을 때 왜 스스로 목숨을 끊으면 안 되고 남에 손에 죽기를 기다려야 하는지 말이야."

"정말 그래요." 하고 케베스가 웃으며 자신의 고향인 보이오티아 사투리로 말했습니다. "내가 하는 말이 좀 일관성이 없다는 건 인정하네. 그러나 결국 전혀 일관성이 없지는 않을 거야. 비교秘敎에서는 인간은 투옥자이고 감옥 문을 열고 도망갈 권리는 없다고 가르치지. 너무나 신비한 사상이라 나는 이해할 수가 없어. 그렇지만 나는 신들은 우리의 수호자이고 우리는 신들의 소유물이라는 사실을 믿어. 동의 못 하겠나?"

"아니요, 이해합니다." 케베스가 대답했죠.

"예를 들어 만약 자네의 소유물 중 하나인 소나 당나귀에게 죽어도 된다고 통지하지도 않았는데 마음대로 스스로 죽어버린다면 자네는 화도 내지 않고 벌도 주지 않을 수 있을까?"

"분명히 화내거나 벌을 주겠죠." 케베스는 대답했습니다.

"그렇다면 우리 인간도 마찬가지겠지. 지금 신이 나를 부르듯 이와 같은 때가 되기 전에 자살하면 안 된다는 것이 그 이치인 걸세."

"그렇습니다. 선생님 말씀이 진실인 것 같습니다. 하지만 신이 우리의 수호자요, 우리가 신의 소유물이라는 얼핏 맞는 것 같은 이 이야기와 철학자라면 모름지기 죽을 준비가 되어 있어야 한다는 말은 조금 상반되는 것 아닐까요? 가장 현명한 사람들인 철학자들이 최상의 지배자인 신의 지배를 받는 것에서 기꺼이 벗어날 준비를 해야 한다는 것이 합리적이지 않게 들립니다. 현명한 사람이라면 스스로 돌볼 수 있게 된다고 해서 신들보다 잘할 수 있으리라고는 생각하지 않을 테지요. 아마 바보는 그렇게 할지 모르겠습니다. 바보라면 선 그 자체인 주인 곁에 끝까지 남아 있는 것이 의무임을 생각지 못하고 도망치는 편이 더 낫다고 생각할지도 모르겠죠. 아니면 도망쳐봐야 소용없다는 것을 모르니까 그럴 수도 있고요. 현명한 사람이라면 자기보다 나은 사람과 언제까지든 함께 있고 싶을 겁니다. 이것은 선생님이 조금 전에 한 말씀과 반대되는 것 아닙니까? 이런 관점으로 보면 현명한 사람은 죽을 때 슬퍼하고 바보는 기뻐해야 할 것 아닙니까?"

케베스의 이러한 열성이 소크라테스 선생님을 즐겁게 한 것 같았습니다. 소크라테스 선생님은 우리를 쳐다보더니 "케베스는 언제나 이치를 따져 묻고, 처음 들은 것을 바로 믿질 않아"라고 말했습니다.

그러자 심미아스가 말했습니다. "맞습니다. 그렇지만 케베스의 반대에는 일리가 있다고 생각합니다. 진정 현명한 자가 자신보다 더 나은 자를 떠나는 것을 쉬이 받아들인다면 무엇을 위해서입니까? 그리고 제 생각에 케베스는 소크라테스 선생님을 염두에 두고 말한 것 같습니다. 그는 선생님이 우리뿐만 아니라 선한 주인이라 인정하신 신들을 떠나겠다는 결정을 너무 쉽게 하셨다고 생각하는 겁니다."

"그래, 자네 말에도 일리가 있군. 법정에서처럼 변론하듯 자네의 질문에도 내가 대답해야 하나?"

"그렇게 해주시면 좋겠습니다."

"그렇다면 재판관 앞에서 했던 변론보다는 더 성공적인 변론을 해보도록 하지. 심미아스와 케베스, 첫 번째로 내가 죽음이 지혜롭고 좋은 다른 신들에게 가는 것이라는 사실을 믿지 못한다면, 그리고 두 번째로 이 세상 사람들보다 저세상 사람들이 더 낫다고 생각하지 않는다면 이 죽음이 너무 슬플 거야. 두 번째는 완전히 확신할 수는 없지만 첫 번째는 내가 더없이 확신하는 바야. 그리고 옛날부터 내려오는 말처럼 죽은 사람들에게는 뭔가가 기다리고 있다는, 그리고 그 뭔가는 악인보다는 선인에게 훨씬 더 좋은 것이라는 이야기를 나는 믿고 희망한다네."

그러자 심미아스가 말했습니다. "선생님, 그러면 그런 확신과 희망을 혼자서만 안고 떠나시려고 합니까? 저희에게도 전해주시면 안 되나요? 그런 생각을 저희도 같이 나누면 좋지 않겠습니까. 선생님이 저희를 설득시킨다면 선생님 말씀대로 성공적인 변론이 될 겁니다."

"그래, 그럼 한번 최선을 다해보지. 그런데 먼저 크리톤 이야기

좀 듣고. 아까부터 할 말이 있는 것 같은데." 소크라테스 선생님이
말했습니다.

"응, 자네에게 이따가 독약을 건네줄 안내자가 나한테 자네에게
말을 너무 많이 하지 말라고 전해달라네. 말을 많이 하면 열이 올
라서 독약의 작용을 더디게 할 수가 있다고. 너무 흥분한 사람들
은 두 번 세 번 더 독약을 먹어야 하는 경우가 있다는 거야." 크리
톤이 말했습니다.

그러자 소크라테스 선생님이 말했습니다. "내버려 두게. 독약을
두 번 줘야 하면 두 번 주고, 세 번 줘야 하면 세 번 주면 자기 할
일을 다 하는 건데 뭐가 문젠가."

"그렇게 말할 줄 알았어. 그래도 전해달라길래 전한 것뿐이야."
크리톤이 말했습니다.

"염려 말게나." 소크라테스 선생님이 말했습니다. "자, 그러면 이
제 나는 나의 재판관들 앞에서 진정한 철학자는 왜 죽을 때 행복
해야 하는지, 또 죽은 후에 저세상에서 왜 좋은 것을 얻기를 희망
해야 하는지 증명하기를 원하네. 어떻게 그럴 수 있는지, 심미아스
와 케베스, 이제부터 내가 설명을 해보지. 진정한 철학 애호가는
다른 사람들한테 오해받기가 쉽네. 사람들은 철학자가 항상 죽음
을 추구하고 있으며 실제로 죽고 있다는 사실을 인정 못하지. 사
실이 이와 같다면 평생 죽음을 추구하고 욕망해온 철학자가 어찌
죽음이 실제 다가왔을 때 불평을 하겠는가?"

그러자 심미아스가 웃으면서 말했습니다. "웃을 상황은 아니지
만 선생님이 저를 웃게 하시네요. 소크라테스 선생님, 저는 이렇게
생각돼요. 많은 사람이 선생님 말씀을 들으면 선생님이 철학자를

정말 잘 묘사한다고 생각할 거예요. 그리고 우리 고향 사람들도 마찬가지로 철학자들이 원하는 삶은 실상 죽음이요, 그들이 원하는 죽음을 받는 것이 당연한 일이라는 사실을 알고 있다고 말할 거예요."

"그렇게 생각하면 그들이 맞아." 소크라테스 선생님이 말했습니다. "그러나 '알고 있다'라는 말은 안 쓰는 게 좋겠군. 왜냐하면 진정한 철학자가 받아 마땅한 죽음의 본질은 무엇인지, 철학자가 죽음을 달게 받을 수 있는지, 또 원하고 있는지를 그들은 알고 있지 않으니까 말이야. 그 문제는 우리끼리 얘기하자고. 그런데 우리는 죽음이라 하는 것이 있다는 사실을 믿는가?"

"물론 있죠." 심미아스가 대답했습니다.

"죽음은 영혼과 육체가 분리되는 것 아닌가? 영혼이 육체에서 완전히 나가 홀로 존재하고 육체도 영혼에서 풀려나는 것, 이게 죽음이 아니면 뭐겠어?"

"네, 그렇죠." 심미아스는 대답했습니다.

"자네와 내가 여기에 동의한다면 우리가 지금 탐구하고 있는 죽음에 빛을 던져줄 또 다른 질문이 있네. 먹고 마시는 게 쾌락이라 불릴 수 있다면 철학자는 쾌락에 신경을 써도 될까?"

"확실히 아니죠." 심미아스가 대답했습니다.

"사랑의 쾌락은 어떤가, 철학자가 마음 써도 될까?"

"안 됩니다."

"그렇다면 몸치장은 어떨까? 비싼 옷이나 샌들, 몸에 걸치는 액세서리들에 신경을 써야 할까? 아니면 꼭 필요한 것 빼고는 그런 것들을 거들떠보지 않는 것이 맞을까?"

"진정한 철학자라면 거들떠보지 않을 것 같습니다."

"자네 말은 철학자는 몸이 아닌 영혼에 전적으로 신경 쓴다는 말이지? 가능한 한 육체에서 벗어나 영혼에 생각을 집중한단 말인가?"

"네, 맞습니다."

"이런 철학자들이라면 누구보다 더 할 수 있는 모든 방식으로 몸의 세계에서 영혼을 분리해내려 하겠지?"

"그렇습니다."

"하지만 심미아스, 이런 철학자가 아닌 세상의 나머지 사람들은 쾌락을 느끼지 못하고 몸을 치장하는 일 등에 즐거움을 느끼지 못하는 사람에게 인생은 살만한 것이 아니며 그런 것들에 무관심한 사람은 죽은 거나 다름없다고 말할 거야."

"그것도 맞습니다."

"그렇다면 우리가 지식을 얻는 것에 대해서는 어떻게 얘기할 수 있을까? 육체가 지식을 탐구하는 데 있어서 방해가 될까, 도움이 될까? 내 말은 시각이나 청각으로 진실을 가릴 수 있다고 생각하느냐는 뜻일세. 아니면 시인들이 말하듯, 시각이나 청각은 그저 부정확한 목격자일 뿐일까. 만약 시각과 청각이 부정확하고 불분명하다면 나머지 감각기관들에 대해 자네는 어떻게 말하겠나? 자네도 역시 시각과 청각을 감각 중에 최상의 것들이라 여기겠지?"

"네, 그렇죠." 심미아스가 대답했습니다.

"그렇다면 영혼은 진실을 언제쯤이나 얻을 수 있을까? 어떤 것을 탐구할 때 육체와 함께하려 한다면 분명히 기만당할 텐데."

"맞습니다."

"그렇다면 진실한 존재라는 건 영혼이 사유할 때만 드러난다는 것 아닐까?"

"그런 것 같습니다."

"그리고 사유란 정신을 다잡았을 때, 즉 시각이나 청각 등의 육체적인 감각이나 쾌락과 욕망 등이 섞여 정신을 괴롭히지 않을 때 가장 잘 이루어지는 것이지? 영혼이 몸을 떠나 육체적 감각이나 욕망 등과는 아무런 관계를 맺지 않고 참 존재를 열망할 때 말이야."

"분명히 그렇습니다."

"그러니까 철학자는 육체를 멸시하며 그의 영혼은 그의 몸에서 달아나 혼자 있으려 하겠지?"

"그렇네요."

"자, 그렇다면 또 하나가 있네, 심미아스. 절대적인 정의란 있을까, 없을까?"

"확실히 있습니다."

"그러면 절대적인 아름다움이나 선함은 어떨까?"

"물론 있지요."

"그럼 혹시 자네는 눈으로 그것들을 본 적이 있나?"

"아니요."

"아니면 다른 육체적 감각으로 그것들을 느껴본 적이 있나? 나는 정의, 아름다움, 선함만 말하는 게 아니라 위대함, 건강, 힘 같은 것들과 모든 것의 본질, 즉 참된 본성이랄까, 이걸 말하는 걸세. 육체 기관으로 이 모든 것들의 실체를 인식할 수 있을까? 아니면 지성의 직관을 통해 모든 것의 본질에 대한 가장 정확한 개념을 찾으려 노력하는 사람이 앞에 말한 것들의 본성이라는 지식에 가장 가까이 다가가는 것 아닐까?"

"확실히 그런 것 같습니다."

"그리고 위에 말한 것들 각각을 탐구할 때 이성 활동에 시각이나 다른 어떤 감각도 가져오지 않고 오직 정신으로만, 즉 가장 명료한 정신의 빛으로만 다가가는 사람은 탐구하는 대상들의 가장 순수한 지식, 가장 진실한 본질에 도달할 수 있는 것 아닐까? 달리 말하면 눈이나 귀와 같은 육체의 감각을 멀리하여 그것들이 영혼이 진리와 지식을 탐구하는 행위를 방해하지 않도록 하는 사람이 참 존재의 지식에 다가가는 것 아닐까?"

"놀라운 진리가 담긴 말씀이십니다." 심미아스가 대답했습니다.

"그러니 죽음이 다가왔을 때 그것을 싫어하는 사람은 스스로 지혜를 사랑하지 않고 육체를 사랑한다는 것을 증명하는 것과 다름없겠지? 아마도 돈과 권력 중 하나를 사랑하거나 아니면 둘 다 사랑하는 사람이겠지."

"네, 그렇겠죠."

"그렇다면 심미아스, 특별히 철학자들이 가진 특징 중 하나는 용기가 아닐까?"

"확실히 그렇습니다."

"절제라는 것이 있지. 정욕을 다스리고 규제하는 이 절제는 일반인들도 우월하다고 생각하는 것으로서 육체를 경멸하고 철학 속에서 일생을 사는 사람들에게 속한 특징이 아닌가?"

"그렇습니다."

"다른 사람들의 용기와 절제는 진짜 모순이라고 생각지 않아?"

"어째서요?"

"글쎄, 자네도 알다시피 세상 사람들은 보통 죽음을 가장 큰 악이라고 여기지."

"그렇습니다." 심미아스가 대답했습니다.

"용감한 사람들은 더 큰 악이 두려워서 죽음을 맞는 것 아닌가?"

"사실입니다."

"그렇다면 철학자들을 뺀 모두는 오직 공포와 두려움 때문에 용기를 내는 거야. 그리고 두려움 때문에 용기를 낸다는 것, 그들이 겁이 많아서 용기를 낸다는 것은 확실히 이상한 일이지."

"맞습니다."

"그러면 절제라는 것도 똑같지 않나? 그들은 무절제하지 않기 때문에 절제하는 거야. 이게 모순처럼 들리겠지만 그럼에도 이게 저 어리석은 절제의 실상이야. 왜냐하면 저들에게는 잃기를 원치 않는 쾌락이 있기 때문이지. 저들의 욕망은 이 쾌락을 잡아두고 싶어서 몇 가지 쾌락은 삼가지만 또 다른 쾌락들에게는 지는 거야. 비록 쾌락에 정복당하는 것을 무절제라고 부르지만 저들에게 쾌락을 정복한다는 건 다른 쾌락에 의해 정복당하는 상태와 다를 게 없어. 이런 의미에서 나는 그들이 무절제를 통해 절제하게 되는 거라고 말하는 걸세."

"이해가 될 것 같습니다."

"하나의 두려움이나 쾌락 또는 고통을 마치 무슨 동전처럼 다른 그것들과 바꾸는 것, 작은 두려움, 쾌락, 고통을 큰 그것들로 바꾸는 것은 덕을 바꾸는 게 아니야. 심미아스, 모든 것을 교환할 수 있는 진정한 동전이 있지 않을까? 그래, 그건 바로 지혜야. 지혜와 교환하거나 혹은 지혜와 함께할 때 무엇이든 진정으로 교환

될 수 있는 거야. 그것이 용기든 절제든 정의든 말이야. 공포나 쾌락이나 다른 비슷한 선과 악들이 따라온다 해도 진짜 덕이란 것은 지혜와 짝이 아니겠어? 이렇게 덕을 구성하는 좋은 것들이라 해도 지혜로부터 분리되어 자기들끼리 교환되면 그것들은 덕의 그림자일 뿐이고 그 안에는 어떤 자유도, 건전함도, 진실도 없는 거야. 그러나 진정한 교환에서는 이 모든 것들에 대한 정화가 이루어지고 절제, 정의, 용기, 지혜 자체가 바로 그 정화작용을 하는 것들이지. 비교의 창시자들도 나름 의미가 있고 엉터리 얘기만 한 건 아니었다는 생각이 들어. 그들은 신성화되지 않고 비밀의식을 치르지 않은 채 저세상으로 간 사람은 진창에 구르게 되지만 비밀의식을 행하고 정화된 채로 저세상에 간 사람들은 신들과 함께 거할 것이라고 암시했거든. 왜냐하면 비교에서는 '많은 이들이 티르소스(바쿠스의 지팡이로 쾌락을 의미한다 - 역주)를 지니고 다니지만 진정한 신비가는 적다'라고 말하는데 나는 여기서 이 신비가들이 의미하는 것이 진정한 철학자들이라고 해석하거든. 나도 일생 동안 내 능력에 기대어 그런 진정한 철학자들 중 하나가 되기 위해 노력해왔지. 내가 올바르게 산 건지 아닌지, 성공한 건지 아닌지는 조금 있으면 알게 될 거야. 신이 허락하신다면 말이야. 이게 나의 신념이네. 심미아스 그리고 케베스, 그래서 나는 이 세상에서 자네들과 내 주인인 신들과 헤어지면서도 슬퍼하지 않고 불평하지도 않는 내가 옳은 것이라 주장하네. 왜냐하면 저세상에서도 똑같이 좋은 친구들과 주인들을 만날 거라 믿기 때문이지. 그러나 대부분의 사람은 나의 이 말을 믿지 못해. 그래서 아테네의 재판관들 앞에서 변론하는 것보다 자네들을 설득하는 데 성공한다면 참 좋은 일일 거라는 생각이 드네."

이에 케베스가 대답했습니다.

"소크라테스 선생님, 말씀하신 대부분에 동의합니다. 그러나 영혼에 관해서는 사람들이 믿지 못할 수도 있을 것 같아요. 그들은 영혼이 육체를 떠나면 아무 곳으로도 가지 않고 죽은 바로 그날 멸망하고 끝나는 거라 생각하지요. 육체에서 나오자마자 연기처럼 공기 중으로 날아가 사라지고 무로 화한다는 것이죠. 만일 영혼이 선생님이 말하는 육체라는 악에서 해방된 후 자기 자신을 붙들어 존재한다면 선생님 말씀이 맞는다고 할 충분한 이유가 되겠지만, 역시 영혼이 인간이 죽은 후에도 힘과 지성을 가지고 존재한다고 주장하려면 많은 논쟁과 증거가 필요할 것 같아요."

"그래 맞아, 케베스. 그러면 이러한 것들의 가능성에 대해 좀 더 얘기해보자고 제안해도 될까?" 소크라테스가 말했습니다.

"네, 선생님의 의견을 꼭 듣고 싶습니다." 케베스가 답했습니다.

"내 말을 듣는 사람은 누구라도, 내 오랜 적들인 희극 시인들조차도 내가 이치에 안 맞는 얘기를 한다고 비난하지는 못할 거야. 그럼 케베스, 자네가 원한다면 우리의 탐구에 대해 계속 얘기해보세." 소크라테스 선생님이 말했습니다.

"먼저 사람이 죽으면 영혼이 저세상에 존재하는지 안 하는지부터 생각해 보세. 내 머릿속에는 영혼이 이 세상에서 저세상으로 갔다가 다시 이 세상으로 와서 죽은 사람들로부터 다시 태어난다는 옛 이론이 떠오르네. 만약 그게 사실이라면 우리의 영혼은 저세상에 분명히 존재한다는 얘기잖나. 그렇지 않다면 어떻게 다시 태어나는 게 가능하겠어. 사람이 죽은 사람들로부터 다시 태어나는 게 사실이라면 영혼이 저세상에 존재한다는 건 확실해지겠지만 그렇지 않다면 다른 주장을 제시해야겠지.”

“맞습니다.” 케베스가 대답했습니다.

“이 문제를 사람에만 국한하지 말고 동물이나 식물, 아니 생성하는 모든 것과 관련해 생각해 보세. 그러면 증거를 대기가 더 쉬울 거야. 반대되는 것을 가진 모든 것은 다 그들의 반대되는 것들로부터 생겨나는 것 아닌가? 예를 들어 선과 악, 옳은 것과 옳지 않은 것들처럼 말이야. 그리고 그 밖에도 반대되는 것에서 생겨나는 것은 셀 수 없이 많지. 모든 반대되는 것들은 필연적으로 비슷한 대안을 가진다는 것을 보여주고 싶어. 가령 어떤 것이 커진다고 해보세. 그렇다는 건 커지기 전에는 작았기 때문에 가능하겠지.”

“그렇습니다.”

“작아지는 것도 마찬가지야. 작아지기 전에 컸어야 작아지는 거지.”

“네.”

“더 약한 것은 더 강한 것에서, 더 빠른 것은 더 느린 것에서 그렇게 나오겠지?”

“네, 맞습니다.”

“더 나쁜 것은 더 좋은 것에서, 더 옳은 것은 더 옳지 않은 것에서 생겨나겠지?”

“물론입니다.”

“그렇다면 반대되는 모든 것에 대해 이 이론이 적용될까? 우리는 모든 것이 반대되는 것에서 생겨난다고 확신해도 될까?”

“네.”

"그러면 또 이 모든 보편적 반대 속에는 이것에서 저것으로, 그리고 반대로 저것에서 이것으로 변하는 두 가지의 중간 과정이 있지 않을까? 더 큰 것과 더 작은 것이 있는 곳에는 늘어남과 줄어듦이란 과정이 있고, 자라는 것은 흥한다고 하고 퇴락하는 것은 기운다고 하지 않는가?"

"그렇습니다."

"그리고 다른 많은 과정들이 있지. 분리되는 것과 결합되는 것, 차가워지는 것과 뜨거워지는 것, 이런 모든 것이 이것에서 저것이 생기고 저것에서 이것이 생기는 과정과 관련되어 있지. 그리고 꼭 명명되진 않더라도 모든 반대되는 것들은 서로에게서 생겨나고 그러한 생성의 과정을 거치는 것이 필연적이겠지?"

"맞습니다." 케베스가 대답했습니다.

"그렇다면 깨어 있는 것의 반대가 잠자는 것인 것처럼 삶의 반대는 없을까?"

"당연히 있지요."

"그게 무언가?"

"죽음입니다."

"그러면 이 삶과 죽음이라는 두 가지가 반대되는 것이고 서로에게서 생성되는 것이라면 분명 두 가지의 중간 생성 과정도 있겠지?"

"물론입니다."

"자, 그러면 내가 지금 말했던 잠자는 것과 깨어 있는 것, 죽음과 삶이라는 두 쌍 중에서 한 쌍과 그 중간 생성과정에 대해 분석할 테니 자네는 나머지 한 쌍을 분석해주게. 내가 말하는 것은 자는 것과 깨어 있는 것의 한 쌍이야. 잠자는 상태는 깨어 있는 상태의 반대이며, 잠자는 상태로부터 깨어 있는 상태가 생겨나고 깨어 있는 상태로부터 잠자는 상태도 생겨나지. 그리고 그 생성의 과정은 하나는 잠드는 것이고 하나는 깨어나는 것이겠지."

"완전히 맞습니다."

"그럼 같은 방식으로 삶과 죽음에 대해 나에게 설명해봐. 죽음은 삶의 반대가 아닌가?"

"맞습니다."

"그것들은 서로에게서 생겨나겠지?"

"네."

"산 것들에서 생겨나는 건 뭐지?"

"죽은 것들이요."

"그러면 죽은 것들에서는 뭐가 생겨나나?"

"산 것들이라고밖에 대답할 수 없겠지요."

"그럼 케베스, 산 것들은 그것이 사물이든 사람이든 죽은 것들에서 생겨나는가?"

"확실히 그렇습니다."

"그러면 추론해보게. 영혼이 저세상에 있는 게 맞겠지?"

"분명히 그렇습니다."

"그리고 그 두 가지의 중간 과정 중 하나는 눈에 보이는 것이네. 죽는다는 과정은 우리가 볼 수 있잖아."

"네, 그렇죠."

"그렇다면 결과는 뭘까? 우리는 그 반대의 과정을 보이지 않는다고 배제해도 될까? 그러면 자연은 반쪽짜리 아닌가. 죽음에도 그 반대가 생성되는 과정을 부여해 줘야 맞겠지?"

"그래야겠죠."

"그러면 그 과정이 무엇인가?"

"되살아나는 것."

"되살아나는 것, 만약 그런 게 있다면 그건 죽은 자들이 산 자들의 세상에 다시 태어나는 것이겠지?"

"맞습니다."

"그러면 산 자들이 죽은 자들로부터 오고 죽은 자들이 산 자들로부터 온다는 결론에 도달하는 새로운 길이 설명되었네. 이게 사실이라면 죽은 자들의 영혼이라는 것은 어딘가에 존재하다가 다시 돌아온다는 충분한 증명이 된 것 같은데."

"네, 소크라테스 선생님, 앞서 말한 것들이 맞고 거기에 동의하니 필연적으로 이런 결론이 나오네요."

"그리고 케베스, 앞서 동의한 것들은 틀린 것이 하나도 없다네. 만약에 생성이 오직 직선상에서 이루어지고 한 과정에 대한 보상이 없으며 순환적이지 않다면, 즉 이것이 저것이 되고 저것이 이것이 되는 일이 없다면 모든 것은 결국 같은 형태를 가지고 같은 상태를 거치며 더 이상 생성이란 건 존재하지 않을 거야."

"어떻게 된다는 건가요?" 케베스가 말했습니다.

"쉬운 거야. 아까 말한 잠을 예로 들어보겠네. 잠자는 것과 깨어 있는 것의 교대가 없다고 한다면 잠자는 엔디미온 이야기(잠의 신 힙노스는 젊은 목동 엔디미온의 아름다움에 감탄하기 위해 그를 눈을 뜬 채로 영원히 잠들게 했다고 한다 - 역주)는 결국 아무 의미가 없게 되잖나. 다른 모든 것들도 잠들어 있고 엔디미온 역시 다들 자는 사이에서 자고 있다면 눈에 띌 게 뭐가 있겠어? 또 만약 결합만이 존재하고 분리가 없다면 아낙사고라스가 말한 혼돈이 다시 올 거야. 케베스, 같은 방식으로 모든 것이 죽고 그 후 죽은 상태에 계속 머물러서 다시 살아나지 않는다면 결국 모든 게 죽고 살아 있는 것이라곤 없는 상태가 되지 않겠나. 만약 살아 있는 것들이 죽음이 아닌 다른 어떤 것들로부터 생겨나며 또 죽게 되는 것이라면 결국 모든 존재는 죽음에 잠겨 버리는 것 아니겠어?"

"그럴 수밖에 없습니다. 선생님 말씀이 절대적으로 옳은 것 같습니다." 케베스가 대답했습니다.

"그래, 나도 그럴 수밖에 없다고 생각되네. 그리고 우리가 동의한 이런 것들에 기만은 없다고 봐. 오히려 나는 다시 살아나는 것과 같은 일이 진짜로 존재하고 산 것들은 죽은 것들로부터 나오며 죽은 것들의 영혼은 생존하고 또 좋은 영혼들은 나쁜 영혼들보다 더 좋은 운을 받는다는 것이 사실이라는 데 자신이 있네."

여기에서 케베스는 말을 보탰습니다. "선생님이 좋아하시는 이론이 그것이죠. 안다는 것은 단순히 상기하는 것이라는 그 이론이요. 그 이론이 맞는다면 이는 필연적으로 우리가 지금 상기하는 것들뿐 아니라 그것들을 배운 지난 시간이 있었음을 암시하겠네요. 영혼에 대입한다면 우리의 영혼이 사람의 형태로 존재하기 이전에 어떤 장소에 있지 않았다면 이 이론은 성립되지 않을 겁니다. 그렇다면 여기에도 영혼이 불멸한다는 또 다른 증거가 있는 것 같습니다."

"그런데 케베스." 심미아스가 끼어들며 말했습니다. "상기라는 이론을 뒷받침하는 주장이 무엇인지 말 좀 해줘. 지금으로선 기억이 잘 안 나네."

"질문을 생각해봐. 질문은 훌륭한 증거가 되지." 케베스가 말했습니다. "만약 자네가 어떤 사람에게 제대로 질문을 하면 그는 진실한 대답을 해 줄 거야. 그렇지만 그의 안에 지식과 옳은 이성이 없다면 그게 어떻게 가능하겠어? 이건 그 사람이 기하학의 도형이라든가 그 비슷한 것을 가지고 설명하려 들 때 더 확실히 알 수 있지."

"심미아스 자네가 아직 잘 못 믿겠다면 문제를 다른 방식으로 바라보고 내게 동의할 수 있는지 없는지 생각해 보게나. 아는 것이 상기하는 것이라는 사실이 아직 못 미더운 것 같은데…"

"아니요, 못 미더운 건 아니고요. 그저 이 상기 이론을 제가 상기하는 것에도 적용해보고 싶은 것뿐이에요. 케베스가 얘기하니 저도 전에 배운 게 생각나고 이해할 수 있을 것 같아요. 그렇지만 선생님이 무슨 말씀을 하실 건지 들어보고 싶습니다."

"그래, 내가 틀리지 않았다면 어떤 사람이 상기하는 것은 언젠가 지난 시간에 배워 알고 있던 것이라는 사실에 우리가 동의해야 한다, 그런 소리를 하려 했지."

"매우 맞습니다."

"그러면 안다는 것이나 상기한다는 것의 성질은 뭘까? 어떤 사람이 보거나 듣거나 혹은 다른 어떤 방법으로 어떤 것을 지각할 때 그것을 알 뿐만 아니라 다른 어떤 것의 개념도 함께 생각난다면 어떨까. 그 개념은 같은 것은 아니나, 어떤 다른 종류의 아는 것이겠지. 이런 경우 이 사람은 자신이 가진 개념을 상기한 것이라 할 수 있을까 없을까?"

"무슨 말씀이신지요?"

"예를 들어 설명해주지. 수금(고대 현악기 - 역주)을 아는 것과 사람을 아는 건 다르지?"

"다르죠."

"연인들을 생각해 보세. 자신의 연인이 들고 다니는 수금이나 입는 옷, 혹은 버릇으로 사용하는 다른 어떤 것을 보면 무슨 생각이 들까? 그들은 그 수금을 보고 수금인지 알지만 동시에 그 수금의 주인인 연인을 마음속에 그리겠지? 이것이 상기이네. 마찬가지로 심미아스를 보는 사람은 케베스를 떠올리겠지? 같은 예가 얼마든지 많아."

"정말 끝도 없이 많죠." 심미아스가 대답했습니다.

"그리고 상기란 흔히 시간이 흘러 생각하지 않고 잊어버린 어떤 것을 기억 속에 회복하는 과정이기도 해."

"맞습니다."

"자, 그러면 말이나 수금의 그림을 보고서 누군가를 기억해내는 일이 가능하겠지? 심미아스의 그림을 보고 케베스를 기억해내듯이?"

"맞습니다."

"또는 심미아스 자네가 자신의 그림을 보고 스스로에 대해 생각할 수도 있겠지?"

"네, 있지요."

"이 모든 경우에서 보듯이 상기라는 건 비슷한 것이나 비슷하지 않은 것들로부터 생겨날 수 있는 거야."

"그런 것 같습니다."

"그런데 비슷한 것들을 보고 나서 상기가 일어났다면 또 다른 생각이 함께 일어날 수밖에 없어. 뭐냐면 뭔가를 상기하게 만든 그 비슷한 것이 그 뭔가와 얼마나 비슷한가 생각하는 것이지."

"그렇습니다."

"그러면 한 단계 더 나아가 '같음'이란 것에 대해 생각해 보세. 어떤 돌이나 나무가 다른 그것들과 같다, 안 같다의 문제를 넘어서 그 위에 절대적 같음이라는 것이 존재할까? 그렇게 말할 수 있을까?"

"네, 그렇게 말할 수 있지요. 저는 그런 게 있다고 맹세할 수 있어요." 심미아스가 대답했습니다.

"그렇다면 우리는 이 절대적 같음의 성질이 무엇인지 알고 있을까?"

"네, 알고 있습니다."

"어디서 그런 지식을 얻었지? 자네는 결국 나무나 돌 같은 물질적인 것들의 같음을 보고 '같음'이란 개념을 얻게 된 것 아닌가? 이 절대적 '같음'이란 개념은 그것들과 아무 상관이 없는데도 말이야. 물질적 같음과 절대적 같음이라는 개념에는 차이가 있다고 생각하지 않아? 아니면 이렇게 한번 생각해 보세. 나무나 돌도 다른 나무나 돌과 어떨 때는 같아 보이지만 어떨 때는 다르게 보인 적이 있지?"

"그렇습니다."

"그러나 진정 같은 것이 같지 않아 보인 적이 있나? 절대적 같음이라는 개념이 같지 않음이라는 개념과 같을 수 있는가?"

"그럴 수 없죠."

"그렇다면 이러한 소위 물질적으로 같은 것들이 절대적 같음이라는 개념은 아니겠지?"

"당연히 아니죠, 소크라테스 선생님."

"그렇지만 이러한 같은 것들로부터 자네는 여전히 같음이란 개념을 품고 얻어내는 것 아닌가?"

"그렇습니다."

"그 같음이란 개념은 같은 것들과 비슷할 수도 그렇지 않을 수도 있겠지?"

"네."

"그러나 상관이 없다네. 매번 무언가를 볼 때 다른 어떤 것을 생각했다면 그 둘이 비슷하든 아니든 상기라는 행위가 분명 이루어진 거지?"

"네, 맞습니다."

"그렇지만 나무나 돌 또는 다른 물질이 같다는 사실과 그것들로부터 받는 인상에 대해서 어떻게 생각하나? 이 둘은 아까 말한 절대적 같음이란 의미에서 볼 때 같은 것일까? 아니면 완전한 같음에는 못 미칠까?"

"훨씬 못 미치지요."

"그러면 우리는 이러한 사실도 인정해야 하지 않을까. 나나 누군가가 어떤 사물을 볼 때 그 사물이 어떤 다른 것이 되고자 하지만 그에 미치지 못해 될 수 없음을 관찰한다면 그 사람은 그 사물이 비슷하긴 해도 열등해서 못 미치는 대상에 대한 사전 지식을 가지고 있어야 하는 것 아닐까?"

"확실히 그렇겠지요."

"바로 그거야. 같은 것들과 절대적 같음의 관계도 이와 같아."

"정확히 그렇네요."

"그렇다면 우리가 어떤 같은 것들을 보았을 때 이 같은 것들이 절대적 같음에 도달하려고 애쓰지만 그에 미치지 못한다는 것을 의식한다면 우리는 이미 그 절대적 같음에 대해 미리 알고 있어야만 하잖나."

"네, 그렇습니다."

"우리는 또한 이 절대적 같음이란 것은 보거나 만지거나 그 외 감각들로 알게 되며 오직 감각들로만 알게 되는 것이란 사실도 인정하지? 그래서 이 감각들은 절대적 같음이 되려고 한다는 사실도 인정하고 말이야?"

"네, 선생님, 이론의 전개상 그렇습니다."

"모든 감각이 절대적 같음이 되고자 하지만 거기에 못 미친다는 사실도 감각을 통해 아는 거지?"

"네."

"그렇다면 우리가 보거나 듣거나 어떤 식으로든 무엇을 인식하기 전에 우리는 절대적 같음이라는 것에 대해 알고 있어야 해. 그렇지 않으면 우리는 감각들을 통해 나온 '같은 것들'을 평가할 기준이 없기 때문이지. 모든 감각을 통해 나온 '같은 것들'은 절대적 같음에 도달하고 싶어 하지만 거기에 미치지 못하지."

"여태 말씀하신 걸로 보면 당연합니다."

"그런데 우리는 태어나자마자 보고 듣고 다른 감각들을 사용하지 않는가?"

"물론이죠."

"그러면 그전에 우리는 그 절대적 같음이란 것에 대해 알고 있어야 하지."

"네."

"즉 그전이라 함은 우리가 태어나기 전이 아닌가?"

"맞습니다."

"우리가 태어나기 전부터 이 지식을 가지고 있고 태어나자마자 사용한다면 우리는 태어나기 전부터, 그리고 태어나자마자 그 같음뿐 아니라 더 크고 더 작음, 그 외 우리가 문답 과정에서 본질이라고 이름 붙일 수 있는 모든 개념, 아름다움, 선함, 정의, 신성함 등도 알고 있었을 거야. 우리는 태어나기 전부터 이 모든 것들을 알고 있지 않았을까?"

"아마도요."

"우리가 이미 알고 있던 것을 잊지 않았다면 우리는 일생을 통해 그 지식을 갖고 있을 것 아닌가? 안다는 것은 지식을 얻고 보유하고 잊지 않는다는 것이지. 심미아스, 망각이란 지식을 잃어버리는 것 아닐까?"

"맞습니다, 소크라테스 선생님."

"그러나 만약 태어나기 전에 얻은 지식을 태어나면서 잃어버린다면, 그리고 나중에 감각을 사용함으로써 우리가 전에 알았던 것을 회복한다면 그것은 우리에게 본래 존재했던 지식을 회복하는 것이겠지. 그것이 바로 우리가 여태 이야기한 '상기'라고 부르는 것 아닐까?"

"옳습니다."

"확실히 그렇네. 우리가 시각이나 청각, 그 외 다른 감각으로 어떤 것을 인식할 때, 그것과 비슷하든 아니든 연관이 있지만 잊힌 다른 어떤 관념을 얻을 수 있으니까 말이야. 자, 이제 내 말에서 두 가지가 성립되네. 하나는 우리가 지식을 지니고 태어나 죽을 때까지 갖고 있다는 것, 또 하나는 태어난 후 배우는 사람들은 오직 기억해내는 것인데 이 경우 배움은 곧 상기하는 일이라는 것이지."

"네, 참으로 맞습니다."

"그럼 심미아스, 자네는 이 둘 중 어떤 게 더 맞는다고 생각하나? 우리는 태어나면서부터 지식을 갖고 있는 것일까, 아니면 태어나기 전 알고 있던 것을 상기하는 것일까?"

"당장은 뭐가 맞는다고 말씀드리기 어렵네요."

"그렇다면 여하튼 뭔가를 아는 사람은 자신이 아는 것을 설명할 수 있을까 없을까, 그건 어떻나?"

"물론 설명할 수 있어야겠지요."

"그러나 자네는 우리가 말하고 있는 바로 이 문제들에 대해 누구나 설명할 수 있다고 생각하는가?"

"그러면 좋겠지만, 저는 내일 이맘때쯤이면 그렇게 설명할 수 있는 사람이 아무도 없어질 것이기에 두렵습니다."

"오, 심미아스, 그럼 자네는 모두가 이런 것들을 안다고 생각하지는 않는단 말이지?"

"네, 그렇습니다."

"그러면 그들은 전에 배운 것을 상기하는 과정에 있는 것인가?"

"네."

"그러나 우리 영혼이 언제 이 지식을 얻지? 태어난 후로는 아니잖나."

"확실히 아니죠."

"그러면 태어나기 전일까?"

"네."

"그렇다면 심미아스, 우리의 영혼은 인간의 형상을 취하기 전에 육체가 없이도 이미 존재했고 지성도 갖추고 있었어야 해."

"이 모든 지식을 우리가 태어날 때 얻는 것이 아니라면 당연히 그렇겠죠. 태어난 후에 얻는 것도 아니니까요."

"그렇네. 그렇다면 우리는 이 지식들을 언제 잃을까? 우리가 태어날 때 얻는 게 아님은 방금 말했고. 지식을 얻는 순간 잃는 것일까, 아니면 다른 어떤 시간에 잃는 것일까?"

"아니요, 잃지 않지요. 들어보니 앞에서 제가 무의식중에 말도 안 되는 소릴 하고 있었던 것 같아요."

"그러면 심미아스, 우리가 항상 얘기하던 대로 절대미, 절대선, 그리고 모든 것들의 절대 본질이 있다면, 우리가 태어나기 전에 존재했다고 알게 된 것들이 우리의 모든 감각을 기준으로 아는 것이라면 우리 영혼도 태어나기 전에 존재했던 것 아닐까? 그렇지 않다면 우리 논의는 무의미하겠지. 그러므로 이러한 개념들은 우리가 태어나기 전 존재했음이 틀림없고 우리의 영혼도 마찬가지야. 이런 개념들이 존재하지 않았다면 영혼도 존재하지 않았겠지."

"네, 소크라테스 선생님. 이제 그러한 개념들도 영혼들도 필연적으로 존재했음을 확신하게 되었습니다. 이제 선생님의 논의는 영혼이 태어나기 전에 존재했다는 것이 선생님이 말하는 것들의 본질도 태어나기 전에 존재했다는 사실과 뗄 수 없다는 결론에 도달하는 데 성공했습니다. 아름다움과 선함, 선생님이 방금 말씀하신 관념들은 이제 제 마음에 확실하게 존재하게 되었습니다. 진정하고 절대적인 존재로 자리 잡았습니다. 선생님께서 충분히 증명해 주신 덕분입니다."

"글쎄, 케베스에게도 증명이 되었나? 케베스도 설득해야 하니까."

"케베스도 만족하리라고 생각합니다. 케베스는 의심이 많은 친구지만 우리가 태어나기 전 영혼이 존재한다는 사실에 충분히 설득된 것 같습니다. 그렇지만 우리가 죽은 후 영혼이 계속 존재한다는 것은 저로서도 아직 확실히 믿기지 않습니다. 아까 케베스가 언급하기를 많은 사람은 인간이 죽으면 영혼은 흩어져 소멸한다고 생각하는데 저도 그런 생각을 지울 수가 없습니다. 영혼이 인간의 몸에 들어오기 전 다른 어디선가 태어나 다른 요소들로 이루어진 채 존재한다고 하더라도 어째서 몸에 들어갔다 다시 나오게 되면 파괴되어 끝나는 게 아니라는 건지 납득이 안 됩니다."

"바로 그래, 심미아스." 케베스가 말했습니다. "우리 영혼이 우리가 태어나기 전에 존재했다는 건 증명되었기에 우리가 증명하려는 것의 반은 증명된 것 같아. 그렇지만 죽은 후에도 존재한다는 것은 아직 확실치 않아. 이것도 증명되면 우리가 원하는 설명이 완성될 텐데."

"그러나 심미아스와 케베스, 그건 이미 다 증명된 것 아닐까?" 소크라테스 선생님이 말했습니다. "내 말은 지금 증명된 것과 앞서 말한 모든 산 것들은 죽은 것들로부터 나온다고 우리가 인정한 그 사실을 합치면 그렇잖은가. 영혼이 태어나기 전에 존재하다가 생명 안으로 들어오고, 태어나는 것은 오직 죽은 자들과 죽음으로부터 비롯된다면 영혼은 분명히 죽음 이후에도 존재해야 하는 것 아닐까? 왜냐하면 영혼은 다시 태어나야 하니까. 자네들이 말하는 증명은 확실히 다 된 것 같은데. 그러나 둘 다 논의를 더 해보길 원하는 것 같군. 자네들은 아이들처럼 영혼이 육체를 떠나면 바람에 흩어질 거란 두려움에 사로잡혀 있는 것 같아. 만약 폭풍이 불어 하늘이 잠잠하지 않을 때 죽으면 그런 걱정이 더 심하겠군."

그러자 케베스가 웃으며 답했습니다. "선생님, 저희를 납득시켜 그 두려움을 없애주세요. 사실 저희가 그런 두려움을 가진 건 아니지만 우리 안에는 마치 죽음을 무슨 도깨비인 양 생각하는 어린아이가 있기는 합니다. 그러니 이 어린아이도 설득하여 캄캄할 때 홀로 있는 걸 두려워하지 않게 해주세요."

소크라테스 선생님이 말했습니다. "두려움이 사라질 때까지 매일 마법사의 노래를 들어야겠군."

"소크라테스 선생님, 선생님이 떠나시면 저희는 어디서 그런 마법사를 찾아 두려움을 없애야 할까요?"

"케베스, 그리스는 아주 넓고 훌륭한 사람은 많다네. 이제 외국인들도 적지 않고 말이야. 수고나 돈을 아끼지 말고 그들 중에서 멀리 또 널리 찾아보게나. 이보다 좋은 돈 쓰는 방법은 없어. 그리고 자네들이 자기 안에서도 스스로 찾으려 해야 해. 자신보다 더 잘하는 사람을 찾지 못할 수도 있으니까."

"네, 꼭 찾아볼게요." 케베스가 대답했습니다. "그럼 선생님, 아까 하다가 멈춘 논의로 다시 돌아가 볼까요?"

"나는 좋네. 내가 그것보다 더 좋아하는 게 어딨겠나?" 소크라테스 선생님이 대답했습니다.

"좋습니다."

"우리는 쉽게 사라져 흩어지리라 상상해서 두려워해야 하는 것이 어떤 것인지, 또 어떤 것에는 두려움이 없는지 자신에게 물어봐야 해. 그리고 영혼이 그렇게 흩어져 사라질 운명인지 아닌지 더 생각해봐야 하네. 이러한 질문들에 대답하면 우리가 우리의 영혼에 희망을 품어야 할지 두려움을 느껴야 할지 답이 나온다네."

"옳습니다." 케베스가 대답했습니다.

"합성물은 복합된 것이므로 그 본성상 분해될 수 있는 게 아닐까? 또 합성되지 않은 물질은 무엇이든 분해될 수 없고."

"네, 그렇게 생각합니다." 케베스가 말했습니다.

"그리고 합성되지 않은 물질은 언제나 같고 변하지 않으리라 추정되는 반면 합성물은 항상 변하고 같지 않지."

"동의합니다."

"그러면 아까 논의하던 지점으로 돌아가 보세. 우리의 대화 과정에서 본질이나 진정한 존재라고 정의했던 개념은 그것이 같음의 본질이든, 아름다움의 본질이든, 어떤 다른 것의 본질이든 간에 바로 이런 성질이라네. 내 말은 시간에 따라 그것들이 변할까? 아니면 항상 독자적으로 존재하며 모습이 변하지 않고 어느 모로 보나 어느 시간에나 변형을 허락하지 않을까?"

"그것들은 항상 같은 것입니다." 케베스가 대답했습니다.

"그러면 아름다운 많은 것들은 어떨까? 사람이든 말이든 옷이든 아니면 다른 무엇이든 같은 이름으로 불리고 또 같거나 아름답다고 하는 것들도 모두 변하지 않고 항상 같은가, 아니면 그 반대인가? 즉 그 자체로나 상호 간에나 항상 변하고 거의 같을 수 없는 것일까?"

"후자입니다." 케베스가 대답했습니다. "그것들은 항상 변합니다."

"그리고 이것들을 만지고 보고 어떤 감각으로든 느낄 수가 있지만 변하지 않는 것들은 보이지도 않고 일정한 형태도 없으니 오직 마음으로만 인식할 수 있는 게 아닌가?"

"진정 그렇습니다."

"자, 그렇다면 이제 우리 존재에는 두 가지의 종류가 있다고 해 보세. 하나는 보이는 것, 다른 하나는 보이지 않는 것."

"네, 그렇습니다."

"눈에 보이는 것은 변하는 것일 테고, 보이지 않는 것은 불변하는 것이겠지?"

"네, 그렇겠지요."

"그럼 더 들어가서, 우리의 한 부분은 몸이고 다른 부분은 영혼인가?"

"확실히요."

"그럼 몸은 위에 말한 둘 중 어느 것에 더 비슷하고 가까운가?"

"보이는 것에 가깝습니다. 누구도 의심하지 않죠."

"그러면 영혼은 보이는 건가, 보이지 않는 건가?"

"사람에게는 보이지 않습니다."

"보인다, 보이지 않는다 하는 것은 다 사람 눈에 그렇다는 것이지?"

"네, 그렇습니다."

"그러면 영혼은 사람 눈에 보이는가, 안 보이는가?"

"안 보입니다."

"그렇다면 형체가 없다는 거지?"

"네."

"그렇다면 영혼은 형체가 없는 것에 가깝고, 몸은 형체가 있는 것에 가깝다는 거지?"

"네, 필연적으로 그렇겠지요."

"좀 전에도 얘기했지만 영혼이 인식의 수단으로 육체를 이용할 때, 다시 말해 시각이나 청각이나 다른 어떤 감각을 사용할 때 영혼은 육체에 이끌려 변하는 것들의 세계로 가서 방황하다가 혼란해지는 것 아닐까? 영혼이 변화와 접촉할 때 세상은 영혼 주위를 빙빙 돌고 그러면 영혼은 술 취한 사람처럼 되는 게 아닐까?"

"그렇습니다."

"그러나 영혼이 정신을 가다듬고 스스로 숙고하면 다른 세계, 영혼과 비슷한 것들의 세계, 즉 순수, 영원, 불멸, 불변의 세계로 가서 그것들과 영원히 살겠지. 즉 아무런 방해 없이 자신의 모습으로 살며 잘못된 길로 가기를 끝내고 변하지 않는 것들과만 교류하면 그게 바로 불변하는 것 아닐까? 그리고 영혼의 이런 상태를 우리는 지혜라고 부르는 것 아닐까?"

"진정 옳고 훌륭하신 말씀입니다, 소크라테스 선생님." 케베스가 대답했습니다.

"그럼 앞서 말한 것과 지금 말한 것으로 추론해 볼 때 영혼은 변하는 것들과 변하지 않는 것들 중 어느 쪽에 더 가까운가?"

"지금까지의 논의를 따라온 사람이라면 누구라도 영혼은 한없이 변하지 않는 것에 더 가깝다고 생각할 겁니다. 아무리 어리석은 자라도 부인 못 하겠지요."

"그러면 육체는 변하는 것에 좀 더 가깝고?"

"네."

"그러면 다른 방식으로 이 문제를 한 번 더 생각해 보세. 영혼과 육체가 합쳐져 있을 때 자연은 영혼에게 육체를 지배하라고 하고 육체에게는 영혼에 복종하고 봉사하라고 명령해. 이 두 가지 기능 중 어떤 게 더 신성한가? 어떤 게 더 세속적인가? 신성한 것은 으레 지배하고 다스리는 것이며, 세속적인 것은 지배를 받고 섬기는 쪽이라고 생각되지 않나?"

"그렇습니다."

"그러면 영혼은 어느 쪽을 닮았나?"

"네, 의심할 여지없이 영혼은 신성한 것을 닮았습니다. 육체는 세속적인 것을 닮고요."

"그럼 생각해 보게, 케베스. 여태 말한 게 이런 결론을 가져오지 않나? 영혼은 신성한 것, 불멸하는 것, 지적인 것, 한결같은 것, 그리고 분리될 수 없는 것, 변하지 않는 것을 닮았고 육체는 매우 인간적인 것, 세속적인 것, 무지성, 다양한 형태, 분리 가능한 것, 그래서 변하는 것을 닮지 않았나? 케베스, 이걸 부인할 수 있을까?"

"아니요."

"그러나 이게 사실이라면 육체는 빠르게 분해되고, 영혼은 거의 혹은 전혀 분해되지 않는 것이겠지?"

"확실히 그렇습니다."

"그러면 좀 더 생각해 보게. 인간이 죽고 나면 육체, 즉 보이는 부분은 보이는 세상에 누워 시체라 불리며 성질상 분해되고 소멸

되는 것이지만 즉시 그렇게 되는 것은 아니고 어느 정도는 머물러 있다가 그렇게 되는 것이지? 물론 긴 시간은 아니지만 만약 죽을 때 체격이 좋고 계절도 좋다면 더 보존될 수 있지 않을까? 그리고 이집트에서 하는 것처럼 수축시켜 향료를 발라 방부 처리하면 거의 영구하게 보존되는 것 아닌가? 그리고 만약 썩는다고 해도 뼈나 힘줄 같은 부분들은 실질적으로 썩지 않고 보존되잖아. 그렇지 않나?"

"그렇습니다."

"그러나 영혼은 보이지 않는 것으로서, 마찬가지로 보이지 않고 순수하며 고귀한 저세상인 하데스로 가는 거야. 거기엔 선하고 지혜로운 신이 있지. 신께서 나를 그곳으로 보내고 싶어 하신다면 나의 영혼도 곧 가게 될 거야. 다시 한 번 말하겠네. 이런 성질과 본성을 지닌 영혼이 많은 사람이 말하듯 육체를 떠나자마자 즉시 날아가 파괴되어 버리는 걸까? 절대 그럴 수는 없겠지. 실상은 그 반대인 거야. 살면서 자발적으로 육체와 엮이지 않으려고 노력하며 자신을 가다듬은 영혼은 육체를 떠날 때 깨끗하고 육체의 더러운 흔적을 지니지 않지. 평생 그렇게 육체와 엮이지 않기 위해 노력한다는 것은 다시 말해 영혼이 진정한 철학의 신봉자라는 것일세. 그러므로 사실상 영혼은 죽는 연습을 해 온 것이며 죽음의 연습이 곧 철학 아니겠는가?"

"확실히 그렇습니다."

"그 영혼은 보이지 않는 것으로 역시 보이지 않는 세계, 신성하고 불멸하며 이성적인 세계로 가지. 그곳에 도착하면 인간의 실수와 어리석음, 공포와 격정, 그 외 다른 모든 인간의 해악에서 벗어나 축복을 얻고 비교에 처음 들어갔다고 불리는 사람들처럼 신과 함께 영원히 거하게 되는 것이지. 그렇지 않을까, 케베스?"

"네, 의심의 여지없이 그렇습니다." 케베스가 대답했습니다.

"그렇지만 이 세상에서 더럽혀지고 육체를 떠날 당시 순수하지 못한 영혼, 육체 자체와 육체의 욕망과 쾌락에 빠져 언제나 육체의 동반자며 노예 노릇을 하여 인간이 만지고 보고 맛보며 욕정의 목적으로 사용할 수 있는 육체적 형태에만 진실이 존재한다고 믿게 된 영혼, 다시 말해 육체의 눈에는 어둡고 보이지 않아 오직 철학으로만 얻을 수 있는 지혜의 원리를 싫어하고 두려워하고 피하는 데 익숙했던 그 영혼이 저세상으로 가서 순수해지고 정화될 수 있을까?"

"불가능합니다."

"영혼은 육체적인 것과 꼭 붙어서 계속해서 육체와 관계하고 신경 씀으로써 그 본성이 육체적인 것으로 변하게 되는 것이야."

"맞습니다."

"그리고 이 육체적이라는 요소는 무겁고 둔중하며 속세적인 가시성을 띠고 있어. 이러한 가시성에 의해 영혼은 우울해지고 이 땅으로 다시 끌려오는 거야. 왜냐하면 육체적인 것에 물든 영혼은 보이지 않는 것과 저세상을 두려워하니까. 그렇게 끌려오면 유령의 모습으로 무덤가를 배회하지. 순수하게 정화되지 못한 영혼은 질리도록 육체에 묶여 있어 육체를 못 떠나는 거지. 그래서 눈에 보이는 거야."

"매우 그럴듯하네요, 소크라테스 선생님."

"그렇지. 이 좋지 못한 영혼들은 악의 영혼들로서 전생에 악하게 산 삶에 대한 벌로 무덤가를 배회하는 거야. 그렇게 배회하다가 절대로 떠나지 못하는 육체에 대한 갈망으로 또다시 다른 육체에 갇히게 되지. 그리고 전생에 가졌던 그러한 성질들에 또다시 갇히게 되는 거야."

"어떤 성질들을 말씀하시는 겁니까?"

"전생에 폭식을 한다던가, 음탕하게 논다던가, 술에 취하는 것들 말일세. 그런 것이 습관이 되어 피하려고 생각조차 하지 않은 사람들의 영혼은 당나귀 같은 동물의 몸으로 다시 태어나는 것이지. 어떻게 생각하나?"

"매우 그럴 거라고 생각됩니다."

"그리고 부정을 저지르고 포악하며 폭력을 휘두른 사람들은 늑대나 독수리, 솔개 등으로 태어나는 것 아닐까? 다른 어디로 갈 수 있겠어?"

"그렇습니다. 당연히 그런 짐승들 몸에나 가겠죠."

"어려울 것도 없이 모두 자기의 성질이나 성향 등에 맞춰 어울리는 곳으로 간다는 거야."

"맞습니다."

"다른 사람들보다 좀 더 행복한 사람들, 자기 자신과 나중에 가게 되는 곳 모두에서 가장 행복한 사람들은 평생 절제와 정의라 불리는 시민적이고 사회적인 덕을 실천한 사람들이 아닐까? 철학이나 이성은 없어도 습관과 노력을 통해 그런 덕을 얻은 사람들 아닐까?"

"왜 그들이 가장 행복한가요?"

"왜냐하면 그 사람들은 자기들을 닮은 온화하고 사회적인 것들,

꿀벌이나 말벌, 개미, 아니면 다시 인간으로 태어날 수 있기 때문이지. 점잖고 겸손한 사람들은 이런 것들로부터 나오는 거라 생각되잖나.”

“그럴듯합니다.”

“평생 철학을 공부하지 않고 육체를 떠날 때 순수하지 못한 영혼은 절대 신들의 세계로 들어가지 못하지. 오직 지혜를 사랑한 자들만 들어갈 수 있어. 심미아스와 케베스, 그래서 진정한 철학 숭배자들은 육체적 욕망을 멀리하고 그런 것들에 저항하며 조심하는 거야. 돈을 좋아하는 사람들이나 일반 세상 사람들처럼 가난이 두려워서도 아니고 가족이 파멸될까 두려워서도 아니야. 또 권력이나 명예만 좇는 사람들처럼 불명예나 수치를 당하는 게 두려워서도 아니지.”

“네, 그럴 것 같습니다.”케베스가 말했습니다.

“진정코 그렇네. 자신의 영혼에 신경 쓰고 단지 육체에만 매달려 살지 않았다면 그 사람들은 깨끗이 육체에 안녕을 고할 거야. 그들은 어디로 가는지도 모르고 가진 않을 거야. 철학이 악으로부터 해방하고 정화해주니 철학의 영향에 저항하지 않고 그것이 이끄는 대로 가려 하는 거지.”

“무슨 말씀이신지요?”

“지혜를 사랑하는 자는 영혼이 육체에 매여 있을 때, 즉 철학을 알지 못할 때는 진정한 실체를 오직 감옥의 창살을 통해서만 볼 수 있고 자기 자신을 통해서는 보지 못한다는 것을 알고 있다는 말일세. 영혼은 온갖 무지의 구렁텅이에서 방황하고 육욕을 이유로 자신이 육체에 매이는 데 공범자가 된다는 걸 아는 거지. 이게 영혼의 본래 상태야. 철학은 이렇게 영혼이 공범이 되어 육체에 구속되어 있는 것이 얼마나 끔찍한지 보고서는 거기서 구해주려 한다네. 내가 말하는 건 지혜를 사랑하는 사람들은 이 사실을 알고 있다는 거야. 철학은 눈과 귀와 다른 감각들은 기만으로 가득 차 있다는 것을 영혼에게 알려주고 꼭 필요한 데만 쓸 뿐 거기에서 벗어나야 한다고 말해준다는 거지. 영혼이 자신을 가다듬고 순수한 존재에 대한 순수한 이해를 스스로 믿게 하며 자신이 아닌 다른 통로로 변하기 쉬운 것들은 무엇이든 믿지 말라고 가르치는 거야. 이런 것들은 만질 수 있고 볼 수 있지만 영혼이 자기 본성을 통해 보는 것은 지혜롭고 보이지 않는 것이기 때문이야. 그리고 진정한 철학자의 영혼은 이러한 철학의 구제를 거절해서는 안 되네. 그래서 그들이 가능한 한 쾌락과 욕망과 고통과 두려움을 삼가는 거야. 인간이 커다란 기쁨, 슬픔, 두려움, 또는 욕망을 가지면 단순히 예상할 수 있는 해악, 예를 들어 건강이나 재산을 잃는 것만이 아니라 생각해 보지 못한 훨씬 더 큰 해악, 가장 크고 가장 나쁜 해악 또한 받게 될 것임을 아는 거지."

"그 가장 큰 해악이 뭔가요, 소크라테스 선생님?"

"그것은 쾌락과 고통의 느낌이 가장 강렬할 때 모든 인간의 영혼은 이 강렬한 느낌의 대상이 가장 분명하고 진실한 것이라고 생각하게 된다는 사실이지. 실상은 그것들이 단지 눈에 보이는 가시적인 것에 지나지 않는데도 말이야."

"아, 정말입니다."

"영혼이 육체의 완전한 노예가 된다는 게 바로 이런 상태를 말하는 게 아닐까?"

"왜 그렇지요?"

"왜냐고? 모든 쾌락과 고통은 못 같은 거야. 영혼을 육체에 박아 육체와 닮게 만들고 육체가 옳다고 하는 것을 영혼도 옳다고 믿게 만드는 거지. 언제나 육체에 동조하고 같은 기쁨을 느껴 마침내는 같은 습관을 가지고 홀리게 되는 것이지. 그러면 육체를 떠나 저 세상을 갈 때도 순수하지 못하며 항상 육체에 전염되어 있는 것이야. 그래서 결국 다른 육체에 들어가서는 거기서 싹트고 자라는 거야. 그러면 신성하고 순수하고 단순한 것들과의 교감은 있을 수가 없지."

"진정코 맞는 말씀이십니다." 케베스가 대답했습니다.

"이래서 진정으로 지혜를 사랑하는 사람들은 절제하고 용감한 거야. 세상 사람들이 말하는 이유가 아니고."

"물론 그렇겠죠."

"물론이고말고. 철학자의 영혼은 완전히 다른 방식으로 생각한다네. 영혼이 철학에게 자신을 육체로부터 해방시켜 달라 하는 것은 해방되고 나서 다시 쾌락이나 고통에 자신을 속박시켜 결국 육체에서 풀려난 게 아닌 게 되는 그런 행로를 반복하기 위해서는 아닐 거야. 페넬로페가 자신의 베를 짰다가 푸는 것과는 반대 상황이지(페넬로페는 전쟁터에 나가 소식이 없는 남편을 기다리며 베를 짰다. 베를 다 짜면 청혼하는 많은 이들 중 한 명과 결혼하겠다고 했으나 사실 밤마다 짠 베를 다시 풀었다고 한다-역주). 오히려 영혼은 자신의 열정을 가라앉히고 이성을 따라 언제나 자기 자신에 대해 사색하고 진실하고 신성한 것을 바라본다네. 그곳에서 영양분을 얻지. 살아 있는 동안은 이렇게 살고 죽은 후에는 자기와 비슷한 것들이 있는 곳으로 가서 인간의 모든 해악으로부터 자유롭게 떨어져 살지. 그러니 심미아스와 케베스, 그와 같이 육성되어 살아오고 위와 같은 것들을 추구해온 영혼이 사람이 죽어 육체에서 떠나면 바람에 흩날려 어디로 간지 모르게 흩어져 사라지는 것이 아닐까 두려워한다는 것은 말이 되지 않네. 두려워하지 말게나."

소크라테스 선생님이 말을 끝내자 그곳엔 한동안 침묵이 흘렀죠. 우리 모두처럼 소크라테스 선생님 자신도 방금 한 말들에 대해 깊은 생각에 잠긴 듯했어요. 오직 케베스와 심미아스만이 서로 말을 좀 더 주고받았습니다. 이윽고 소크라테스 선생님은 주고받은 논의에 대해서 어떻게 생각하는지, 더 듣고 싶은 말이 있는지 물었습니다.

"왜냐하면 문제를 철저히 따지고 들어가면 여전히 의문스러운 점과 반론할 부분이 있을 수 있기 때문이지. 자네들이 다른 문제를 생각하고 있다면 나는 이제 그만 말하겠지만 만약 우리가 나눈 지금 이 문제에 대해 여전히 의심스러운 것이 있다면 주저 말고 정확히 생각하는 바를 말해주게. 더 좋은 의견을 제시하면 우리가 그것을 채택할 수도 있고 자네들이 내가 쓸모 있다고 여긴다면 자네들의 생각에 도움을 줄 수 있다고 생각하네."

그러자 심미아스가 말했습니다. "소크라테스 선생님, 사실대로 말씀드릴게요. 실은 저희 마음에 의심이 떠오르긴 했습니다. 그래서 서로 네가 질문해라 하면서 싸우고 있었어요. 그런데 이런 힘든 상황에 선생님께 성가시게 조르는 게 옳은 것인가 하여 둘 다 묻지 않고 있었습니다."

"오, 심미아스, 그게 무슨 말인가. 만약 내가 지금 처한 상황이 인생에서 가장 비참한 순간이 아니라는 걸 자네에게조차 설득 못한다면 내가 지금 순간을 불운으로 여기지 않는다는 걸 그 누구에게도 설득할 수 없을 걸세. 자네는 나에게 백조만큼의 예언 능력도 없다고 말하진 않겠지? 백조들은 죽을 때가 되면 스스로 알고 평생 노래한 것보다 더 활기차게 노래한다고 해. 죽어서 자기들의 주인인 신의 세계로 간다는 걸 알기 때문이라 하네. 그러나 인간은 자기들이 죽음을 두려워하기 때문에 백조가 마지막 순간에 더 활기차게 노래하는 것이 슬퍼서 크게 우는 것이라 생각한다네. 사람들은 나이팅게일도, 제비도, 후투티도, 어떤 새도 춥거나 배고프거나 고통스러워서 울지는 않는다는 사실을 모르고 새들이 슬퍼서 우는 거라 생각하지. 나는 백조와 마찬가지로 다른 새들도 우는 것이라 생각하지 않아. 새들은 아폴론 신의 종들로서 예언 능력을 지녔기에 저세상이 더 좋은 곳임을 알아서 죽을 때는 전보다 더 기뻐하며 노래하는 것이야. 나도 그렇다네. 나 또한 백조처럼 신에게 바쳐진 몸으로서 절대 백조보다 못하지 않은 예언 능력을 받았고 백조만큼 즐겁게 이 세상을 떠날 수 있는 것이네. 그러니 이게 걱정이라면 신경 쓰지 말고 원하는 말을 하게나. 11명의 집행위원이 오기 전에 얼른."

"네, 알겠습니다. 선생님." 심미아스가 말했습니다. "저는 제 어려움을 얘기하겠습니다. 케베스는 자신의 어려움을 얘기할 거고요. 선생님도 동감하실 거라 생각하는데, 저는 현세에서 이러한 죽음과 영혼의 문제에 대해 어떤 확실함을 얻는다는 게 불가능까지는 아니어도 매우 어렵다고 생각합니다. 그렇지만 그러한 문제들에 대한 말들을 끝까지 입증하지 못하거나 여러모로 검토하지 못하고 지쳐버리는 사람은 겁쟁이라고 여깁니다. 인간이라면 그러한 문제들에 대한 진리를 발견하든가 아니면 가르침을 받든가 둘 중 하나를 할 때까지 인내심을 갖고 견뎌야 한다고 생각하니까요. 혹은 이것이 불가능하다면 저는 그 사람이 반박할 수 없는 인간 이론 중 가장 좋은 것을 받아들여 그것을 인생 항로의 뗏목으로 삼아야 한다고 생각합니다. 그를 확실하고 안전하게 실어다 줄 신의 말씀을 찾지 못한다면 위험이 있을 수도 있겠지요. 이제 선생님께서 하라고 하시니 제가 감히 질문을 드리겠습니다. 그래야 나중에 왜 그때 말을 못했나 하고 후회하지 않을 테니까요. 이 문제에 대해 혼자서도 생각해 보고 케베스와 얘기도 나눠보았지만 여태 우리가 한 논의가 확실히 저한테는 불충분해 보입니다."

소크라테스 선생님은 대답했습니다. "자네가 옳을지도 모르지. 그러나 어떤 면에서 논의가 불충분한지 알고 싶네."

심미아스는 대답했습니다. "어떤 점에서냐면, 가령 누군가가 화음과 수금에 대해 같은 논리를 사용한다고 생각해 보면 어떨까 싶습니다. 화음은 그 수금이라는 악기에 의해 생겨나는 것이지만 눈에 보이지 않고 비물질적이며 완전하고 신성한 것임에 반해, 수금과 수금줄은 물질이며 합성물이고 세속적인 것이며 사멸하는 것들이잖아요. 누군가가 그 수금을 부러트리고 그 줄을 자르거나 찢어 버리면 선생님과 같은 견해를 지닌 사람은 같은 논리에서 화음은 살아남아 영원히 멸하지 않는다고 주장할 겁니다. 줄 없는 수금이나 잘린 줄은 사멸하는 것이지만 남아 있고 신성하고 불멸하는 화음이 멸하여 사라졌다고 말할 거라곤 상상도 못하실 겁니다. 화음은 어딘가에 계속 존재할 것이고 나무와 줄은 썩어 없어지겠죠. 이것이 우리가 영혼에 대해 생각한 개념이라고 선생님도 생각하실 텐데요. 그리고 우리의 육체는 열과 냉기, 습기와 건조한 것 등으로 구성되어 있는 것으로 영혼은 그것들이 잘 뭉쳐져 섞여 있는 화음과 조화 그 자체 아니겠습니까? 만약 그렇다면 수금에서처럼 육체의 줄이 질병이나 상해로 말미암아 느슨해지거나 심하게 당겨지면 영혼은 제아무리 가장 신성한 것이어도 다른 음악이나 미술작품의 화음이나 조화처럼 즉시 사라지지만 오히려 육체의 물질들은 태우거나 썩어 없어질 때까지 오랜 시간 지속되지 않겠습니까? 누군가 화음인 영혼이 육체의 한 요소로서 죽으면 가장 먼저 사라지는 것이라고 주장한다면 선생님은 뭐라고 대답하시겠습니까?"

소크라테스 선생님은 언제나 그렇듯 우리를 뚫어져라 처다보시고는 웃으면서 대답하셨습니다. "심미아스의 말에도 일리는 있네. 자네들 중 나보다 더 잘 대답해 줄 사람이 답변해보면 어떨까? 심미아스의 공박이 힘이 있군 그래. 그러나 우리가 답변하기 전에 케베스가 하려는 말도 들어보는 게 좋겠어. 그러면 심미아스에게 할 답변에 대해 생각할 시간을 벌 수도 있고, 다 듣고 난 후 심미아스와 케베스의 말에 맞는 부분이 있으면 우리가 찬성할 수도 있고 아니면 우리의 견지를 주장할 수도 있을 테니. 자, 케베스, 말해 보게, 무엇이 자네의 마음에서 해결되지 않고 있는가?"

"네, 말씀드릴게요." 케베스가 말했습니다. "저는 그 논의가 앞으로 나아가질 못하고 앞서 제기된 반론에 그대로 열려 있다고 느낍니다. 저는 영혼이 육체의 형태 안으로 들어가기 전에 존재한다는 사실은 동의하겠습니다. 그것은 충분히 증명되었다고 봅니다.

그러나 죽음 후의 영혼의 존재가 저에게는 아직도 증명이 안 됩니다. 제 반론은 심미아스랑 같은 건 아니에요. 저는 영혼이 더 강하고 더 오래 지속된다는 사실을 부인하지 않고요, 모든 면에서 영혼이 육체를 능가한다고 생각합니다. 그렇다면 이런 반론이 있겠죠. 더 약한 것이 인간이 죽을 때 계속 존재한다는 것을 보면서도 왜 너는 좀 더 지속하는 것이 그 시간을 살아남아 나아가리라는 걸 인정하지 못하느냐고요. 저도 심미아스처럼 비유를 들어 설명해 보려 하니 선생님께서는 제 의견이 타당한지 봐주세요. 한 늙은 직조공이 죽었다고 하겠습니다. 그가 죽은 후 누군가가 그는 어딘가에 살아 있을 거라고 말했어요. 그가 직접 짜고 입었던 코트가 그대로 안 썩고 잘 있다고 하면서요. 그러면서 만약 못 믿는 사람이 있다면 물어볼 거예요. 인간이 더 오래 가는지 아니면 그가 입던 옷이 오래 가는지요. 그리고 그 못 믿던 사람이 인간이 더 오래 간다고 대답하면 그 사람은 그렇기 때문에 인간이 생존하는 것이라고 대답할 거예요. 인간보다 덜 오래 가는 것이 남아 있기에 더 오래 가는 인간이 어딘가에 생존해있다는 증거라면서요." 그리고 심미아스를 보며 말했어요. "그렇지만 심미아스, 나는 이게 옳다고 생각하진 않아. 그와 같이 말하는 사람을 보면 누구라도 난센스라고 생각할 거야. 왜냐하면 아까 그 직조공이 많은 코트를 직조하고 입어 몇 벌의 코트보다는 오래 살겠지만 그가 마지막 만들어 입은 코트는 그가 죽은 후에도 남아 더 오래 가겠지. 그렇다고 인간이 코트보다 가볍고 약한 존재라고 증명되는 것은 아니야. 이제 영혼에 대한 육체의 관계도 이에 비유하여 설명될 수 있지 않을까? 영혼은 오래 지속되고 육체는 약하며 영혼에 비하여 오래 못 간다고. 같은 식으로 그 사람은 모든 영혼이 많은 육체를 입었다가 닳으면 버리고 또 입고 버리고를 반복한다고 주장할 거야. 영혼이 오래 사는 경우엔 특히 그렇겠지. 육체가 썩고 사라지면 영혼은 다른 옷을 또다시 입으면서 소멸된 것을 보충하겠지. 그러나 그런 영혼이 사멸하는 날엔 그 영혼도 마지막 옷을 입을 테고 그 마지막 옷, 즉 육체가 영혼보다 더 오래 갈 거야. 그리고 마침내 영혼이 죽으면 육체도 그 약한 본성을 드러내며 재빨리 썩고 사라질 거야. 그러므로 나는 영혼이 더 강하다는 이유로 죽음 이후에 육체보다 더 오래 지속된다는 주장을 믿을 수가 없어."

케베스는 다시 소크라테스 선생님을 보며 말했습니다. "선생님, 선생님께서 주장하시는 게 맞아 영혼이 인간이 태어나기 전부터 존재하고 어떤 영혼은 죽음 후에도 계속해서 존재하고 그렇게 죽고 살아나고를 반복할 만큼 힘 있는 것이라고 인정한다 해도 계속 이어지는 태어남과 죽음이라는 반복적 노동에 지쳐 결국 영혼은 그중 한 죽음에 마지막으로 항복하고 사라져 버리는 것이 아닐까 하는 생각이 듭니다. 이런 죽음과 영혼에게 파멸을 가져오는 육체의 분해는 어느 누구에게도 알려지지 않았겠죠. 우리 중 아무도 그런 경험이 없으니까요. 그러니까 저는 영혼이 전적으로 불사하며 사라지지 않는다는 것이 증명되지 않는 이상 죽음 앞에서 자신 있다는 것은 거짓이며 어리석은 자신감이라고 생각합니다. 영혼의 불멸함을 증명하지 못한다면 죽음에 직면한 사람은 당연히 육체가 분해되고 영혼 또한 완전히 파멸된다는 사실에 두려움을 느낄 겁니다."

나중에 한 얘기지만 우리 모두는 심미아스와 케베스 둘이 한 말을 듣고 기분이 좋지 않았습니다. 그때까지 논의되어 온 것에 대해 확고한 믿음이 있었는데 그들의 말이 혼란과 불확실성을 주었고 앞으로 전개될 논의도 불확실해질 것만 같았거든요. 우리는 판단을 못 내리거나 신념의 근거가 없다고 생각하거나 둘 중 하나였지요.

에케크라테스 오, 파이돈, 나도 동감합니다. 당신의 말을 듣노라니 저도 같은 의문이 생기기 시작했습니다. 어떤 주장을 내가 믿을 수 있는가 하는 것입니다. 소크라테스의 주장보다 옳은 건 없어 보였는데 이제 그것도 못 믿을 게 되었으니까요. 영혼이 화음과 같은 것이라는 이론은 항상 제 마음을 사로잡았어요. 말씀을 하시니 내가 전에 그렇게 믿었던 생각이 다시 떠올랐습니다. 그러면 이제 우리는 인간이 죽어도 영혼은 살아남는다는 사실을 확증해 줄 또 다른 논의를 찾아 다시 시작해야 하는 건가요? 소크라테스가 어떻게 이야기를 이어갔는지 제발 좀 말해주세요. 심미아스와 케베스가 말한 후 모두가 느꼈던 그 불쾌함을 소크라테스도 보였나요? 아니면 조용히 반론을 들으셨나요? 힘있게 대답하셨나요, 아니면 힘없이 대답하셨나요? 정확히 그때 상황 좀 얘기해 주세요.

파이돈 에케크라테스, 저는 소크라테스 선생님에게 종종 놀라곤 했지만 그때만큼 놀란 적은 없는 것 같아요. 소크라테스 선생님이 그들의 반론에 답할 수 있었던 것은 당연한 일이니 놀랄 일은 아니고요. 저를 놀라게 했던 것은 첫째, 그 젊은이들의 말을 점잖고 기분 좋게 인정하는 소크라테스 선생님의 태도였고, 두 번째, 그들의 반론에 상처받았음을 빨리 알아채고는 그것을 기꺼이 고치려

는 그분의 자세였어요. 그는 패잔병들과 흩어진 군을 다시 집합시
키는 장군인 듯 그들을 구슬려 자신과 함께 다시 논의의 장으로
돌아가게 했습니다.

에케크라테스 그래서 어떻게 됐나요?

파이돈 네, 들려 드리죠. 저는 그때 소크라테스 선생님의 오른
쪽 바로 곁에서 작은 의자에 앉아 있었어요. 선생님은 상당히 높
은 침대에 앉아 있었고요. 그분은 제 머리를 쓰다듬으시다가 머리
털을 목 위로 눌렀습니다. 언제나 제 머리털을 가지고 그렇게 장난
치셨죠. 그러더니 말씀하셨지요. "파이돈, 내일이면 자네도 이 아
름다운 머리털을 자르겠군." 저는 "네, 그렇겠지요(머리털을 자르는
것은 슬픔의 표시로 소크라테스의 죽음을 슬퍼하여 자르게 되리란 것을 의
미 - 역주)."라고 답했습니다.

"그래, 그러나 자네가 내 조언을 듣는다면 그러지 않을 거야."

"무슨 말씀이시죠?" 제가 물었습니다.

"내일이 아니고 오늘이라도 이 논의가 죽어버리고 우리가 다시
되살릴 수 없다면 자네와 나는 둘 다 머리를 잘라야 할 거야. 만약
내가 자네인데 논의가 나를 떠나 심미아스와 케베스에게 가고 내
가 그들에게 내 입장을 지키지 못한다면 나는 다시 그들과 새롭게
싸워 그들의 주장을 깨트릴 때까지 머리를 기르지 않을 걸세. 마
치 아르고스 사람들처럼 말이야(아르고스 주민은 머리를 기르는 풍습
이 있었지만 스파르타와 전쟁에서 빼앗긴 퀴레아라는 도시를 다시 찾을 때
까지 머리를 다시 기르지 않기로 맹세했다 - 역주)."

"네, 그렇지만 헤라클레스 자신도 두 명을 상대로는 못 당해
냈다 하지 않았습니까?"

"그럼 나를 불러. 해가 지기 전까지는 내가 자네의 이올라오스 (헤라클레스가 뱀을 물리칠 때 도와준 그의 조카 - 역주)가 되어줄게."

"아 그럼, 제가 이올라오스로서 선생님을 헤라클레스라 하고 헤라클레스를 도와달라고 모셔오는 걸로 치지요."

"그것도 좋지. 그러나 먼저 한 가지 위험을 조심하자고."

"무슨 위험 말씀이신가요?" 제가 물었습니다.

"논의를 싫어하는 사람이 되는 것." 소크라테스가 대답하셨습니다. "사람한테 이것보다 나쁜 일은 일어날 수 없네. 왜냐하면 인간을 싫어하는 사람들이 있기에 논의를 싫어하는 사람들이 있는 것이니까. 둘은 같은 원인에서 나오지. 즉 세상에 대한 무지에서 나오는 거야. 경험이 없으면서 너무 자신감을 가지면 그렇게 사람을 싫어하게 돼. 자네가 한 사람을 믿고 그가 완전히 진실하고 견실하며 믿을만하다고 생각했는데 시간이 지나 알고 보니 거짓되고 못 믿을 사람으로 판명 났다고 하세. 나쁜 점들이 속속 드러나고 말이야. 이런 일들이 여러 번 일어나면, 특히 가장 믿고 친한 친구들 사이에서 일어나면 그 사람은 자주 다투다 결국 세상에 선함을 지닌 사람이란 없구나, 하면서 모든 사람을 싫어하게 되는 거야. 자네도 이런 걸 본 적 있지?"

"네, 있습니다."

"그래, 인간을 싫어한다는 그 감정은 참 부끄러운 일 아닌가. 다른 사람과 사귀면서 그 사람의 본성에 대한 경험이 전혀 없었다는 이야기니까. 만약 경험이 있다면 그는 세상에는 선하고 악한 사람들은 극소수이고 대부분이 그 중간이라는 진실을 알았을 텐데."

"무슨 말씀이신가요?" 제가 물었습니다.

"매우 큰 것과 매우 작은 것을 생각해보게. 매우 큰 사람과 매우 작은 사람은 극히 드물잖아. 일반적으로 모든 극단적인 것들에 해당하지. 크고 작은 것, 빠르고 느린 것, 아름답고 추한 것, 검고 흰 것 등 모두. 사람이든 개든 어떤 예를 들어도 마찬가지야. 극단적인 것은 드물고 그 중간의 것들이 많은 거지. 이런 걸 관찰해본 적이 없나?"

"물론 있지요." 제가 대답했습니다.

"그럼 생각해봐. 누가 더 악하냐를 가지고 경쟁한다고 치면 가장 악한 것들은 극소수겠지?"

"네, 그렇죠."

"그렇지. 이런 점에서 논의라는 것도 생각을 해봐. 사람과는 좀 다르지만 비슷한 것도 있어. 자네 때문에 내가 이런 말까지 하게 되었네. 하여튼 요점은 논의에 기술이 없는 단순한 사람이 처음에는 그 논의가 진실이라 믿었는데 나중에 실제는 어떻든 간에 그것이 거짓이라고 생각하게 되었어. 그렇게 같은 것을 여러 번 경험하고 나면 그 사람에겐 논의에 대한 믿음이란 남아 있지 않게 되지. 그리고 자네도 알 거야. 논의를 잘하는 사람들은 자신들이 인류에서 가장 현명한 사람들이라 생각하게 되지. 그들은 모든 논의에서 아니 모든 일에서도 마찬가지인데, 에우리포스 해협에서 흐르는 물결처럼 위로 갔다 아래로 갔다 하며 끊임없이 변화하는 견고하지 못한 불확실함만이 존재하며 이러한 사실을 오직 자신만 안다고 생각한다네."

"맞습니다."

"그래, 파이돈, 옳거나 확실하고 이해 가능한 논의도 분명 있거

늘 어떤 사람이 처음에는 옳아 보였지만 나중에는 거짓으로 보였다 해서 그것을 자기 탓 혹은 부족한 자기 지능 탓이라 여기지 않고 그 논의에 문제가 있는 것이라고 비난을 돌리면 어찌 되겠나. 그 후 평생 논의를 매도하고 싫어하면서 현실의 진실과 지식을 잃어버리고 살게 된다면 어찌 슬픈 일이 아니겠나?"

"진정 그렇습니다. 참 슬픈 일이죠."

"그래, 그렇다면 우리 먼저 논의라는 것에는 어떤 건전함도 견고함도 없다고 생각하는 우를 범하지 않도록 조심하자고. 도리어 우리 자신이 그런 견고함을 아직 얻지 못한 것을 알고 씩씩하게 최선을 다해 우리 정신의 건강을 얻기 위해 고군분투해야 할 것이야. 자네나 다른 모든 사람은 미래의 생을 위해, 그리고 나는 다가온 죽음을 위해 말이야. 사실 나는 이 논의를 하는 문제에 대해 철학자답지 못해. 저속한 사람들처럼 편파적이야. 편파적인 사람은 어떤 논쟁에 가담할 때 문제의 옳음에 대해서는 신경 쓰지 않고 오직 자신의 주장을 청중들에게 납득시키는 데에만 혈안이 되어 있지. 지금 나와 그런 사람 간의 차이라고는 하나밖에 없네. 그런 사람은 자신의 말을 청중들이 믿게 하려 안간힘을 쓰는 반면, 나는 청중이 아니라 나 자신을 설득시키려 노력한다는 것이지. 나에게 청중들을 설득하는 건 이차적인 문제야. 다만 논의를 통해 내가 얼마나 얻을 수 있는지를 생각하지. 내가 말하는 게 맞는다면 진리에 설득되는 것이고, 만약 죽음 이후 아무것도 남지 않는다면 죽기 전 남은 짧은 시간이라도 나의 친구들에게 슬픔으로 스트레스를 주지 않고 논의하는 시간을 가질 수 있으며, 만약 내가 무지한 것이라면 어차피 죽을 때 나의 무지는 함께 사라질 테니 아무런 해도 끼치지 않을 게 아닌가? 심미아스와 케베스, 내 마음 상태는 이런 것이라네. 그러니 나는 자네들에게 나 소크라테스가 아닌 진리를 생각하라고 요구하네. 내 말이 옳은 것 같으면 내게 동의하고, 그렇지 않으면 모든 힘을 다해 나에게 반대해주게. 그래야 내가 내 열정으로 자네들을 속이는 일이 없을 테니까. 마치 벌처럼 죽기 전에 자네들 안에 독침을 쏘아놓고 가는 꼴이 될 테니 말이야. 자, 그럼 논의를 진척시켜 보세. 먼저 자네들이 말한 걸 제대로 기억하는지 확인부터 해보자고. 심미아스, 내가 옳게 기억한다면 자네는 영혼이라는 것이 육체보다는 아름답고 신성한 것이나, 화음의 형태로 존재하는 것으로서 육체보다 먼저 사라지지 않을까 두렵고 의혹을 느낀다는 거지? 반면 케베스는 영혼이 육체보다는 더 오래 지속되나, 영혼이 여러 육체를 입었다 벗었다 하면서 마지막 육체는 자신보다 뒤에 남겨놓을 수도 있다는 것, 이게 바로 죽음이며 육체에서는 파괴라는 일이 영원히 일어나고 있으므로 죽음은 육체의 파괴가 아니라 영혼의 파괴라고 말했지? 심미아스와 케베스, 이것들이 우리가 논의해 보아야 할 지점 맞는가?"

둘 다 그 말에 동의했습니다.

소크라테스 선생님은 계속했습니다. "그러면 자네들은 우리가 앞에서 했던 논의들의 전부를 반대하는 것인가, 아니면 일부만 반대하는 것인가?"

"오직 일부만 그렇습니다." 그들이 대답했습니다.

"그러면 지혜는 상기이고 그래서 영혼이 우리의 육체로 들어가기 이전 어딘가에 존재했었노라 추측할 수 있다는 부분에 대해서는 어떻게 생각하는가?"

케베스는 그 부분에 대해서는 놀랍게 받아들이고 감명받았으며 굳게 믿는다고 대답했습니다. 심미아스도 동의했으며 달리 생각하기란 힘들 것이라고 덧붙였습니다.

"그러나 심미아스, 자네가 화음은 하나의 합성이고 영혼이 육체의 틀에 갖춰진 줄과 같은 구성요소들로 이루어진 화음이라고 생각한다면 자네는 생각을 고쳐야 하네. 그렇게 말하면 화음이 그것을 구성하는 요소들보다 먼저 있는 것이라고 말하게 되는 격이지 않나? 그렇게 말하려는 것은 아니겠지?"

"아닙니다, 소크라테스 선생님."

"그러나 영혼이 인간의 육체라는 형태를 취하기 전에 존재했다면 아직 존재하지도 않았을 육체의 구성 요소들로 이루어진 화음을 영혼이라고 하는 게 말이 되는가? 화음이라는 것은 자네가 추측하는 것처럼 영혼과 같은 것이 아니네. 먼저 수금과 줄이 있고 불협화음의 소리들이 있고 그런 다음에야 마침내 화음이 만들어지는 것이며, 그리고 또 제일 먼저 사라지는 것이야. 그러니 영혼을 화음으로 보는 것은 앞서 우리의 논의와 맞질 않아."

"네, 맞지 않습니다." 심미아스가 대답했습니다.

"그리고 화음이라는 것이 주제가 되는 우리의 담론들도 화음을 이뤄야 하지 않을까?"

"물론 있어야죠." 심미아스가 대답했습니다.

"그러나 지혜가 상기라는 명제와 영혼이 화음이라는 명제 사이엔 화음이 없네. 자넨 어떤 쪽을 계속 주장하려나?"

"저는 전자에 당연히 훨씬 큰 믿음을 가지고 있습니다. 전자는 충분히 증명되었습니다만 후자는 그럴듯한 근거에만 기반하여 많은 사람이 믿지만 전혀 증명된 것은 아니니까요. 그럴듯함으로 이루어지는 논의는 가짜이고 사기임을 잘 알고 있습니다. 기하학과 같은 것들에서 그럴듯함을 이용할 때는 엄청나게 주의하지 않는 한 기만당하기 쉽죠. 그러나 지혜와 상기의 이론은 믿을만한 근거를 통해 저에게 증명되었다고 생각합니다. 그 믿을만한 근거라는 것은 영혼은 육체에 오기 전에 이미 존재했다는 것인데, 그 이름 자체로 존재의 의미를 가진 '본질'이란 것이 영혼에 속하기에 증명이 되지요. 이제 제가 설득되어 이런 결론을 충분한 근거로 받아들였으니 저는 영혼이 화음이라는 이론을 그만 주장할 것이고 남들도 그렇게 하지 못하도록 해야겠습니다."

"심미아스, 그 문제를 다른 관점으로 풀어보세. 화음이나 그 외 다른 합성물이 그 구성요소들과 다른 상태에 놓여 있을 수 있나?"

"그럴 수 없죠."

"혹은 화음이나 그 외 합성물이 그 구성요소들이 하거나 겪는 일들 외의 것들을 하거나 겪을 수 있을까, 아니겠지?"

심미아스는 소크라테스의 말에 동의했습니다.

"그렇다면 제대로 말해서 화음이란 그것을 이루는 구성요소들을 이끄는 것이 아니라 구성요소들을 따라간다는 것이겠지?"

심미아스는 역시 동의했습니다.

"그래서 화음이라는 것은 그 구성요소들에 반대되는 움직임이나 소리나 그 외 어떤 성질을 가질 수가 없는 거야."

"네, 그럴 것입니다."

"그렇다면 모든 화음의 본성이라는 것은 그것의 구성요소들이 어떤 식으로 조화되느냐 하는 것에 달려 있겠지?"

"잘 이해 못 하겠습니다." 심미아스는 대답했습니다.

"내 말은 화음은 그 정도가 다 다르다는 거야. 좀 더 참되고 완전히 조화되면 완전한 화음이 되고, 덜 참되고 완전하지 못하게 조화되면 완전하지 못한 화음이 나오고 그와 같이 조화의 정도에 따라 다 다르다는 거지."

"맞습니다."

"그런데 영혼도 그 정도가 다 다를까? 한 영혼이 다른 영혼보다 그 정도가 덜하거나 덜 완전할 수 있을까?"

"그럴 수 없겠죠."

"그러나 두 영혼이 있을 때 하나는 지성과 덕을 갖춰 선한 영혼이고, 다른 하나는 어리석음과 악덕을 지녀 악한 영혼이라고 말할 수 있을까? 이게 사실에 맞게 말하는 것일까?"

"네, 사실에 맞지요."

"그렇다면 영혼이 화음이라고 말하는 사람들은 영혼 안에 덕과 악덕이 존재하는 것에 대해 뭐라고 말할 수 있을까? 영혼 안에 또 다른 화음이 있고 또 다른 불협화음이 있으며, 덕이 있는 영혼은 조화로운 것이며 자체가 하나의 화음으로서 그 안에 화음을 지녔고, 사악한 영혼은 부조화의 것이며 그 안에 화음이 없는 것일까?"

"뭐라 말하기가 어렵습니다." 심미아스가 대답했습니다. "그러나 영혼이 화음이라고 말하는 사람들은 그렇게 얘기할 수 있을 것 같습니다."

"그러나 우리는 이미 한 영혼이 다른 영혼보다 그 정도에 있어 더하고 덜할 수 없다는 건 인정하지 않았나? 그렇다면 영혼이 화음이라고 주장하는 사람들에게는 화음이란 것도 그 정도에서 더

하거나 덜한 화음일 수 없으며 더 완전하고 덜 완전하게 조화로울 수 없음을 인정해야 하지 않는가?"

"그렇습니다."

"그러나 그 정도가 더하거나 덜한 화음이라는 것은 더 잘 조화되거나 덜 조화되어 있는 게 맞지 않나?"

"맞습니다."

"그리고 더 잘 조화된 것도 아니고 덜 조화된 것도 아닌 것은 정도가 더한 화음도 덜한 화음도 가질 수가 없고 똑같은 화음만을 갖겠지?"

"네, 같은 화음만을 갖겠죠."

"그렇다면 한 영혼이 다른 영혼보다 그 정도 면에서 더하거나 덜함이 없다면 더 조화롭거나 덜 조화롭다고도 할 수 없지 않나?"

"그렇습니다."

"그러므로 불협화음과 화음에 더함과 덜함이 없다는 것이지?"

"네."

"악덕이 불협화음이고 덕이 화음이라면 더함과 덜함을 가질 수 없으니 한 영혼은 다른 영혼보다 더한 덕과 악을 가질 수 없는 것이지?"

"더 가질 수 없습니다."

"좀 더 올바르게 말해 볼까, 심미아스? 영혼이 화음이라면 영혼은 어떤 악덕도 지니지 않겠지. 왜냐하면 화음은 오직 조화로움이고 조화롭지 못한 부분은 없으니까."

"그렇습니다."

"그러니까 영혼이 절대적인 영혼이라면 악덕은 지니지 않겠지?"

"여태 논의한 바로는 악덕을 지닐 수 없지요."

"그러면 영혼이 그 본성에 있어 모두 같다면 모든 살아 있는 것들의 영혼은 똑같이 선하겠군?"

"동의합니다, 소크라테스 선생님." 그가 대답했습니다.

"그러면 이 모든 것이 옳다고 자네는 생각하는가? 영혼이 화음이라는 가정하에 추론하여 나온 결과인데 말이야."

"옳다고 생각되지 않습니다."

"자, 그럼 한 번 더. 인간 본성의 요소들 가운데 영혼이 아닌, 특별히 지혜로운 영혼이 아닌 다른 어떤 지배자가 있을까? 그런 게 있다고 생각하나?"

"아니요."

"그리고 영혼은 육체가 느끼는 것들에 보조를 맞추는가 아닌가? 예를 들어 육체가 덥고 갈증을 느낄 때라도 영혼은 우리가 물을 마시지 않게 할 수 있지 않나? 그리고 육체가 배가 고플 때 먹지 못하게 할 수도 있고. 그 외에도 영혼이 육체가 가지는 느낌에 반대하는 수만 가지의 예가 있네."

"그렇습니다."

"그러나 영혼이 화음이라고 한다면 화음을 구성하는 요소들이 너무 팽팽하게 엮여 있든 느슨하게 엮여 있든 혹은 그 줄이 뜯겨 울리거나 그 외 어떤 영향이 있든 그에 반대하는 소리를 낼 수 없다는 것, 화음은 오직 그 구성요소들을 따라갈 뿐 이끌 수 없다는 것을 우리 이미 인정하지 않았었나?"

"그랬습니다." 그가 대답했습니다.

"그런데 지금 우리는 영혼이 정확히 반대로 영혼을 구성하는 요소들을 이끈다는 사실을 발견하지 않았나? 영혼은 일생 동안 여러 방면으로 거의 언제나 육체에 반대하고 또 강제하는 게 아닌가. 때로는 의술이나 체조 등으로 좀 더 과격하게 고통을 주기도 하지만 부드럽게도 대할 때가 있지. 그러다가 또 위협하기도 하고 말이야. 그리고 욕망이나 정열, 공포를 달래주기도 하지. 마치 그 구성요소가 자기 자신이 아닌 것처럼 말을 걸잖아. 《오디세이아》에서 호메로스가 주인공 오디세우스가 다음과 같이 말하도록 표현한 것과 비슷하네.

그는 가슴을 치며 자신의 마음을 나무랐다.
'마음아, 견디어라. 더 심한 것을 너는 견디어 왔지.'

호메로스가 어떤 생각으로 이 글을 썼을 것 같나? 영혼이 육체의 정념들에 의해 이끌릴 수 있는 화음이라고 생각했을까? 아니면 오히려 육체의 정념들을 이끌고 주인 역할을 하는 성질의 것으로 보았을까? 영혼을 어떤 화음보다도 더 신성한 것으로 본 것 아니겠어?"
"네, 그렇게 생각됩니다."
"그렇다면 심미아스, 우리는 영혼이 화음이라고 절대 말할 수 없는 거네. 그건 저 신성한 호메로스의 생각과도 어긋나고 우리 자신에게도 모순되는 것이니까."
"맞습니다." 심미아스가 대답했습니다.
"자, 그럼 테바이의 여신 하르모니아는 정중히 우리에게 항복한 것이네. 그러나 그녀의 남편인 카드모스에게는 뭐라고 하지, 케베스? 어떻게 그를 진정시킬 수 있을까? (하르모니아는 '화음'이라는 말과 동음어인 여신 이름으로 소크라테스는 말장난을 하고 있다-역주)"

"선생님께서는 그를 달랠 방법을 발견하실 겁니다."케베스가 말했죠. "제가 생각지도 못한 방법으로 하르모니아(화음)와 영혼에 대한 논의를 설파하셨으니까요. 심미아스가 자신의 의문점에 대해 언급했을 때 저는 어떤 답변도 불가능할 거라 생각했어요. 그런데 그의 주장이 선생님의 일격에 더 이상 견뎌내지 못하는 걸 보고 많이 놀랐습니다. 그러니 아마도 선생님이 말씀하신 카드모스도 심미아스랑 같은 운명을 겪을 것입니다."

"오, 케베스, 이 현명한 친구여, 나를 너무 치켜세우지 말게나. 어떤 악령이 나타나 앞으로 내가 말하려는 것이 틀렸음을 증명할지도 모르니 말이야. 그러나 그것은 저 위에 계신 신들에게 맡기고 호메로스의 방법대로 문제에 가까이 다가가서 이번엔 자네가 제기한 문제에 관해 그 패기를 시험해보도록 하지. 그러니까 자네의 주장은 이거지. 자네는 영혼이 불멸한다는 것을 증명하고 싶은데 죽음에 임하여 자신 있는 철학자가 아무리 다른 삶을 산 사람보다 저세상에서 훨씬 더 잘 살 거라고 확신한다 해도 영혼이 불멸한다는 것을 증명하지 못하면 그 자신감이 다 헛되고 어리석은 것이라고 주장하는 것 아닌가. 그리고 영혼이 강하고 신성하다는 사실, 그리고 인간으로 태어나기 전부터 존재했다는 사실을 증명한다 해도 그것이 꼭 영혼의 불멸성을 의미하는 것은 아니라는 거잖아. 영혼이 오래 살면서 이전 상태에서 많은 것을 알고 해왔어도 여전히 그 사실이 불멸성을 설명해줄 수는 없다는 것 아닌가. 그리고 영혼이 육체의 형태에 들어가는 것은 해체의 시작인 일종의 병으로서 마침내 일생 동안의 고생을 마치고 소위 죽음이라는 것으로 끝을 맺는다는 것이잖나. 그리고 영혼이 육체에 오직 한 번 들어가든, 여러 번 들어가든 간에 그것이 우리가 죽음에 대해 느끼는 공포와는 아무 상관이 없다는 것 아닌가. 누구라도 감각이 없는 바보가 아니라면 영혼의 불멸성에 대해 알지 못하고 설명할 수 없는 한 당연히 두려움을 느낄 테니까. 이와 같은 것이 자네의 생각이 아닌가, 케베스? 내가 고의적으로 다시 한 번 자네 생각을 읊어 보았네. 혹시 빠진 게 있을지도 모르니까. 원한다면 말을 보태도 좋고 뺄 게 있으면 빼도 좋네."

"지금으로서는 보탤 것도 뺄 것도 전혀 없습니다. 선생님께서 말씀하신 게 바로 제 생각 그대로입니다." 케베스가 말했죠.

소크라테스 선생님은 잠시 멈추어 생각에 잠긴 듯했습니다. 그러더니 마침내 말했습니다.

"케베스, 자네는 엄청난 문제를 제기했네. 생성과 소멸의 본성에 관련된 것이지. 자네만 좋다면 나는 내 경험을 얘기해 주려 하네. 자네의 의문점을 푸는 데 소용이 있다면 이용해 보는 것도 좋겠군."

"선생님 말씀을 꼭 듣고 싶습니다." 케베스가 대답했습니다.

"그러면 이야기하겠네. 나는 어릴 때 자연 탐구라 불리는 철학의 분야에 대해 엄청나게 알고 싶었다네. 즉 사물들의 원인을 아는 것, 왜 어떤 것은 생겨나고 어떤 것은 사멸하는지 아는 것은 내게 매우 고귀한 일로 보였네. 그래서 이런 문제들을 생각할 때는 언제나 긴장되기도 초조하기도 했지. 어떤 사람들이 말하듯 동물의 성장은 부패물이 온냉 원칙에 영향을 받은 결과일까? 우리는 피라는 요소에 의해 생각하게 되는 것일까, 아니면 공기나 불이라는 요소에 의해서인가? 다 아니면 뇌가 청각, 시각, 후각을 인식하는 근원적 힘이고, 기억과 판단이 그러한 감각들로부터 비롯되는 것인지, 그리고 기억과 판단이 고정될 때 그를 바탕으로 과학이 생기는 것인지 하는 것들. 그런 다음엔 그 생겨난 것들이 어떻게 변질되고 사멸하는지를 살폈지. 더 나아가 하늘과 땅 사이의 모든 것들을 살폈다네. 그러나 나는 내가 이러한 탐구를 완전하게 할 수 없는 사람이라고 결론을 내렸어. 거기엔 충분한 이유가 있으니 설명해주겠네. 앞서 말한 것들에 매료되어 열심히 탐구하다 보니 나는 나 자신에게나 남들에게나 매우 잘 안다고 자부했던 것들이 사실은 잘 모르는 것이었음을 알게 되었네. 전에는 자명한 진실이라 믿었던 것들을 다 까먹어 버렸지. 예를 들어 사람이 성장하는 것은 먹고 마시는 결과라고 생각했네. 음식이 소화되면 살에 살이 붙고 뼈에 뼈가 더해 굵어지잖나. 그렇게 같은 요소들이 늘어날 때마다 작은 부피는 커지고 작은 사람도 커지는 거잖아, 당연한 생각 아닌가?"

"네, 저도 그렇게 생각합니다." 케베스가 대답했습니다.

"자, 그러면 좀 더 알려주겠네. 한때 나는 내가 더 큰 것과 더 작은 것의 의미를 잘 이해한다고 생각했지. 어떤 큰 사람이 작은 사람 옆에 서 있을 때 나는 그 사람이 작은 사람보다 머리 하나만큼 더 크다고 생각했어. 또는 어떤 말이 다른 말보다 더 커 보이기도 했고, 10이 8보다 2가 많은 것은 더욱 확실해 보였지. 두 척 길이는 한 척 길이보다 큰 것이 당연하잖은가. 둘은 하나에 하나를 더 보태는 거니까."

"그럼 지금은 그런 문제들에 대해 어떻게 생각하시는데요?" 케베스가 물었죠.

"그런 문제들의 원인에 대해 내가 알았다고는 도저히 생각을 못 하겠어. 하나가 다른 하나에 더해지면 본래 있던 하나가 더해짐으로써 두 개가 되는 것인지, 그 두 개는 이미 두 개로 있는 것인데 서로에게 더해짐으로써 두 개인 것인지 나는 이해를 못 하겠네. 그리고 하나가 다른 하나로부터 떨어져 나오면 그 둘은 각각 하나일 뿐 두 개가 아닌데, 그 각각을 합쳐 놓으면 단지 같이 배열했다는 이유로 두 개가 되는 건지 이해가 가질 않아. 하나를 나누는 것이 어째서 둘을 만드는 방법인지, 다른 방법은 같은 효과를 낼 수 없는지 말이야. 왜냐하면 앞의 예에서는 하나에 하나를 더하거나 같이 붙여 놓는 게 두 개를 만든 원인이었고, 여기에서는 하나에서 다른 하나를 갈라놓거나 빼는 게 원인이잖아. 그리고 이제는 하나든 다른 어떤 것이든 왜 생겨나거나 파괴되거나 존재하는지 그 이유를 전혀 모르겠어. 이해할 새로운 방법에 대해 찾아봐야겠다는 어떤 어렴풋한 관념이 자리 잡아 가는 것 같아. 그전에 이해하던 방식은 이제 절대 못 받아들이니까. 그런데 누군가가 아낙사고라스의 책이라며 정신은 만물의 배열자이며 원인이라는 대목을 읽어주었거든. 나는 그걸 듣고 그 생각이 매우 훌륭하다 느껴 기뻤다네. 정신이 배열자라면 정신은 모든 것들을 최상으로 배열하고 각각의 것들을 가장 좋은 자리에 놓을 것 아닌가. 그래서 나는 누군가가 어떤 것의 생성, 사멸, 존재의 이유를 알고자 하면 그는 그것이 어떤 상태인지, 무엇을 하는지 또는 겪는지를 알면 된다고 생각했어. 그러므로 인간은 자신과 다른 사람들을 위해 최선의 것을 생각하기만 하면 되지. 그러면 또한 나쁜 것이 무엇인지도 알게 될 걸세. 둘 다 동일한 과학이 아우르고 있으니. 그래서 나는 아낙사고라스에게서 내가 원하던 존재의 원인을 알려준 선생님을 찾아서 기뻤다네. 나는 그가 지구가 평평한지 둥근지 알려줄 거라고 생각했어. 어떤 게 옳은 건지, 그리고 그 이유와 필연성을 설명해 줄 것이라고. 그다음에 그는 최선이라는 것의 본질과, 지구가 중심에 있다면 왜 이 위치가 최선인지 또한 설명해 줄 것이라고. 나는 이 설명에 내가 만족하면 다른 종류의 원인은 찾아보고 싶어 하지도 않을 거라고 생각했어. 그리고 난 계속해서 해와 달과 별에 대해 묻고 그는 이들의 상대적 운행 속도, 회전, 그리고 다양한 능동과 수동 상태에 대해 설명해 줄 거라 생각했지. 어떻게 그 모든 것들이 최선을 위해 존재하는지도 함께 말이야. 그가 이 모든 것들의 배열자가 정신이라고 했기에 그것들이 존재하는 그대로가 최상이며 이 외에는 다른 설명을 할 수 없을 거라 생각했다네. 그리고 나는 그가 이것들 각각의 원인과 모든 것의 원인을 상세히 설명해주고 나서 각각을 위해 또 모두를 위해 최선이 무엇인지도 설명해 줄 거라 생각했어. 나는 누가 아무리 많은 돈을 준대도 이런 희망을 팔지 않았을 거야. 그래서 나는 그 책을 움켜쥐고 최선과 최악에 대해 알기 위해 최대한 빨리 열심히 읽었다네. 그러나 나는 어떤 기대를 품었던가, 그리고 그 실망은 얼마나 슬펐던가! 책을 읽어 나가다 보니 나는 그 철학자가 정신이나 그 외 질서의 원칙 같은 건 저버리고 공기, 에테르, 물, 그 외 다른 기괴한 것들에 호소하고 있다는 것을 발견했지. 나는 그를 이런 사람에 비유할 수 있을 것 같아. 처음에는 소크라테스가 하는 행동의 원인은 정신이라고 말하면서 시작했지만 소크라테스의 여러 가지 행동의 원인을 자세히 설명하는 부분에 가서는 소크라테스가 여기에 앉아 있는 까닭은 그의 육체가 뼈와 근육으로 이루어져 있기 때문이라고 말하는 그런 사람. 그는 계속해서 말할 거야. 뼈는 딱딱하고 사이 사이에 관절이 있으며 신축성이 있는 근육들이 뼈를 감싸고 있다, 그리고 근육들은 또다시 살과 피부에 둘러싸여 있다고. 그래서 뼈가 관절 부근에서 근육의 수축과 이완으로 들릴 때 소크라테스는 사지를 구부릴 수 있는 것이고, 그래서 이런 구부정한 자세로 여기 앉아 있는 것이라고 말이야. 마찬가지로 그는 소크라테스가 자네들에게 말하는 것에 대해서도 비슷한 설명을 할 것이네. 소리, 공기, 청각, 그 외 수만 가지의 다른 원인들에게 이유를 돌려대며 참 원인을 언급하지 못할 거란 얘기야. 소크라테스가 여기 앉아 있고 자네들에게 말하고 있는 참 원인은 아테네 사람들이 소크라테스에게 사형선고를 내리는 게 맞는다고 생각했고 소크라테스도 여기 남아 사형을 받는 편이 더 나을 거라 생각해서잖나. 나의 근육과 뼈가 자신들이 생각하는 최선을 따라 움직였다면, 그리고 내가 몰래 도망치는 대신 국가가 내린 형벌을 받겠다는 고귀한 태도를 취하지 않았다면 이미 오래전에 메가라나 보이오티아에 가 있었을 거야. 그러니 이 모든 것에서 원인과 조건을 이상하게 찾고 있는 게 확실하잖나. 뼈, 근육, 그리고 육체의 다른 부분들이 없으면 내가 내 목적을 실행할 수 없다고 말한다면 맞는 말이지. 그러나 내가 하는 행동이 육체 때문이며, 이것이 바로 정신이 작동하는 방식이고 최선의 선택에서 비롯되는 게 아니라고 말한다면 그건 게으르고 부주의한 주장일세. 나는 그렇게 말하는 것이 원인과 조건을 분간하지 못해서가 아닐까 해. 많은 사람이 무지해서 잘못 알아보고 이름도 잘못 붙이는 게 아닐까. 그래서 어떤 사람은 지구 주위에 소용돌이가 있어 지구가 하늘에 멈춰 있을 수 있는 거라 하고 또 어떤 사람은 지구는 일종의 넓은 반죽통과 같아서 공기가 받쳐주고 있다고 주장하지. 그들은 지구와 그 주위 것들을 가장 좋은 자리에 배열하는 어떤 힘 같은 것엔 관심이 없어. 그 안에서 탁월한 힘 같은 것을 찾는 대신 그들은 선함보다 강하고 오래 지속되며 더 많은 것을 아우르는 아틀라스(하늘을 떠받치는 벌을 받은 신 - 역주)를 발견하리라 기대하는 거야. 의무감을 가지고 모든 것을 아우르는 선함의 힘에 대해선 아무런 관심이 없지. 누군가가 내게 이 선함의 힘이 원인이라는 원리를 가르쳐준다면 내가 흔쾌히 배울 텐데. 그러나 나는 그 최선의 본질을 나 스스로도 발견하지 못했고 배울 사람도 찾지 못했네. 그래서 케베스, 자네가 좋다면 내가 찾은 원인을 탐구하는 두 번째로 좋은 방법을 알려주겠네."

"네, 너무도 듣고 싶습니다." 그가 대답했지요.

소크라테스 선생님은 계속했습니다.

"나는 진정한 존재를 숙고하는 데 실패했으므로 내 영혼을 바라보는 눈을 잃지 않아야겠다고 생각했네. 일식 기간에 태양을 관찰하고 바라보는 사람들이 오직 물에 비친 이미지나 다른 매개체를 통해 조심스레 태양을 보지 않으면 물리적인 눈에 상해를 입을 수 있는 것처럼 말이야. 그래서 내 경우에 내가 내 눈으로 사물들을 바라보고 감각들의 도움으로 사물들을 이해하려 한다면 내 영혼이 눈이 멀지 몰라 두려웠어. 그래서 나는 정신의 세계로 물러나서 거기서 존재의 진실을 찾는 편이 낫겠다고 생각했어. 물론 지금 이 비유가 완벽하지는 않네. 왜냐하면 사유의 매개를 통해 존재를 숙고하는 사람은 행동이나 경험으로 존재에 대해 생각해보는 사람보다 좀 더 어두운 유리를 통해 보는 것과 같다는 생각을 결코 인정할 수 없기 때문이야. 그러나 나는 이런 방법을 채택하기로 했네. 내가 생각하기에 가장 강력한 어떤 원칙을 가정해 놓고 원인이나 그 밖의 다른 것들과 관련하여 이 원칙과 일치하는 것처럼 보이면 뭐든 참이고, 일치하지 않는 것처럼 보이면 참된 것이 아니라고 말이야. 그러나 자네가 아직 이해를 못하는 것 같으니 내 의미를 좀 더 분명히 설명해야겠네."

"네, 선생님, 정말로 아직 이해가 가질 않습니다."케베스가 대답했습니다.

"더 설명하는 것에도 새로운 것이라곤 없네. 내가 우리의 앞선 논의에서 언제 어디서나 계속해서 반복해 온 내용이야. 나는 내 생각을 점하고 있는 원인의 본성에 대해 자네에게 알려주고 싶네. 나는 모두의 입에 오르내리는 익숙한 것들로 돌아가 먼저 절대적으로 아름다운 것, 선한 것, 큰 것 등을 가정하고 시작해야겠네. 자네가 인정해준다면 내가 자네에게 원인의 본성을 보여주고 영혼의 불멸성을 입증하길 바라네."

"네, 저는 인정하니 더 설명해주세요."케베스가 대답했습니다.

"그럼 다음 단계에서 자네가 동의하는지 알고 싶네. 절대적인 아름다움 이외에 어떤 아름다운 것이 존재한다면 그것은 절대적인 아름다움에 참여하여 그 성질을 띨 때만이 가능하다고 생각할 수밖에 없으며 나는 모든 다른 것들도 그렇다고 생각하네. 이러한 원인에 대한 생각에 자네도 동의하나?"

"네, 동의합니다." 그가 대답했습니다.

소크라테스 선생님은 계속했습니다. "현명한 원인이라고 여겨지는 그 어떤 것에 대해서도 나는 이해할 수가 없네. 어떤 사람이 나보고 빛깔이나 형태 또는 그런 비슷한 것들이 아름다움의 근원이라고 하면 나는 뭐라 하든 나를 혼란하게 만드는 말들을 내버려두겠지만 마음속으로는 단순하게 어쩌면 바보스럽게도 이런 생각을 견지하겠어. 그 무엇도 절대적인 아름다움의 현존과 참여 아니고는 어떤 방식으로도 사물을 아름답게 만들 수 없다고 말이야. 어떤 방식으로 사물이 절대적 아름다움을 띠고 아름다움에 참여하는지에 대해서는 나도 확실히 모르지만 모든 아름다운 것들은 오직 절대적인 아름다움에 의해서만 아름다워진다고 주장하네. 이것이 내가 나 자신에게나 다른 사람에게 줄 수 있는 가장 안전한 대답으로 보여. 나에게나 질문을 하는 다른 사람에게 내가 기대는 이 원리는 절대 전복되지 않으며, 아름다운 것들이 오직 절대적인 아름다움 혹은 아름다움 그 자체에 의해 아름답게 되는 것이지, 다른 것에 의해서가 아니라고 대답하면 가장 안전할 것 같네. 어때, 내 의견에 동의하는가?"

"네, 동의합니다."

"그리고 큰 것들은 커다람이라는 절대적 성질에 의해 커지고 더 커지고 하는 것이며, 작은 것은 작음이라는 성질에 의해 작아지고 더 작아지는 것 아니겠나?"

"그렇습니다."

"그러면 어떤 사람이 A가 B보다 머리 하나만큼 크고 B가 A보다 머리 하나만큼 작다고 말하면 자네는 이러한 말을 거부하고 큰 것은 오직 크다는 성질에 의해 더 큰 것이며, 작은 것은 오직 작다는 성질에 의해 더 작은 것이라고 자네가 주장하는 바를 강력히 말할 수 있어야 하네. 그래야 큰 것과 작은 것이 머리 하나에 의해 크고 작은 것이 되었다는 위험한 생각을 피할 수 있으며, 더 큰 사람이 작은 존재인 머리 하나 때문에 더 큰 사람이 된다는 엉뚱한 부조리함을 피할 수 있으니까. 자네는 이런 추론을 당연히 두려워하겠지? 아닌가?"

"그렇죠, 당연히요." 케베스는 웃으면서 대답했습니다.

"마찬가지로 자네는 10이 8보다 큰 것은 그 차이인 2 때문이 아니라 수 자체 때문이라고 할 것이고 두 척이 한 척보다 큰 것은 한 척이라는 차이 때문이 아니고 길이라는 단위 자체에 의해 더 큰 것이라고 말을 하겠지. 이 경우에도 모두 똑같은 잘못을 할 우려가 있네."

"매우 그렇습니다." 그는 대답했죠.

"또 하나에 하나를 더하고 하나를 둘로 나누는 것이 두 개의 원인이라고 말하지는 않겠지? 어떤 것이 그것의 제대로 된 본질에 참여하는 것만이 존재의 원인이며, 따라서 둘의 원인은 둘이라는 본성에 참여함으로써 얻어지고 이 방법만이 둘을 둘이 되게 하는 것이며, 하나는 하나가 되게 하는 것이라고 맹세코 단언하겠지? 자네는 이렇게 말할 거야. 더하기나 나누기 같은 어려운 것들은 나보다 머리가 좋은 자들에게 답하라고 맡기겠다고. 속담에서 말하듯 경험이 일천한 자신의 단점 때문에 자네는 저 원리의 확실한 기초를 포기할 여유가 없다고 말할 수 있어야 하네. 그리고 누군가가 그 원리에 대해 공격해오면 자네는 그 사람이 맞는다고 내버려

두든지, 아니면 그 논의의 귀결이 그 원리에 부합하는지 아닌지를 보고 난 후 대답해 주면 되네. 만약 그 원리에 대해 더 설명해 달라고 요구받으면 점점 더 높은 원리를 가정하여 가장 최선의 것을 찾아야 하네. 그러나 논쟁에서 이기는 걸 좋아하는 사람들처럼 원리와 자네의 추론에서 나온 귀결을 헷갈리지는 말아야 하네. 적어도 자네 자신이 진정한 존재에 대해 알아내고 싶다면 말이야. 자네의 이런 혼란은 논쟁에서 이기는 것을 따지는 사람들에게는 아무런 의미도 없네. 그들은 전혀 신경 쓰지도 않고 생각하지도 않네. 그들은 나름의 재치로 자기네가 만든 뒤죽박죽의 생각들에 충분히 즐거워하는 사람들이란 말이야. 그러나 자네가 진정한 철학자라면 내가 하라는 대로 할 거라 믿네."

"모두 옳은 말씀이십니다." 심미아스와 케베스가 이구동성으로 대답했답니다.

에케크라테스 그렇군요, 파이돈. 그들이 동의하는 것은 당연했겠지요. 적어도 지각이 있는 사람이라면 소크라테스의 놀랍도록 확실한 논리를 인정하지 않을 수 없을 테니까요.

파이돈 그럼요, 에케크라테스. 그것은 그날 그 자리에 있던 모든 사람이 느낀 것이랍니다.

에케크라테스 네, 거기 있지 않았던 우리마저도 당신 말을 들으니 그렇게 느껴져요. 다음엔 뭐라고 하셨나요?

파이돈 이 모든 것들에 동의하고 난 후 거기 있던 사람들은 이데아가 존재한다는 것, 다른 것들은 이데아에 참여할 때만 이데아로부터 자신의 이름을 얻는다는 것을 알았어요. 그리고서 소크라테스 선생님은, 제 기억이 맞는다면, 이렇게 말씀하셨습니다.

"자, 그렇다면 심미아스가 소크라테스보다는 크고 파이돈보다는 작다고 말할 때도 자네는 심미아스 안에 크고 작음이 모두 들어 있다는 논리에 입각할 것이 아닌가?"

"네, 그렇습니다."

"그러나 자네는 여전히 말이 의미하는 대로 심미아스가 소크라테스보다 정말로 큰 것은 아니란 걸 인정할 거야. 심미아스가 심미아스이기에 큰 것이 아니고 그가 가진 크기 때문에 큰 것일 뿐이잖아. 마치 소크라테스가 소크라테스라서가 아니라 심미아스가 가진 커다람에 비하여 작음을 지닌 것뿐이라는 것과 같지."

"맞습니다."

"만약 파이돈이 심미아스보다 크기에 있어서 크다면 파이돈이 파이돈이라서가 아니라 파이돈이 비교적 작은 심미아스에 비해 상대적으로 큰 크기를 지녔기 때문이겠지?"

"맞습니다."

"그러므로 심미아스가 크다고 말할 때, 또는 작다고 말할 때는 그가 크고 작음의 중간에 있고 자신의 커다람에 의해 다른 이의 작음을 넘어서고 다른 사람의 커다람이 자신의 작음을 넘어서도록 허락하기 때문이야." 소크라테스는 웃으며 덧붙였습니다. "내가 너무 무슨 책처럼 말하나? 그래도 내 말이 옳다고 나는 믿네."

심미아스는 동의했습니다.

"자네가 내 생각과 같길 원하기에 말하는 거네. 절대적 커다람이란 결코 클 수도 작을 수도 없으며, 우리 안에 있는 커다람이란 작은 것을 인정하지 않거나 작게 되는 것을 인정하지 않는 것이지. 두 가지 중 하나가 일어날 거야. 큰 것이 작은 것이라는 그 반대되는 것 앞에서 물러가거나, 혹은 작은 것이 다가오면 이미 그 존재를 멈추어 버리거나 말이야. 만약에 작음을 허락하고 인정한다 해도 그것에 의해 변하는 것은 아니야. 나도 심미아스와 비교될 때 작음을 받아들이고 인정하지만 나는 여전히 나 그대로의 나이고, 바로 본래의 작은 사람으로 있는 거야. 커다람의 이데아는 작은 척할 수도 없고 결코 작아지지도 않는 거야. 우리 안의 작음이 커질 수도 커지지도 않는 것처럼. 어떤 상반되는 것들도 다 자신 그대로 남아 있는 것이지, 반대가 될 수 없어. 아니면 그렇게 변하는 과정에서 죽어 사라지든가."

"제 생각과 같습니다." 케베스가 대답했습니다.

이때 누군지 정확히 기억은 안 나지만 같이 있던 사람들 중 누군가가 말했어요.

"아니, 이건 우리가 여태 인정해 온 이야기와 정반대 아닙니까? 더 큰 것에서 더 작은 것이 나오고 더 작은 것에서 더 큰 것이 나오고, 즉 반대되는 것들은 한마디로 자신의 반대로부터 생겨난다고 하지 않았나요? 그런데 이 원리가 지금은 완전히 부인되는 거잖아요."

소크라테스 선생님은 그에게 고개를 기울이고 잘 듣더니 말씀하셨어요.

"나는 자네의 용기가 좋네. 이걸 우리에게 상기시켜주다니. 그런데 자네는 이 두 경우가 다르다는 건 모르는 것 같군. 그때는 우리가 실제로 존재하는 상반되는 것들에 대해 말한 거고, 지금은 반대되는 것의 본질에 대해 말하고 있는 거야. 그래서 우리 안에서든 자연의 안에서든 그 본질은 바뀌지 않는 것이지. 그때는 친구여, 반대되는 실제의 것들, 그 안에 반대되는 각각의 성질을 품고 있는 것들, 그리고 반대되는 것의 본질에 의해 이름 붙여지는 그런 것들을 이야기한 것이고, 지금은 그때 말한 것과 반대되는 것으로 실제의 것들 안에 있는 그 본질, 즉 그것들에 반대되는 이름을 붙여준 이데아를 말한 것이네. 이 반대되는 것들의 본질은 결코 서로가 그 반대되는 것들에서 나오는 게 아니라고 주장하고 있는 거라네."

동시에 소크라테스 선생님은 케베스에게 고개를 돌리며 물었습니다.

"자네도 이 친구의 말에 당황하고 혼란해졌나?"

"아니요, 그렇게 느끼지 않습니다. 그러나 반대 의견에 종종 흔들리긴 합니다." 케베스가 말했습니다.

"그렇다면 우리는 반대되는 것은 어떤 일이 있어도 그 자체의 반대가 되는 일이 없다는 사실에 동의한 거지?"

"네, 완전 합의를 본 겁니다." 그가 대답했지요.

"그러면 한 번 더 그 문제를 다른 각도에서 살펴보세. 그런 다음에도 자네가 계속 동의하는지 보겠네. 자네가 뜨겁다, 차갑다 같은 말을 쓰는 것들이 있지 않나?"

"있지요."

"그러나 그것들이 불이나 눈과 같은 것인가?"

"그렇지 않습니다."

"열은 불과 다르고 차가운 것은 눈과 다르지?"

"네."

"그러면 앞에 우리가 말한 것처럼, 눈이 열의 영향 아래 있으면 그것들은 더 이상 눈도 열도 아니지. 그러나 열이 접근해 오면 눈은 물러나거나 사라진다는 걸 인정하지?"

"네, 맞습니다."

"불도 마찬가지로 차가운 것이 다가오면 물러나거나 사라지지. 그리고 불이 차가운 것의 영향 아래서는 전과 마찬가지 상태로 불도 차가운 것도 아니지."

"네, 맞습니다."

"어떤 경우에 이데아의 이름은 영원한 연관성에 의해 이데아에 붙어 있을 뿐 아니라 이데아는 아니지만 오직 이데아의 형상 안에서만 존재하는 다른 어떤 것에도 붙어 있네. 예를 들어 분명히 해줄게. 홀수는 언제나 홀수라는 이름으로 불리지?"

"네, 그렇습니다."

"그러나 홀수는 홀수라고만 불릴까? 다른 이름을 가지고 있지만 홀수라고 불리는 것이 또 있지 않을까? 홀수와 똑같지는 않지만 홀수의 성질이 없지는 않은 그런 것들을 의미하는 거야. 가령 3이라는 숫자가 그렇지. 그 외에도 예를 들 건 많지. 3은 자신의 제대로 된 이름인 3이라고 불리지만 홀수라고도 불리지. 홀수가 3과 같은 것은 아니지만. 5도 그렇고, 모든 수의 절반은 다 이 예에 해당돼. 즉 이 숫자들은 홀수 자체는 아니지만 홀수의 성질을 띠지. 수의 다른 절반인 짝수도 마찬가지야. 이 숫자들은 짝수 자체는 아니지만 짝수의 성질을 띤다는 거야. 동의가 되나?"

"네, 물론이죠."

"그러면 이제 내가 전달하려는 의미에 주의를 기울여 주게. 반대되는 것들 그 자체, 그 본질들만 서로를 배제하는 것이 아니라 실제적 사물들, 자체로는 반대는 아니지만 반대의 성질을 띠는 것들도 서로를 배제한다는 거야. 즉 자기들 속에 있는 성질의 반대되는 성질 혹은 이데아를 거부한다는 거야. 만약 그 반대 성질이 다가오면 그것들은 뒤로 물러나거나 사라진다는 거지. 예를 들어 3은 여전히 3이면서도 짝수라는 성질을 받아들이려면 없어지든가 변해야 하는 거잖아?"

"맞습니다." 케베스가 말했습니다.

"그런데 2라는 숫자는 확실히 3이라는 숫자에 반대되는 건 아니지?"

"아니죠."

"그렇다면 반대되는 이데아만 서로의 접근을 물리치는 게 아니고 다른 것들도 반대되는 것의 접근을 물리친다는 것이지?"

"네, 그렇습니다." 그가 말했습니다.

"그러면 이런 게 무엇인지 가능한 한 정의 내리려고 노력해 보세."

"네, 그렇게 해요."

"케베스, 이런 것들은 자기 본질의 영향력 아래에 있는 것들에게 자신의 고유 형태뿐 아니라 반대되는 것들의 형태도 지니게 강요하지는 않는가?"

"무슨 말씀이신가요?"

"방금 말한 그대로라네. 내 말은 숫자 3이 점유하는 것들은 자기 자신인 3뿐 아니라 홀수이기도 하지?"

"네, 맞습니다."

"숫자 3이 주는 홀수라는 인상에는 반대되는 이데아가 침범할 수 없지?"

"네, 그럴 수 없죠."

"그리고 그 인상은 홀수라는 원리 때문이잖나."

"네."

"그리고 홀수는 짝수에 반대되지?"

"네."

"그러면 짝수라는 이데아는 3에게 결코 도달할 수 없는 거지?"

"그렇죠."

"그러면 3은 짝수와 아무 상관이 없지?"

"없죠."

"그럼 3이라는 숫자는 짝수가 아닌 거지?"

"맞습니다."

"그러면 반대되는 것은 아니지만 반대 성질을 인정하지 않는 것들로 돌아가 보세. 가령 3은 짝수의 반대는 아니지만 짝수의 성질을 받아들이지 못하고 반대편에서만 놀지. 2도 홀수의 성질을 받아들이지 못하고 불도 차가운 것의 성질을 받아들이지 못해. 그 밖에도 많은 예가 있지만 지금 말한 것들만으로도 자네는 일반적인 결론에 도달할 수 있을 거야. 반대되는 것들은 서로를 받아들이지 못할 뿐 아니라 반대되는 성질을 지닌 것에 접근할 때도 그 반대되는 성질을 받아들이지 못한다는 사실 말이야. 다시 말해 보지. 반복해서 해가 될 건 없으니까. 숫자 5는 짝수의 성질을 받아들이지 않아. 마찬가지로 5의 배수인 10은 홀수의 성질을 인정하지 않아. 10은 5의 배수로서 그 절반이라는 5와 또 다른 반대 관계를 갖지만 엄격히 홀수에 반대되는 것은 아니야. 그럼에도 홀수의 성질을 결코 받아들이지 않아. 3:2라는 비율도, 2분의 1 혹은 3분의 1이라는 분수도 정수에 반대되는 것은 아니지만 정수의 성질을 받아들이지 않아. 동의하지?"

"네, 선생님 생각에 완전히 동의하며 함께 가고 있습니다."

"자, 그러면 다시 처음으로 돌아가 시작해보지. 그리고 내 질문에 대답할 때는 내가 질문에서 쓴 말을 쓰지 말고 대답해주게. 방금 말한 것에서 자네가 진실을 추론한 그 확실함으로 대답해 주면 좋겠네. 무슨 말이냐면 어느 누가 자네에게 '몸 안에 뭐가 있어 몸을 따뜻하게 하는가?'라고 묻는다면 '따뜻한 게 있어서'라고 대답하지 말라는 거야. 따뜻한 거라는 대답은 확실하지만 어리석은 대답이라는 게 내가 지금 의미하는 거야. 여기서 내놓으려는 대답은 '불 때문이다'야. 훨씬 훌륭한 대답 아닌가? 혹은 누군가가 '왜 몸이 아픈가?'라고 물을 때 '아프니까'라고 하진 않겠지? '열 때문에'라고 대답해야겠지? '어떤 것이 왜 홀수인가?' 하고 물으면 '홀수니까'라고 대답할 것이 아니라 '단일성'이라는 성질 때문이라고 말해야 하는 거야. 일반적으로 다 그렇지. 내가 더 예를 들지 않아도 충분히 이해했지?"

"네, 이해했습니다."

"그럼 말해 보게. 무엇이 몸속에 들어 있어 몸이 살아 있게 하지?"

"영혼입니다."

"그건 언제나 그런 건가?"

"물론 언제나 그렇습니다."

"그러면 영혼이 소유하고 있는 것에는 무엇이든 영혼이 생명을 주는 건가?"

"네."

"그러면 생명에 반대되는 것이 있는가?"

"있습니다."

"그게 무언가?"

"죽음입니다."

"그러면 이미 인정한 것처럼 영혼은 그것이 지닌 반대의 성질은 절대 받아들이지 않겠지?"

"못 받아들이죠." 케베스가 대답했습니다.

"그러면 짝수의 성질을 거부하는 원리를 우리가 뭐라고 불렀더라?"

"홀수라 불렀습니다."

"정의나 음악을 거부하는 것은?"

"불의와 비음악적인 것이겠지요."

"그러면 죽음을 인정하지 않는 원리를 뭐라고 부르지?"

"불사입니다."

"영혼은 죽음을 인정하는가?"

"아니요."

"그러면 영혼은 불사인가?"

"네, 그렇습니다."

"그러면 이제 영혼이 불사인 것이 증명되었다고 말해도 될까?"

"네, 충분히 증명되었습니다. 소크라테스 선생님." 그가 대답했습니다.

"만약 홀수가 불멸이라면 3도 꼭 불멸해야 하는 것 아닌가?"

"물론이죠."

"그러면 만약 차가운 것이 불멸이라면 따뜻함의 원리가 눈을 공격해도 눈은 완전히 물러나거나 녹지 않아야 하지? 없어지는 것도 아니고 거기 남아 따뜻함을 인정할 수도 없으니 말이야."

"맞습니다."

"또 만약 차갑지 않은 것, 즉 온기의 원리가 불멸이라면 불이 차가운 것의 공격을 받아도 불은 멸하지 않고 꺼지지도 않으며 영향 받지 않은 채 어디론가 가버리는 것 아닐까?"

"확실히 그렇습니다."

"불사에 대해서도 같은 게 적용되지 않을까? 불사가 불멸이라면, 영혼이 죽음의 공격을 받았을 때 멸하지는 않겠지. 앞서 우리가 논의한 것처럼 영혼은 죽음을 인정하지 않을 것이며, 또 죽음이 되지도 못하니까. 3이 짝수의 성질을 받아들이지 못하고 불이나 불 안의 따뜻함이 차가움의 성질을 받아들이지 못하는 것과 마찬가지지. 그러나 이렇게 말하는 사람도 있을 수 있어. '홀수가 짝수의 접근에 짝수가 될 수는 없다지만 왜 홀수가 멸하고 그 자리에 짝수가 들어선다고 할 수 없나' 하고 말이야. 이 사람에게 우리는 홀수의 원리가 불멸이라고 대답은 못 하지. 그것은 아직 합의 보지 못한 거니까. 그러나 홀수가 불멸이라는 것이 인정되었다면 짝수의 접근에 홀수의 원리나 숫자 3은 다른 데로 떠나는 것뿐 멸하는 게 아니라고 말할 수 있지 않겠나? 불이나 따뜻함이나 다른 모든 것에도 다 유효한 거야."

"맞습니다."

"그럼 불사에도 유효해야지. 만일 불사가 또한 불멸이라면 영혼은 불사뿐 아니라 불멸하는 것이어야 하네. 그러나 불사가 불멸이 아니라면 불멸에 대해 다른 증명을 해야겠지?"

"다른 증명은 필요 없지요. 만약 불사가 영원한 것이라 하면서도 멸할 수 있는 것이라면 불멸하는 것은 아무것도 없게요?"

"그렇지." 소크라테스가 대답했습니다. 신과 생명의 본질적인 형태, 그리고 불사는 결코 멸하지 않는다고 일반적으로 모두 인정하지."

"네, 모두 인정합니다. 사람들뿐 아니라 신들도요."

"그러니까 불사가 불멸이라면 영혼은 불사이면서 불멸이 맞지?"

"확실히 맞습니다."

"그러면 죽음이 사람을 엄습했을 때 그의 육체는 죽지만 불사하는 부분은 물러나서 자기를 보전하는 것 아닐까?"

"그렇습니다."

"그러면 케베스, 의심할 여지없이 영혼은 불사이고 불멸이며, 우리의 영혼은 저세상이라는 다른 세상에 진정으로 존재하는 것이 아닐까?"

"네, 확실히 인정합니다. 소크라테스 선생님." 케베스가 말했습니다. "이제 저는 더 이상 선생님 말씀에 반대할 것이 없습니다. 그러나 친구 심미아스나 또 다른 누구라도 더 반대할 게 있다면 지금 말하는 게 좋을 겁니다. 이런 논의를 미루었다가 다시 할 기회는 없을 테니까요."

"저도 더 이상 반대할 게 없습니다." 심미아스가 말했습니다. "말씀하신 걸 들으니 더 이상 의심할 것이 없어요. 다만 마음속에 불확실한 것은 조금 있어요. 주제가 워낙 거창한 것이다 보니. 그리고 우리 인간은 나약한 존재잖아요."

"그렇네. 잘 말했네, 심미아스." 소크라테스가 대답했습니다. "우리의 처음 원칙들도 아무리 확실해 보여도 조심스레 살펴봐야 하는 걸세. 그 처음 원칙들이 확실하다고 만족스럽게 여겨지면 우리의 논의를 따라갈 수 있지. 그래서 분명하고 명백한 것이 확실하면 더 이상 의문의 여지는 없는 거지."

"맞습니다."

"그러나 친구들 모두여, 영혼이 진정 불사라면 이 세상에 살아 있을 때뿐 아니라 영원한 시간 동안 우리는 영혼을 보살펴야 하지 않겠나? 이런 관점에서 영혼을 소홀히 하는 것은 끔찍한 일이야. 죽음이 만약 모든 것의 끝이라면 사악한 사람들은 죽음에서 이득을 볼 것이야. 왜냐하면 죽을 때 그들은 육체를 끝내버릴 뿐 아니라 그들의 악함도 영혼과 함께 끝내버릴 수 있으니까 말이야. 그러나 영혼은 분명히 불사하는 것이니 악함에서 벗어나 해방되는 길은 높은 덕과 지혜를 얻는 길밖에 없네. 왜냐하면 영혼이 저세상으로 갈 때는 교양과 교육 외에는 가져가질 않지. 그리고 죽은 사람들이 저세상으로 갈 때 이런 것들은 크게 이익이 되거나 해가 된다고 해. 사람들이 말하기를, 살아 있을 때 각 개인에게 속해 있던 자신의 정령 다이몬이 죽은 후에 그들을 죽은 자들이 모여 있는 어떤 곳으로 데려가 심판을 받게 한다더군. 그런 다음 이 세상에서 저세상으로 데려가는 안내자를 따라 하데스로 가서 받아 마땅한 것을 겪으며 시간을 보내면 다른 안내자가 한참 긴 시간이 흐른 후 그들을 다시 데려온다네. 이렇게 다른 세상으로 가는 길은 아이스킬로스가 쓴 비극에 나오는 텔레포스가 말한 것처럼 단 하나이고 곧은길은 아닌 것 같아. 그렇다면 안내자도 필요 없고 누구도 길을 잃지 않을 테니까. 아마 갈라진 길도 많고 구부러진 길도 많은 것 같아. 세 갈래로 갈라지는 지점에서 저세상 신들에게 제사도 지내고 제물도 바치는 걸 보고 내가 그렇게 추측한 걸세. 현명하고 질서 잡힌 영혼은 그 곧은길을 따라가며 주위도 둘러볼 것이지만 여전히 육체를 욕망하는 영혼은 아까 말했듯 생명이 떠나버린 껍질만 남은 육체를 배회하고 눈에 보이는 세상을 떠돌면서 많이 고생하고 나서야 그들의 다이몬에게 강제로 이끌려 가는 거야. 그래서 다른 영혼들도 모여 있는 그곳에 갔을 때 그 영혼이 순수하지 못하거나 순수하지 못한 행위를 했다거나 불의의 살인을 했다거나 그 비슷한 나쁜 행위를 했다고 하면 누구라도 그 영혼에서 도망치고 외면할 거라 생각하네. 아무도 길동무가 되어주지 않고 아무도 길 안내를 해주지 않을 것이며 극단의 악에서 헤매다가 기한이 다 차면 자기들이 있어야 할 합당한 곳으로 끌려간다는 거지. 반면 일생 동안 순수하고 정의로웠던 영혼은 신들이 길 안내를 해줄 것이며, 마찬가지로 그들이 있어야 할 합당한 곳으로 가는 거야. 이 지구에는 여러 놀라운 곳들이 있으며, 이름은 없지만 내가 믿을만한 한 사람의 말에 의하면 지구는 지리학자들이 생각하는 것과는 그 형태도 크기도 다 다르다고 하네."

"무슨 말씀이신가요, 소크라테스 선생님?" 심미아스가 말했습니다. "저도 지구에 대해 많은 말을 들었는데 어떤 게 옳은 건지 정말 모르겠습니다. 선생님께서는 어떤 것에 믿음을 주시는지 알고 싶습니다."

"심미아스, 내가 만약 글라우코스의 재주를 지니고 있다면 진실이 무엇인지 증명할 재주가 있는 것이겠지. 그러나 내겐 그런 재주가 없고 설사 증명이 가능하다 해도 논의가 다 끝나기 전에 죽는 시간이 돌아올까 봐 두렵네. 그러나 내가 생각하는 바대로 지구의 형태와 여러 지역에 대해 자네에게 설명해 보겠네."

"네, 그것이면 충분합니다." 심미아스가 대답했습니다.

"내가 확신하는 것은 지구는 둥글고 하늘의 중심에 있다는 거야. 공기도 그와 비슷한 떠받칠 무엇도 필요치 않지. 주위의 하늘이 한결같이 중심을 잡아주니 기울어지거나 떨어지지도 않고 또 지구 자체로도 균형을 지녔다네. 균형을 지닌다는 것은 주위에 한결같이 채워진 것의 중심에 자리 잡아 조금도 기울어질 염려가 없다는 거야. 그래서 항상 같은 상태에 있고 벗어나질 않지. 이게 내가 믿는 지구에 대한 첫 번째 관념이네."

"확실히 옳은 관념이십니다." 심미아스가 대답했습니다.

"또한 지구는 무척이나 광대하지. 우리가 살고 있는 지역인 파시스 강에서 헤라클레스의 두 기둥이 있는 곳까지는 작은 한 부분에 불과하여 개미나 개구리가 늪의 한 부분에 살듯 우리는 바다의 한 부분에 사는 것과 같아. 우리 외에도 많은 사람이 비슷한 곳에 살고 있지. 지구의 표면에는 어디를 가더라도 다양한 형태와 크기의 골짜기가 있어 물과 안개와 낮은 공기가 모여 있다네. 그러나 진짜 지구는 깨끗하고 별들 또한 존재하는 깨끗한 하늘에 자리 잡고 있어. 이 같은 하늘은 흔히 에테르라고 불리지. 그리고 에테르에는 침전물이 있어 지구의 골짜기 안에 그것들이 내려와서 모인다네. 우리는 이 골짜기에 살면서 지구 표면에 살고 있다는 잘못된 관념에 속고 있는 것이지. 마치 물의 바닥에 사는 생물이 물의 표면에 산다고 착각하면서 바다를 통해 태양과 별들을 바라보며 바다가 하늘이라고 착각하는 것과 같아. 또 그 생물은 약하고 느려서 바다 표면 위로 한 번도 올라와 보지 못하고 자신이 사는 곳보다 더 깨끗하고 아름다운 세상을 본 적도 들어본 적도 없는 거야. 우리 인간이 이와 같은 것이네. 우리는 골짜기 안에 살면서 표면에 살고 있다고 착각하니까. 우리는 대기를 하늘이라고 부르고 거기에서 별들이 운행한다고 믿고 있지. 우리도 마찬가지로 약하고 느려서 대기 표면에 닿지 못하는 거야. 만약 어떤 사람이 대기의 끝에 도달하거나 새처럼 날개가 달려 꼭대기까지 다가갈 수 있다면 머리를 내밀어 물 바깥세상을 보는 물고기처럼 우리가 사는 곳 너머의 세계를 볼 수 있을 걸세. 만약 그의 본성이 그 광경을 보게 한다면 그는 저 너머의 세계가 참된 하늘이며 참된 빛이며 참된 땅임을 인정할 수 있을 걸세. 왜냐하면 우리 지구와 돌들, 우리를 둘러싼 전 지역은 마치 바닷속의 모든 것이 소금물에 의해 부식된 것처럼 녹슬고 못 쓰게 되어 있어. 바닷속에서는 어떤 고귀한 것도 완전한 성장도 없지. 오직 동굴과 모래와 무한한 진흙뿐일세. 해안가조차도 우리 세계에 있는 아름다운 곳들과 비교가 안 되네. 그런데 우리 세계는 또 다른 세상에 비하면 아무것도 아니야. 그것은 하늘 아래 있고 우리 위에 있는 세상인데 그 세상에 대한 매력적인 이야기를 들려주자면 정말 들을만한 가치가 있을 걸세."

"이야기를 너무 듣고 싶습니다, 소크라테스 선생님." 심미아스가 대답했습니다.

"그 이야기는 다음과 같네. 우선 우리가 위에서 지구를 내려다보면 마치 열두 개의 가죽 조각으로 만들어진 공과 같이 보이지.

여러 가지 색으로 꾸며져 있는데 그 색들은 지상의 화가들이 사용하는 그런 색들이야. 그런데 저 우리 위에 있는 세상은 마찬가지로 온통 그런 색들로 덮여 있지만 그 색들은 우리의 색들보다 훨씬 밝고 분명하지. 놀랄 만큼 윤기 있는 자색과 금빛의 광채와 석고나 눈보다도 더 하얀 흰색이 있지. 저 위 세상의 땅은 모두 이런 색으로 덮여 있는데 그 수도 많고 인간이 보아온 것보다 훨씬 아름다워. 공기와 물로 가득 차 있는 골짜기들은 자신의 색을 가지고 있어서 마치 다양하게 많은 색들 중에 하나의 빛줄기처럼 보이는 것이야. 그래서 전체가 계속되는 하나의 빛의 흐름으로 보여. 그리고 이 아름다운 곳에서는 온갖 것들이 자란다네. 나무, 꽃, 과실들이 여기서 자라는 것들보다 훨씬 아름다워 그곳에 어울리지. 그곳엔 언덕들도 있고 돌들도 있지. 그 돌들은 매끄럽고 투명하며 색은 너무 아름답다네. 이 지상에 있는 값비싼 에메랄드, 홍옥, 벽옥이나 그 밖의 보석들은 저 위의 세상 돌들의 세세한 조각에 지나지 않아. 왜냐하면 그 땅의 돌들은 우리 땅의 보석이나 다름없고 훨씬 더 아름다우니까. 그 이유는 그 돌들은 우리 보석처럼 염분이 있는 요소들에 의해 부식되지 않아서 순수하기 때문이야. 염분이 섞인 물질은 이 땅에서는 응고하는 성질이 있어 동물과 식물에서뿐 아니라 땅과 돌에도 추한 성질과 질병을 가져온다네. 그러나 저 위 세상의 돌들은 보석과 같이 금과 은 등으로 반짝거리며 낮의 환한 빛을 발하네. 또 크고 풍부해서 도처에 있으므로 그 땅을 보는 사람에게 무한한 기쁨을 느끼게 하네. 거기엔 또 동물들과 사람들도 있어. 그들 중 일부는 내륙에 살고 또 일부는 대기 근처에서 산다네. 마치 우리가 바다 근처에 살 듯이 말이야. 또 일부는 섬에 사는데 그 주위로 공기가 흐르고 있고 섬은 대륙에 가까이 있지. 한마디로 우리가 물과 바다를 이용하듯이 그들은 공기를 이용한다네. 그리고 우리가 공기라 느끼는 게 거기에선 에테르라네. 그곳 날씨는 온화하고 좋아 사람들은 질병이 없어 우리보다 오래 살며 공기가 물보다 맑고 에테르가 공기보다 더 깨끗해서 그곳 사람들의 시각, 청각, 후각 등 감각은 훨씬 더 잘 발달되어 있네. 또한 신들이 살고 있는 신전과 성소가 있어 신의 목소리를 듣고 신에게 물어 답을 얻는다네. 신을 의식하면서 신들과 대화하는 것이야. 그리고 그들은 해와 달과 별들을 있는 그대로의 실제로 바라보며 거기서 행복도 느낀다네. 이런 게 그 전체 땅과 그 주위를 둘러싼 것들의 성질이야. 그 땅의 표면에는 골짜기들이 있고 여러 지역이 있다네. 그것들 중 어떤 곳들은 우리가 사는 곳보다 더 깊고 넓으며 또 어떤 곳들은 깊지만 그 입구가 우리들 사는 곳보다 더 좁고, 또 어떤 곳들은 넓지만 얕아. 그리고 구멍들이 많은데 땅속으로 넓거나 좁은 길들이 있어 서로 연결되어 있어. 그리고 커다란 물줄기가 강의 유역으로 흘러들듯이 들어왔다 나갔다 하며 땅 아래 거대한 강이 항상 흐르고 있어 뜨겁고 찬 물이 나오며 커다란 불도 있고 커다란 불의 강도 있어. 또 시켈리아의 진흙으로 된 강과 그 뒤를 따르는 용암처럼 굵고 얇은 흙탕물의 강들이 흐르고 있네. 그런 강들이 흐르는 지역의 주변은 이런 것들이 남기고 간 것으로 가득하다네. 그리고 땅속에서 진동이 일어나 모든 것이 위아래로 흔들려. 그 원인은 다음과 같아. 큰 틈들이 있는데 그중 가장 광대한 틈이 땅 아래로 꿰뚫고 있다네. 이 틈은 호메로스가 작품에서 다음과 같이 노래한 그 틈이야.

'저 멀리 땅속 가장 깊숙한 곳'

그리고 다른 곳에서 호메로스와 또 다른 시인들이 타르타로스 (그리스 신화에서 땅속 깊고 깊은 곳에 있는 망자들의 세계 – 역주)라고 부른 곳이야. 이 틈으로 모든 강이 흐르기 때문에 위아래로 흔들리는 거지. 그 강들은 자기들이 흐르는 땅의 성질을 띠게 된다네. 그 강물들이 쉴 새 없이 흘러 들어가고 나오는 이유는 물이 머무를 바닥이 없기 때문이야. 그래서 위아래로 흔들리고 그 주위의 바람과 공기도 흔들리지. 바람과 공기도 위아래로 물을 따라다니며 땅 위에 여기저기 떠도네. 숨을 들이마시고 내쉴 때 공기가 들어왔다가 나가는 것과 같은 이치야. 그리고 물을 따라 바람이 들락날락하며 무섭고 저항 못할 폭풍이 생겨나는 거야. 여러 강이 쏟아져 땅의 낮은 곳으로 물러나면 땅속으로 흘러 들어가 펌프처럼 물을 채우고 다시 또 나와 골짜기를 채우고 땅속의 길들을 통해 흘러 각자 바다나 호수, 강, 샘이 되는 것일세. 거기에서 또다시 땅으로 들어가는데 여러 지역을 멀리 감돌며 들어가는 것도 있고 소수의 지역만 거쳐 멀지 않게 스며드는 것도 있네. 그렇게 타르타로스로 흘러 들어가는데 어떤 것은 땅 위로 솟았던 것보다 훨씬 아래에서, 어떤 것은 조금만 아래에서 흘러 들어가는 거지. 아무튼 모든 물이 솟아 나온 것보다는 낮은 지점에서 그렇게 돼. 또 어떤 물은 스며든 반대쪽에서 솟구쳐 나오는가 하면 어떤 물은 스며든 쪽에서 다시 솟구쳐 나와. 또 어떤 물은 뱀이 똬리를 틀듯 땅을 한 번 혹은 여러 번 돌고는 될 수 있는 대로 아래로 흘러 들어가지만 언제나 다시 솟구쳐 나와 틈으로 들어가지. 어떤 방향으로 흘러들든

물은 가운데까지만 갈 수 있어. 왜냐하면 거기서 반대쪽은 올라가는 절벽이거든. 이런 물은 그 수도 많고 힘차며 여러 가지 모양을 해. 주요한 것으로 네 개의 강이 있는데 그중에 제일 크고 널리 퍼져 있는 것이 오케아노스일세. 그건 땅을 빙 돌면서 흐르지. 반대쪽에 아케론이 흐르는데 이것은 사막 지역들을 지나 땅 아래로 흘러 아케루시아 호수로 간다네. 이 호숫가로 죽은 사람의 영혼들이 가서 길거나 짧은 일정 시간을 대기하고 나서 다시 이 세상에 짐승으로 태어난다네. 세 번째 물은 오케아노스와 아케론 사이에서 분출해 나오는데 나온 곳 근처에서 불길이 타오르는 넓은 지역으로 흘러 들어가 지중해보다도 큰 호수를 이룬다네. 물과 진흙이 끓고 있어서 이 호수는 탁류가 되고 땅을 돌다가 다른 곳이 아닌 바로 아케루시아 호수 맨 끝에 닿는다네. 그러나 그 호수의 물과 섞이지는 않고 여러 번 땅을 돌다가 타르타로스의 가장 깊은 곳으로 빠져들어 가는 거야. 이것이 바로 피리플레게톤이라 불리는 건데 용암을 뿜어내어 땅의 여러 곳에서 화산을 만드는 것이네. 그 반대편에서 네 번째 물이 나오는데 그것은 처음에는 청금석처럼 검푸른색을 띤 황막한 지역으로 흘러 들어가지. 이 물은 스티기안 강이라 불리는데 흘러서 스틱스 호수가 되네. 물이 이 호수로 흘러들면 이상한 힘을 얻어 땅속으로 들어가 반대 방향으로 돌다가 아케루시아 근처에서 피리플레게톤의 맞은편으로 나오는 거야. 이 물도 다른 물과 섞이지는 않고 돌며 흐르다가 피리플레게톤 맞은편에서 타르타로스로 흘러 들어가네. 시인들이 부르길 이 강은 코퀴토스라네. 이와 같은 것이 바로 저 다른 세상의 모습이야. 각각의 사람을 자신의 다이몬이 안내하여 그곳에 가게 되면 먼저 경건하게 잘 살았는지 아닌지 판결을 받게 된다네. 잘 살지도 너무 못살지도 않은 사람의 경우엔 아케론 강으로 가서 거기에 준비되어 있는 배를 타고 호수에 이르는 거야. 그곳에서 머무르면서 이생에서 다른 사람에게 행한 악행에 대한 벌을 받으며 속죄하거나 선행을 한 것에 대한 상을 받는다네. 그러나 많은 신성모독의 죄를 지어 개과천선이 안 되는 사람들, 즉 무도한 살인이나 폭력, 그 비슷한 죄를 저지른 사람들은 타르타로스로 던져지고 다신 거기서 나올 수가 없네. 그리고 또 큰 죄를 저지르기는 했으나 개과천선의 가능성이 있는 사람들, 즉 예를 들어 순간의 분노로 부모에게 폭행을 가했으나 남은 여생을 후회하며 보낸 사람들이나 그 외 정상참작이 가능한 상황에서 살인을 저지른 사람들은 마찬가지로 타르타로스로 던져지지만 1년만 고통을 당하면 그 후 물결에 의해 거기서 밀려 나온다고 해. 단순히 살인을 한 사람들은 코퀴토스 쪽으로, 그리고 부모를 살인한 사람들은 피리플레게톤 쪽으로 나온다는 거야. 그들은 아케루시아 호수로 밀려와 자신들이 악행을 저지른 피해자를 소리 높여 불러 친절을 베풀어 용서해달라고 애걸한다네. 그렇게 애걸해서 호수로 들어갈 수 있게 해달라는 거지. 그 청이 이루어지면 그들은 그곳에서 나와 고통을 끝낼 수 있지만 그렇지 못하면 다시 타르타로스로 끌려가 자비를 얻을 때까지 같은 운명을 되풀이하는 거야. 이게 재판관들이 그들에게 내린 판결이기 때문이지. 그러나 특별하게 경건한 삶을 살아온 사람들은 이 세상의 감옥에서 벗어나 저 위에 있는 세상, 깨끗한 그들의 고향으로 가서 깨끗하게 살아간다네. 이 사람들 중 철학으로 마땅히 자신을 정화해 온 사람들은 영원히 육체 없이 살아갈 것이며,

더 아름다운 거처에 있게 될 텐데 얼마나 아름다운지는 설명이 불가하며 또 설명할 시간도 지금은 없네. 그러므로 심미아스, 이상의 것들로 보아 우리는 인생에서 덕과 지혜를 얻으며 살려고 해야하지 않겠나. 그 상은 아름다울 것이며 희망은 크네. 양식 있는 사람들은 내가 영혼과 영혼이 거처하는 곳에 대해 설명한 것이 정확한 사실이라고 자신하지는 못할 거야. 그러나 영혼이 불사라는 것은 분명해졌지 않나. 그러니 적절하며 가치 있는 사실과 비슷한 설명이라고 생각할 것이네. 이렇게 생각하는 것은 모험에 가깝지만 모험은 영광스러운 거야. 그러니 여태 내가 해 온 말들로 위안을 삼아야 할 것이야. 내가 장황하게 설명한 이유도 이 때문이라네. 그러므로 육체의 쾌락과 장식은 아무 소용없으며 이익보다는 해가 된다는 사실을 알고 그것들을 물리쳐 지혜의 기쁨만을 추구해 온 사람은 자신의 영혼에 자신이 있고 기쁘게 생각할 거네. 그리고 자신의 영혼을 이질적인 것으로 장식하지 않고 오직 자신만의 보물들인 절제, 정의, 용기, 고귀함과 진실로 장식해온 사람은 죽을 때가 되면 저세상으로 기꺼이 갈 준비가 되어 있는 것이네. 심미아스와 케베스, 그리고 다른 이들도 어차피 이 세상을 떠날 때가 오지 않겠나. 난 이미, 어느 비극 시인이 말했듯, 운명의 목소리가 나를 부르고 있네. 곧 독약을 마셔야 하니까 먼저 목욕을 좀 해야겠군. 그래야 아낙네들이 내 시체를 닦는 고생을 안 해도 될 테니."

소크라테스 선생님이 말을 마쳤을 때 크리톤이 말했습니다.

"소크라테스, 우리에게 미리 일러두거나 부탁할 말은 없나? 아이들에 관한 것이나 그 외의 문제들도 좋아. 기꺼이 자네에게 봉사하고 싶네."

"오, 크리톤, 특별히 일러둘 건 없어. 내가 항상 자네에게 말했듯, 자네들 자신을 잘 돌보길 바라네. 그렇게만 하면 다른 약속 할 것도 없이 나와 내 가족 그리고 자네들 모두에게 봉사하는 거야. 그러나 자네들이 자신에 대해 생각하지 않고 내가 지금뿐 아니라 누누이 말해왔던, 어떻게 살아야 하는지에 대한 권고를 따르지 않는다면 지금 이 순간 아무리 약속을 하고 지키겠다고 공언해도 아무 소용이 없는 걸세."

"그래, 우리는 자네 말을 듣고 최선을 다해 살겠네. 그건 그렇고 자네를 땅에 묻는 일은 어떻게 하면 좋을까?"

"자네들이 내 시체를 붙잡아 도망치지 않게만 할 수 있다면 자네들 마음대로 하게." 그런 다음 소크라테스 선생님은 우리를 돌아보시더니 웃으며 말씀하셨습니다.

"나는 크리톤에게 내 영혼이 여태 말하고 논의를 이끌어 온 그 소크라테스임을 믿게 하는 데 실패했군 그래. 그러니까 얼마 후 죽어 시체가 되어 있을 그 사람을 나라고 생각하고 어떻게 파묻을까 물어보고 있잖아. 내가 죽으면 자네들을 남겨두고 저 축복받은 세상으로 가서 기쁨을 누리며 살 거라고 여태 말해왔는데도 크리톤은 그저 나 자신과 자네들을 위로하기 위한 말들이라고만 생각한 거잖아. 크리톤에겐 내 말이 아무 효과가 없었군 그래. 그러니 여기 있는 사람들 모두에게 부탁하네. 크리톤이 지난번 재판에서는 내 보증을 서 주었지만 오늘은 자네들이 나를 위해 그에게 보증을 서주게나. 그런데 그때와는 보증 내용이 완전히 다르네. 그때는 재판관들에게 내가 여기 남아 있을 거라는 보증을 섰지만 오늘은 여기에 남아 있지 않고 떠날 거라는 보증을 서는 거지. 이렇게 하면 크리톤이 내가 죽는 것에 덜 괴로워하고 죽은 후에 내 육체가 불태워지든 땅에 묻히든 덜 슬퍼할 거야. 나는 크리톤이 내 죽음에 슬퍼하기를 원하지 않으며 또 내 시체에 대해 소크라테스를 거기 눕혔다거나 혹은 옮겨서 파묻었다는 등의 말을 쓰지 않았으면 좋겠어. 나쁜 말들은 그 자체로 해로울 뿐 아니라 영혼도 악으로 물들이거든. 그러니까 오 내 친구 크리톤, 마음 단단히 먹고 오직 내 육체를 파묻는 거라고 말해줘. 그렇게 생각하면 관례대로 자네가 생각할 때 가장 좋은 방법으로 묻으면 될 것 같네."

이렇게 말하고 나서 소크라테스 선생님은 일어나 목욕을 하기 위해 다른 방으로 들어갔습니다. 크리톤은 그를 따라가며 우리에게 기다리라고 말했습니다. 그래서 우리는 뒤에 남아 우리가 한 논의에 대해 생각하며 이야기도 나눴고 또 얼마나 슬픈지도 이야기했지요. 소크라테스 선생님은 우리에게 아버지 같은 사람으로 그가 죽으면 우리는 고아나 다름없을 거라고 느꼈습니다. 소크라테스 선생님이 목욕을 끝냈을 때 그의 아이들이 감옥에 왔습니다. 어린 아들이 두 명, 다 큰 아들이 한 명 이렇게 있었죠. 그리고 그 집안의 부인들도 함께 왔습니다. 소크라테스 선생님은 크리톤이 있는 곳에서 그들에게 몇 마디 이른 후 그들을 돌려보내고 우리에게 왔습니다.

소크라테스 선생님이 목욕하는 방 안에서 많은 시간을 보냈기에 벌써 해가 지고 있었습니다. 목욕을 하고 나서 우리와 함께 앉아 있었지만 말은 별로 많이 하지 않았습니다. 곧 11명의 집행위원의 부하인 간수가 들어와서는 소크라테스 선생님 곁에 서서 말했습니다.

"오, 소크라테스 선생님, 저는 선생님이 가장 귀하고 점잖으시며 여기 온 사람들 중 가장 훌륭한 분이라는 걸 압니다. 보통 제가 명을 받아 죄수들에게 독약을 먹으라고 하면 그들은 화를 내고 저에게 욕을 하며 저주를 퍼부으니 저 또한 화나는 감정을 참지 못했습니다만 선생님께서는 저에게 노여워하지 않으실 거라 생각합니다. 선생님은 이 책임이 제가 아니고 누구에게 있는지 잘 아실 테니까요. 제가 심부름 온 것에 대해 이해하실 겁니다. 그러면 운명의 짐을 가볍게 지시고 안녕히 가십시오."

울음이 터진 그는 몸을 돌려 밖으로 나갔습니다.

소크라테스 선생님은 그를 향하여 말씀하셨죠. "자네도 잘 있게, 나도 자네 말을 듣고 잘 가겠네." 그러고 나서 우리에게 고개를 돌리더니 말씀하셨죠. "참 좋은 사람이야. 내가 여기 감옥에 온 이후로 늘 내게 와서 이야기하곤 했는데 내게 참 잘해주고 친절했어. 지금도 나를 위해 진심으로 울어주었잖아. 그러니 그의 말을 듣자고. 크리톤, 약이 준비됐으면 잔을 가져다주고 아직 안 됐으면 준비하라고 해줘."

그러나 크리톤은 이렇게 말했습니다. "아직 해가 지지 않고 산 위에 있네. 대부분 독약을 먹으라는 명령을 받아도 사랑하는 사람들과 먹고 마시고 즐기다가 밤 깊어 느지막이 독약을 마신다네. 그러니 서두르지 말게. 시간이 좀 더 있으니 말이야."

그러자 소크라테스 선생님이 말씀하셨습니다.

"그래, 크리톤, 자네가 말한 그 사람들은 당연한 행동을 하는 거네. 독약을 늦게 먹음으로써 이익이 있다고 생각하니까. 그러나 나는 그들을 따르는 게 옳다고 생각 안 해. 조금 늦춘다고 얻을 게 있다고 생각지도 않고. 이미 죽을 목숨인 걸 조금 더 시간을 연장해 목숨을 아끼는 건 내 눈에는 조롱거리로밖에 안 보이네. 그러니 내가 말한 대로 해 줘."

크리톤은 옆에 서 있던 사환에게 손짓을 했습니다. 그는 나가더니 한참 있다가 독약이 든 잔을 가지고 온 간수와 함께 돌아왔습니다. 그러자 소크라테스 선생님이 그 사람에게 말했습니다. "오 친구, 당신은 이 일을 많이 해봤으니 내가 어떻게 하면 되는지 알려 주시오." 그러자 그 사람이 대답했습니다. "그저 다리가 무거워질 때까지 걸으세요. 다리가 무겁게 느껴지면 누우세요. 그럼 독약 기운이 몸에 돌 겁니다." 그러면서 동시에 소크라테스 선생님에게 독약이 든 컵을 내밀었습니다.

오 에케크라테스, 소크라테스 선생님은 정말 전혀 두려움이 없고 태연했습니다. 평소와 똑같이 안색 하나 변함없이 그 사람을 물끄러미 보면서 잔을 들고 이렇게 말씀하셨죠. "신에게 바치는 뜻으로 이 컵에서 한 방울을 떨어뜨려도 될까요? 안 되나요?" 그러자 그 사람이 대답했습니다. "우리는 딱 필요한 만큼만 준비했습니다."

소크라테스 선생님은 "알겠소. 그래도 내가 이 세상에서 저세상으로 가는 여행을 잘 할 수 있게 신께 기도드리는 건 괜찮겠지요? 그래야만 하고요. 내 기도대로 이루어지길 바라나이다!" 이렇게 말하고 잔을 입에 대고는 기꺼이 기쁜 얼굴로 독약을 마셨습니다. 그때까지 우리는 슬픔을 누르고 있을 수 있었지만 독약을 다 마시는 것을 보고는 더 이상 참을 수가 없었습니다. 저는 나도 모르게 울음이 터져 얼굴을 가리고 울었어요. 그를 위해서가 아니라 그와 같은 좋은 벗을 여의게 된 제 불행 때문에 울었습니다. 제가 처음 운 건 아니었습니다. 크리톤은 울음을 못 참을 걸 알고 나가려고 일어나더군요. 저는 그를 따랐습니다. 아폴로도로스는 아까부터 줄곧 울고 있었지만 그 순간 큰 소리로 흐느껴 울어 우리 모두는 가슴이 미어졌지요. 소크라테스 선생님만 조용히 있었습니다.

"아, 이게 무슨 울음소리야." 소크라테스 선생님이 말했습니다. "내가 부인네들을 내보낸 건 이런 창피스러운 모습을 보일까 봐 그런 거였네. 무릇 인간이란 조용히 죽어야 하는 법일세. 그러니 조용히 하고 참을성 있게 행동해주게."

이 말을 듣고 우리는 부끄러워서 눈물을 참았습니다. 그는 이리저리 걷더니 다리가 무겁다고 말하고는 지시받은 대로 자리에 누웠습니다. 그러자 독약을 주었던 그 사람이 소크라테스 선생님의 발과 다리를 검사했습니다. 한참 후 소크라테스 선생님의 발을 세게 누르더니 감각이 있냐고 물었습니다. 소크라테스 선생님은 없다고 했고, 그는 다음엔 다리를, 그리고 점점 몸의 더 윗부분으로 올라가며 눌렀습니다. 그렇게 소크라테스 선생님의 몸이 차가워지고 굳어간다는 것을 보여주며 우리에게 "독약이 심장에 닿으면 그것이 마지막입니다"라고 말했습니다. 사타구니까지 차갑게 군자 소크라테스 선생님은 자신의 얼굴을 덮었던 것을 벗기고는 이렇게 말씀하셨습니다. 이것은 그의 마지막 말이었습니다.

"크리톤, 아스클레피오스에게 닭 한 마리를 빚진 게 있다네. 기억해 두었다가 갚아줄 수 있겠나?"

"그래, 내가 갚아줄게. 더 하고 싶은 말은 없는가?" 크리톤이 말했습니다.

이 질문에 소크라테스 선생님은 아무런 대답이 없었습니다. 1, 2분 뒤 몸이 움직이는 듯한 소리가 들렸습니다. 그리고 독약을 주었던 사람은 얼굴을 덮은 천을 벗겼습니다. 소크라테스 선생님의 눈은 허공을 바라보며 고정되어 있었습니다. 크리톤은 그의 눈을 감겨 주고 입도 다물어 주었습니다.

오, 에케크라테스, 우리의 영원한 친구이신 소크라테스 선생님의 마지막은 이랬습니다. 소크라테스 선생님은 당시 그가 살던 시대에 모든 사람 중 가장 현명하고 정의로운 사람이었다고 저는 진심으로 말하렵니다.

향연

소개글

이 책은 아폴로도로스가 아리스토데모스에게서 들은 대화 내용을 자신의 친구 글라콘에게 전해주었던 이야기를 또 다른 이름 모를 친구에게 말하는 형식으로 되어 있다. 그 대화는 아가톤의 집에서 열린 연회에서 소크라테스가 그의 추종자들과 사랑의 신 '에로스'를 찬미하는 내용을 담고 있다.

아폴로도로스 자네가 듣고 싶어 하는 것에 대해 내가 좀 잘 알고 있긴 하네. 그저께 내가 팔레론에 있는 우리 집에서 시내로 가고 있었는데 친구 중 한 명이 뒤에서 나를 알아보고는 멀리서부터 장난기 어린 말투로 나를 불렀다네.

"아폴로도로스, 대머리 친구, 멈춰보게." 그래서 나는 멈춰 섰지. 그러자 "아폴로도로스, 안 그래도 자네를 찾고 있었네. 소크라테스 선생님이 알키비아데스와 또 다른 사람들하고 아가톤의 집에서 저녁을 먹으며 대화를 나눴는데 그 내용이 '사랑'에 대한 칭송이었다네. 그 대화 내용을 듣고 싶네. 필리포스의 아들 포에니크스한테서 들은 사람이 나에게 말해줬거든. 그런데 그 사람 말이 분명치가 않아서 내용을 정확히 못 들었네. 그런데 그 사람이 자네도 이 내용을 알고 있다고 하기에 자네한테 이 이야기를 들으면 좋겠다고 생각했지. 자네 친구들 이야기에 대해 자네만큼 잘 전달해 줄 사람이 또 어디 있겠어? 자네도 그 저녁 모임에 있었나?"

그래서 나는 말했지. "글라콘, 자네에게 전달해준 사람이 정말 말을 제대로 안 했나 보군. 그 모임이 최근에 있었고 내가 거기 있었을지 모른다고 생각했다니 말이야."

"그래, 나는 자네가 거기 있었을 거라 생각했네."

"불가능한 얘기야. 자네는 아가톤이 이제 아테네에서 살지 않은 게 수년이 넘은 걸 모르는가? 그리고 내가 소크라테스 선생님을 알게 되고 매일같이 그의 말과 행동에 대해 배우려고 열심히 노력하기 시작한 건 3년도 채 되지 않았어. 한때는 세상 여기저기를 다니며 나만큼 좋은 일을 하는 사람은 없다고 잘난 척했는데 알고 보니 나는 참 불쌍한 존재였지. 자네가 그렇듯 나도 철학자보다 못한 일은 없다고 생각했거든."

그러자 그가 말했지. "아, 농담은 나중에 하고 그 모임이 언제 일어난 건지 먼저 알려주게."

"우리가 어렸을 때야. 아가톤이 그가 쓴 첫 번째 비극으로 상을 받은 날이야. 그와 그의 합창단이 승리의 제물을 바친 다음날이었네."

"그렇다면 진짜 오래전 일이군. 그럼 누가 이야기해줬나? 소크라테스 선생님이 해주었나?"

"아니, 말한 사람은 바로 포에니크스에게 이 이야기를 해 준 바로 그 사람이야. 아리스토데모스라는 사람인데 키가 작은 친구로 신발을 신은 적이 없지. 그는 아가톤의 잔치에 다녀왔다고 했네. 나는 그때 당시 그 친구보다 소크라테스 선생님을 더 숭배한 사람은 없었다고 생각하네. 그래서 그 친구에게 들은 내용 중 몇 가지를 나중에 소크라테스 선생님에게 직접 확인해보기도 했다네. 선생님은 다 맞는다고 확인해 주었지."

"자, 그럼 그 얘기를 다시 한 번 들려주게, 아테네 시내로 걸어가는 길은 대화를 나누라고 만들어놓은 것 아니겠나?"

그래서 우리는 함께 걸었고 그 잔치에서 이루어졌던 사랑에 대한 담화를 다시 얘기했지.

"아까 처음 말했듯 나는 자네가 어떤 이야기를 듣고 싶어 하는지 잘 알고 있네. 자네만 좋다면 기꺼이 다시 반복해서 들려줄 수 있지. 철학이라는 건 내가 말을 하든 남이 말하는 것을 듣든 이익이 될 뿐만 아니라 큰 즐거움도 주지. 반면 좀 다른 종류의 이야기를 들을 때면, 특히 자네 같은 부자나 장사꾼들 이야기를 들을 때면 기분이 불쾌해져. 나는 자네 같은 사람들이 불쌍하네. 왜냐하면 자네 같은 친구들은 실상 아무것도 하는 일이 없으면서 뭔가 대단한 일을 한다고 착각하고 있으니까. 물론 자네 같은 사람들도 나를 불쌍하게 여기겠지. 그것도 맞아. 하지만 자네 같은 사람들은 오직 생각만으로 나를 불쌍하다고 여기잖아. 그게 나와 다른 점이야."

아폴로도로스의 친구 오, 알겠어. 아폴로도로스, 자네는 여전하구먼. 언제나 자기 욕도 하고 남 욕도 하고. 자네는 모든 인간을 다 불쌍하다 여기지, 소크라테스 선생님만 빼고 말이야. 자기 자신부터 가장 먼저 불쌍하다고 하잖아. '미친 사람'이라는 자네의 오래된 별명을 어떻게 얻은 건지는 모르겠지만 참 그럴듯하단 생각이 드네. 자네는 소크라테스 선생님만 빼고 자신과 남들 모두에게 걸핏하면 화를 내니까 말이야.

아폴로도로스 아, 그렇군. 내가 제정신이 나간 미친 사람이라 불리는 이유는 나 자신에게나 다른 사람에게 이런 생각들을 가져서였네. 다른 증거가 필요 없군 그래.

아폴로도로스의 친구 그래, 그 얘기는 됐고, 얼른 내가 요청한 그 대화 이야기나 하세.

아폴로도로스 그래, 그 사랑에 관한 대화를 아리스토데모스가 알려준 그대로 처음부터 얘기해줄게.

그가 말하길 목욕을 막 마치고 나온 소크라테스 선생님을 만났다는 거야. 그런데 소크라테스 선생님이 평소와 달리 샌들을 신고 있기에 그렇게 말끔하게 변한 모습으로 어딜 가시느냐고 물었대. 그러자 소크라테스 선생님은 대답했지. "아가톤네 집 잔치에 간다네. 어제 승리의 제물을 바치는 축하연에 오라고 초대받았지만 사람이 많을 것 같아 거절했거든. 대신 오늘 간다고 했지. 그래서 아름다운 옷을 찾아서 입었네. 아름다운 사람 집에 가는 거니까. 자네도 같이 가겠나? 초대 안 받았어도 괜찮네."

"그럼 그렇게 하겠습니다."

"그래, 그럼 따라오게나. 왜 있잖아, 그 속담 말이야, 우리 그걸 좀 바꿔야겠네. '좋은 사람들은 못난 사람들의 잔치에 초대받지 않고 가도 괜찮네.' 하는 속담. '좋은 사람들은 좋은 사람들의 잔치에 초대받지 않고 가도 괜찮네.' 이렇게 바꾸는 거야. 호메로스에 비하면 살짝 바꾼 것뿐이잖아. 호메로스는 이 속담을 살짝 바꾼 정도가 아니라 완전히 뒤집어 놓았지. 아가멤논을 용감한 장수로, 그리고 메넬라우스는 겁쟁이 전사로 묘사했고, 아가멤논이 제물을 바치고 잔치를 베푸는 장소에 메넬라우스가 초대 없이 가는 불청객으로 그려지잖아. 즉 좋은 사람들이 못난 사람들 잔치에 가는 것이 아니라 좋은 사람들 잔치에 속물들이 가는 것처럼 말이야."

그러자 아리스토데모스가 말했지. "그렇지만 소크라테스 선생님, 저는 지금 제가 호메로스의 작품에서 메넬라우스의 입장이 아닐까 걱정됩니다. 현명한 자의 잔치에 가는 불청객이잖아요. 그래도 선생님이 같이 가자 해서 왔다고 할 테니 그때는 변명해주셔야 해요."

"두 사람이 함께 가거늘." 하고 소크라테스 선생님은 호메로스의 문체로 답했네. 두 사람이 함께 가면 그 둘 중 한 명이 해결책을 생각해 낸다는 뜻이야.

아무튼 이렇게 그들의 대화는 함께 걸으며 흘러갔네. 가끔 소크라테스 선생님은 갑작스레 떠오르는 관념들을 생각하느라 멈춰 서서 뒤처지게 되었지만 기다리는 아리스토데모스에게 먼저 앞장서 가라고 했다는군. 아가톤 집에 도착했을 때 문이 열려 있었는데 웃기는 일이 벌어졌네. 한 시종이 나와 아리스토데모스를 맞이했고 손님들이 비스듬히 누워 있는 잔치 장소로 안내했다네. 아가톤은 그를 보자마자 이렇게 말했어. "오 아리스토데모스, 마침 잘 왔네. 우리 같이 한잔하세. 다른 용무로 온 거면 그건 나중에 얘기하세. 어제 자네를 초대하려고 찾아다녔는데 못 찾았지 뭐야. 그런데 소크라테스 선생님은 어찌 되신 거지?"

아리스토데모스가 뒤를 돌아보았는데 소크라테스 선생님은 안 계셨지. 그래서 아가톤에게 좀 전까지 같이 왔고 소크라테스 선생님이 초대해서 오게 된 거라고 설명했어.

"그렇군, 아무튼 잘 왔네. 그나저나 소크라테스 선생님은 어디 계실까?"

"글쎄 말이야. 방금 내 뒤로 계셨는데 어디로 가셨는지 모르겠네."

그러자 아가톤이 시종에게 "얘야, 네가 가서 소크라테스 선생님을 찾아 모셔오너라"라고 했고 아리스토데모스에게는 에릭시마코스 옆에 앉으라고 했네.

그러자 한 시종이 아리스토데모스가 발 닦는 걸 도와주어 몸을 기대고 자리에 편히 앉았는데 또 다른 시종이 들어오더니 소크라테스 선생님이 이웃집 대문 앞에 조용히 서 계신다고 말하는 거야. 불러도 꼼짝하지 않으신다는 거였어.

"거참 이상하네. 얘야, 다시 가서 들어오시게 해. 계속 불러보렴, 가시지 못하게." 아가톤이 말했네.

"그분을 내버려 두게." 아리스토데모스가 말했지. "소크라테스 선생님은 가끔 아무 데나 멈춰서 이유 없이 넋 놓고 서 계신다네. 곧 들어오실 거니까 방해하지 말자고."

"자네가 그렇게 생각한다면 그래야지." 그리고는 시종들을 향해 아가톤이 말했네. "얘들아, 그럼 소크라테스 선생님을 기다리지 말고 우선 상을 차려보자. 너희에게 명령하는 사람이 없으니 뭐든지 마음껏 차려보렴. (손님들을 향해) 사실 나는 여태껏 시종들에게 명령해본 적이 한 번도 없네. (다시 시종들에게) 오늘은 너희들이 주인이고 나와 여기 계신 분들이 손님이라고 생각하면서 한번 잘 차려보렴. 우리에게 칭찬받을 수 있게 말이야."

이렇게 말하고서 이내 저녁이 차려졌으나 소크라테스 선생님은 여전히 들어오시질 않았어. 밥 먹으면서 아가톤이 여러 번 소크라테스 선생님을 불러 모셔왔으면 했지만 아리스토데모스가 말렸다네. 식사가 반 정도 진행되었을 때쯤 마침내 소크라테스 선생님이 들어오셨지. 보통은 더 오랜 시간을 그렇게 계시곤 하는데 이번에는 시간에 맞추시려 했는지 조금 일찍 들어오신 거라네. 잔칫상 한쪽 끝에 비스듬히 누워 있던 아가톤은 소크라테스 선생님에게 옆에 앉으시라고 졸랐어. "소크라테스 선생님, 제 몸에 기대어 그 지혜의 혜택을 나눠주세요. 대문 앞에서 선생님의 것이 된 그 훌륭한 생각 말입니다. 선생님은 좇던 생각의 실마리가 잡히지 않으면 그 자리를 뜰 분이 아니시잖아요."

그러자 소크라테스 선생님은 아가톤이 원하던 자리에 앉으며 말씀하셨지. "만일 지혜라는 것이 가득한 사람에게서 모자란 사람에게로 흘러 들어가는 것이라면 얼마나 좋을까. 마치 털실을 통해 물이 가득 찬 잔에서 비어 있는 잔으로 흘러드는 것처럼 말이야. 그렇다면 자네 옆에 앉아 기대는 특권이 내게 매우 가치 있는 것이 될 텐데. 자네의 풍부하고 아름다운 지혜의 흐름이 나에게와 닿아 채워줄 테니 말이야. 나의 지혜는 보잘것없고 미심쩍은 것으로 꿈이나 다름없지만 자네의 지혜는 밝고 유망하지. 그저께는 자네의 그 젊고 훌륭한 지혜가 삼만 명의 그리스 사람들 앞에서 명백히 표출되지 않았던가."

"저를 놀리시는군요, 소크라테스 선생님." 아가톤이 말했지. "누가 지혜의 승리자가 될지는 잠시 후 디오니소스에게 판단을 맡기고(술을 마시면서 대화해보자는 의미 - 역주) 지금은 우선 저녁부터 드시지요."

소크라테스 선생님은 자리에 기대어 앉아 나머지 사람들과 함께 저녁을 드셨지. 그리고서 신께 드리는 헌주가 제공되었고 신을 찬양하는 노래를 한 다음 으레 행하는 이런저런 의식을 한 후 그들은 술을 마시기 시작했다네. 그때 파우사니아스가 말했네. "오 친구들, 어떻게 하면 가장 해가 되지 않게 술을 마실 수 있을까? 나는 어제 마신 술의 영향이 커서 조금 쉬어줘야 할 것 같은데 말이야. 자네들도 대부분 어제 잔치에도 왔으니 그러리라 생각하는데 어찌하면 술을 편하게 마실 수 있을까?"

이 말에 아리스토파네스가 말했네. "완전 동감일세. 어제 여기 모인 한 사람으로서 나 또한 폭음하는 걸 피하지 못했네."

이번엔 아쿠메누스의 아들 에릭시마코스가 말했다네. "자네들 말이 맞아. 그런데 어떻게 생각하는지 알고 싶은 사람이 하나 더 있네. 아가톤, 술 더 마실 수 있겠나?"

"나도 어제처럼은 못 마시네." 아가톤이 말했네.

"그렇다면 다행이야." 에릭시마코스가 말했어. "나와 아리스토데모스, 파이드로스같이 술에 약한 사람과 아예 술을 못 마시는 사람들은 자네들 같은 술꾼이 더 못 마시겠다 하니 다행스럽다네. 소크라테스 선생님은 여기 포함시키지 않겠네. 선생님은 마실 수도 안 마실 수도 있지. 우리가 마시든 안 마시든 상관 안 하실 거야. 그러나 어쨌건 여기 이 자리에 있는 사람들은 아무도 많이 마시고 싶어 하지는 않는 것 같으니 자네들이 이해해 준다면 내과 의사로서 내가 조언을 하겠네. 술을 많이 마시는 건 정말 나쁜 습관이야. 나는 한 번도 따라 해본 적이 없고 자네들에게도 절대 추천하지 않네. 특히 어제 폭음의 영향을 아직도 느끼고 있는 자네들에게는 말이야."

"나는 언제나 자네 조언을 따르지, 특히 의사로서 말할 때는 말이야. 그리고 다른 친구들도 현명하다면 그렇게 할 걸세." 미리누스에 사는 파이드로스가 말했다네.

그래서 그날은 모두 술을 많이 마시지 않기로 동의하고 적당히 괜찮은 만큼만 먹기로 했다네.

에릭시마코스가 다시 말했네. "그러면 각자가 원하는 만큼 마시고 아무도 강요하지 않기로 합의했으니 다음으로 넘어가 보세. 방금 온 피리 부는 여인은 나가서 혼자 피리를 불게 하거나 아니면 저 안의 방으로 들어가 부인들에게 들려주게 하면 어떻겠나. 오늘은 우리끼리 맘껏 대화를 나눠보고 싶네. 그리고 자네들이 허락한다면 어떤 종류의 대화를 나눠야 할지도 제안하겠네."

이 제안이 받아들여져 에릭시마코스는 다음과 같이 말했지.

"나는 에우리피데스의 비극에서 멜라니페가 한 말로 시작해 보려 하네.

'나의 말이 아니라네.'

이 말인데 내가 이제 하려는 말은 나의 말이 아니고 파이드로스의 말이라는 뜻이네. 파이드로스는 종종 화난 투로 이렇게 말하곤 하지. '에릭시마코스, 참 이상도 하지. 다른 신들은 명예롭게 찬미하는 시나 칭송가들이 많은데 가장 위대하고 영광스러운 사랑의 신 에로스에게는 왜 그 수많은 시인 중 찬양하는 사람이 하나도 없는 걸까? 저 잘난 소피스트들 또한 그래. 예를 들어 탁월하다는 프로디쿠스는 산문으로 헤라클레스나 다른 영웅들을 찬미하잖아. 그런데 이보다 더 기이한 게 있어. 얼마 전 읽은 철학적 작품이 있는데 온통 소금의 유용성을 찬미하는 글이었어. 이것들 말고도 비슷하게 찬양받고 있는 것들이 많네. 이렇게 이런 것들에도 야단스럽게 찬사를 보내면서 사랑의 신에게는 아무도 눈에 띄는 찬미가를 바치지 않는다고! 이 위대한 신성이 어찌 그리 무시될 수 있단 말인가!' 나는 이 점에서 파이드로스가 정말 옳다고 생각하네. 그래서 그에게 조금이나마 도움이 되도록 여기 모인 사람들이 사랑의 신을 찬미하는 건 어떨까 하고 생각하네. 자네들이 동의하기만 하면 이야기가 모자라 대화가 끊기진 않을 것 같네. 그러니 왼쪽부터 돌아가며 한 명씩 사랑의 신을 찬미하는 연설을 하면 어떨까 제안하겠네. 각자 최선을 다하자고. 그러면 파이드로스가 왼쪽 제일 맞은편에 앉아 있고 이 생각을 최초로 꺼낸 사람이기도 하니 먼저 시작하는 게 좋겠군."

"에릭시마코스, 아무도 자네 의견에 반대하지 않을 걸세."소크라테스가 말했네. "나야 사랑의 문제 외에는 이해하지 못한다고 공언해 왔으니 어찌 반대하겠는가. 그리고 아가톤과 파우사니아스도 그럴 거야. 아리스토파네스야 오직 디오니소스와 아프로디테에게 관심이 쏠려 있으니 말할 것도 없네. 여기에 있는 사람 중 반대할 사람은 없어 보이네만. 그런데 이 제안은 오른쪽 끝자리에 앉은 우리한테는 조금 불공평하군. 하지만 앞에서 좋은 연설들을 해주면 만족하겠네. 그럼 파이드로스부터 사랑의 신 찬미를 시작하세. 행운을 비네."

거기 있던 모든 사람이 이에 동의하여 파이드로스부터 소크라테스가 하라는 대로 하길 바랐네. 그리하여 연설이 시작되었는데 전해준 아리스토데모스가 거기 있는 사람들의 말을 다 기억 못하고 나 또한 그한테 들은 말을 다 기억 못하니 기억이 나는 가장 가치 있는 것들만 전달하겠네.

파이드로스는 사랑의 신이 강력하고 신과 인간들 가운데 정말 놀라운 신이며, 특히 그 출생이 놀랍다고 확언하며 찬미를 시작했다네. "사랑의 신은 가장 오래된 신이고 이것은 그에게 아주 명예로운 일이지요. 그 증거는 사랑의 신에게 부모가 없다는 겁니다. 어떤 시인도 산문작가도 그 신의 부모를 말한 적이 없죠. 시인 헤시오도스는 이렇게 읊었어요.

'처음에 카오스가 오고 만물의 영원한 보금자리인 대지가 왔으며, 그다음 사랑의 신이 왔도다.'

다시 말해 카오스 다음에 대지와 에로스가 생겨났다는 거죠. 또한 파르메니데스(형이상학의 아버지라 불리는 엘레아 학파 철학자 - 역주)는 천지창조에 대해 이렇게 노래하죠.

'많은 신 중, 에로스를 처음으로 지으셨도다.'

역사가인 아쿠실라우스도 이에 동의합니다. 수많은 사람이 사랑의 신이 신들 중 가장 오래된 존재임을 인정하죠. 사랑의 신은 가장 오래되었을 뿐 아니라 우리에게 좋은 혜택들을 제공하는 근원이기도 합니다. 왜냐하면 인생을 시작하는 데 있어 덕을 지니고 사랑을 주는 연인, 그리고 사랑을 받는 연동만큼 축복받는 일은 없지요(고대 그리스는 동성애가 허용되는 시대였고 '연인'과 '연동'이라는 고대 그리스의 독특한 관계에 대한 지식이 필요하다. 연인과 연동은 일종의 동성애로 나이 든 남성과 젊은 남성이 서로 사랑하는 것을 의미한다 - 역주). 인간이 고귀한 삶을 살도록 이끄는 것의 원리는 사실 가문도, 명예도, 부도 아닙니다. 오직 사랑만이 그렇게 살도록 동기를 불어 넣죠. 제가 말하는 게 무얼까요? 국가나 개인이 훌륭한 일을 하려면 명예와 불명예가 다 필요하다는 겁니다. 만약 사랑을 하는 자가 불명예스러운 행동을 하다가 들키거나 불명예스러운 모욕을 당해도 비겁하게 그것을 감수한다고 가정해보죠. 그에게는 그 모습을 아버지나 그 외 친구들, 그 누구에게 보이는 것보다 그의 연동에게 보이는 것이 가장 큰 고통일 겁니다. 반대로 연동도 수치스러운 상황에 있을 때 그것을 연인이 보거나 알면 같은 느낌을 받죠. 그러니 누군가가 국가나 군대를 오직 사랑하는 자들과 사랑받는 자들로 구성할 방법을 고안해낸다면 그는 가장 좋은 통치자가 될 것입니다. 모든 구성원이 불명예를 멀리하고 서로의 명예로운 모습을 따라 하려 할 테니까요. 그리고 전장에서는 나란히 서서 싸울 것이므로 비록 그 수가 적다 해도 세상도 정복하고 남을 것입니다. 왜냐하면 전열을 이탈하고 무기를 버리는 모습을 사랑하는 이에게 보이는 것이 그 누구에게 보이는 것보다 두려울 테니까요. 그런 꼴을 보이느니 차라리 백번이라도 죽는 쪽을 택하겠지요. 어느 누가 사랑하는 자를 버리고 도망가거나 위험한 상황에 놓아두겠어요. 그러한 상황에서는 아무리 겁쟁이라도 가장 용감한 사람이 될 겁니다. 사랑의 신이 그에게 힘을 줄 테니까요. 호메로스가 말한 것처럼 영감을 불어넣을 테지요. 신이 영웅들에게 용기를 주었다면 그것은 곧 사랑의 신이 사랑을 불어넣었다는 뜻입니다. 그리고 오직 사랑만이 사랑하는 사람을 위해 죽게 만들 수 있습니다. 남자들뿐 아니라 여자들도 마찬가지입니다. 이 중, 펠리아스의 딸인 알케스티스는 모든 그리스인에게 기념비적인 존재죠. 그녀만이 남편을 대신해 목숨을 내놓으려 했거든요. 그 남편에게는 어머니, 아버지도 있었지만 그 누구도 그렇게 하지 못했는데 말이에요. 남편에 대한 그녀의 사랑이 아들에 대한 부모의 사랑을 훨씬 능가한 셈으로 피가 섞였지만 남이요, 아들이라는 것은 오직 이름뿐임을 증명한 것이지요. 이러한 그녀의 행동은 인간들뿐 아니라 신들에게도 고귀하게 보였기에 신들은 덕 있게 행동한 많은 사람들 중 특히 그녀에게 다시 살아날 수 있는 특권을 주었던 겁니다. 그만큼 신들은 헌신과 사랑의 덕에 큰 명예를 부여한다는 것이죠. 그러나 하프 연주자였던 오이아그루스의 아들 오르페우스의 경우에는 하데스에서 신들이 그가 구하고자 했던 아내의 유령만을 보여주고는 실체를 내어 주지 않아 빈손으로 이 세상으로 돌아와야 했죠. 왜냐하면 그에게는 강인한 정신이 없기 때문이었어요. 오직 하프를 연주하는 약한 인간일 뿐, 알케스티스처럼 사랑을 위해 죽음을 불사하지 못하고 살아서 하데스에 들어가려 했기 때문이지요. 더욱이 그의 이러한 겁쟁이 같은 정신을 벌주기 위해 신들은 후에 오르페우스가 여자들의 손에 죽게 만들었답니다. 이것은 연인인 파트로클로스에 대한 진정한 사랑으로 보답을 받은 아킬레우스의 이야기와 정반대입니다. 파트로클로스는 실상 그를 사랑해준 연인이었고 사랑을 받는 쪽인 연동은 아킬레우스였어요. 비극 작가인 아이스킬로스는 그 반대로 생각했는데 그건 바보 같은 실수입니다. 왜냐하면 아킬레우스는 그 둘 중 더 아름다웠어요. 사실 그 어떤 영웅들보다 가장 아름다웠죠. 호메로스는 그가 수염도 없고 파트로클로스보다 훨씬 어렸다고 전하고 있거든요. 신들은 연인보다는 연동이 사랑을 보여줄 때 더 명예롭고 가치 있다고 여기고 더 큰 보답을 준답니다. 왜냐하면 연인은 신에게서 힘을 얻기에 연동보다 더 신에 가깝거든요. 아킬레우스의 어머니는 그에게 헥토르를 죽이지 않으면 그도 죽지 않고 살아 돌아와 오래 살 수 있을 거라 말했지만, 아킬레우스는 단지 자신을 방어하기 위해서가 아닌 사랑하는 파트로클로스의 복수를 위해 헥토르를 죽이고 자신의 목숨을 바쳤지요. 그래서 신들은 알케스티스보다 그를 더 명예롭게 여겼고 그 보답으로 축복의 섬으로 보냈답니다. 이런 연유로 제가 사랑의 신을 가장 오래되고 고귀하며 강력한 신이라 하는 것입니다. 사랑의 신은 살아 있을 때는 덕을 주고 죽어서도 행복을 주는 최고의 존재입니다."

이것이, 아니 이 비슷한 것이 파이드로스의 사랑에 대한 연설이었네. 그다음에 몇몇 연설이 또 있었는데 아리스토데모스가 기억을 못해서 그는 기억했던 파우사니아스 연설에 대해 이야기해줬네.

파우사니아스가 말했네. "파이드로스, 일단 우리가 찬미하려는 사랑의 신에 대해 제대로 정립해놓고 가야 할 듯하오. 무분별하게 사랑의 신을 찬양해서는 안 되는 거요. 사랑의 신이 하나면 파이드로스 당신 말이 충분히 맞소만, 사랑의 신은 하나보다 많기에 우선 어떤 사랑의 신을 찬양할 것인지부터 정해놓고 연설을 해야 한다고 생각합니다. 그래서 저는 이것부터 바로잡고 가려 하는 거예요. 먼저 어느 사랑의 신이 칭송을 받을만한지 말하고 그에 합당한 찬미를 하려 합니다. 우리는 사랑의 신 에로스를 아프로디테와 떼어서 말할 수 없음을 알죠. 만약 아프로디테가 하나라면 에로스도 하나여야만 할 겁니다. 그러나 여신이 두 명이 있으니 에로스도 둘이어야겠지요? 제가 여신이 둘이라 주장하는 게 틀린 건가요? 나이가 많은 쪽은 우라노스의 딸로 어머니가 없으며 우리가 천상의 아프로디테라 부르는 여신이고 어린 쪽은 제우스와 디오네의 딸로 세속의 아프로디테라고 불리지요. 그러니 세속의 아프로디테에게서 태어난 사랑의 신은 세속의 에로스요, 천상의 아프로디테에게서 태어난 사랑의 신은 천상의 에로스라 불리는 거지요. 물론 모든 신이 찬미 받아야 하지만 그전에 일단 그 본성을 분간해야겠지요. 그래서 저는 사랑의 신 에로스를 두 종류로 구분하려는 겁니다. 저는 행위란 그것이 행해지는 방식에 따라 달라진다고 생각합니다. 가령 우리가 여기서 술을 마시고 노래하고 이야기하는 이런 행위들은 그 자체로는 선도 악도 아니지만 어떤 방식으로 하느냐에 따라 좋고 나쁨을 구분할 수는 있지 않겠습니까? 바르게 행해지면 선이요, 옳지 못하게 행해지면 악이 아니겠습니까? 사랑도 마찬가지여서, 모든 사랑이 아니라 오직 고귀한 목적으로 행해지는 사랑만이 고귀하고 찬미 받을 가치가 있는 것이지요. 세속의 아프로디테에게서 나온 에로스는 본질적으로 저속하고 무분별하며 천한 인간들의 사랑입니다. 그런 사랑은 그 대상이 젊은 소년들이기도 하지만 여자들이기도 합니다. 영혼이 아닌 육체를 사랑하는 겁니다. 이런 사랑은 어떤 목적 달성을 위한 것이므로 그 대상은 가장 어리석은 존재들이죠. 어떻게 고귀하게 사랑의 목적을 달성할 것인지는 신경 쓰지 않기에 선이든 악이든 무분별하게 행하는 것입니다. 그의 어머니인 아프로디테가 천상의 아프로디테보다 훨씬 어리고 남녀의 결합으로 태어났으며 남녀 두 성질을 모두 띠기 때문입니다. 그러나 천상의 아프로디테에게서 태어난 에로스는 오직 젊은 남성들만 사랑하는데 그 이유는 바로 어머니인 아프로디테가 오직 남성으로부터만 태어난 존재이기에 그렇습니다. 그리고 이 천상의 아프로디테는 세속의 아프로디테보다 나이가 많고 방종하지 않습니다. 이러한 천상의 에로스에 의해 영감 받은 사람들은 남성에게만 사랑을 느끼고 더 용감하고 지적인 본성을 지닌 남성에서 기쁨을 얻습니다. 그러한 사랑의 성격에 이끌린 순수한 열성가들은 누구든지 알아볼 수 있지요. 그들은 나이 어린 소년들을 사랑하진 않습니다. 이성이 발달하기 시작하는 나이, 즉 수염이 자라기 시작하는 즈음의 나이를 먹은 젊은 남자들을 사랑합니다. 자신의 애인으로 젊은 남자들을 선택하는 연인들은 그들에게 충성하며 그들과 평생을 보낼 것을 약속합니다. 경험이 없는 어린 소년을 얻어 기만하고 조롱한 후 그에게서 도망쳐 다른 소년한테로 가는 일은 하지 않습니다. 그렇다 해도 나이 어린 소년을 사랑하는 것은 법으로 금지되어야만 합니다. 육체와 영혼 중 어느 것이 좋고 나쁜지는 시간이 지나야 판명될 것이며, 미래는 불확실하기 때문입니다. 그러므로 고귀한 열정을 지녔다면 응당 스스로 이런 법을 정해놓기 마련입니다. 그러나 음탕한 종류의 사랑을 하는 자들은 법에 의해 강제로 금해져야 합니다. 낮은 신분의 여성들과 사랑하지 못하도록 금하거나 막으려 시도하는 것처럼요. 이런 사람들이 사랑에 대한 비난을 이끌어내는 원인이지요. 어떤 사람들은 그런 사랑의 부적절함과 악함을 보기 때문에 완전히 법에 맞지 않는다고 합니다. 법에 맞게 행해지는 품위 있는 것들은 당연히 비난의 대상이 되진 않으니까요. 여기 아테네와 라케다이몬은 사랑의 규칙이 복잡해서 당황스러워합니다. 다른 대부분의 도시에서는 간단해서 이해하기가 쉽죠. 엘리스와 보이오티아 같은 지역들에서는 사람들이 직설적이고 솔직하며 달변의 재능이 없습니다. 그런 지역들에서는 사랑에 관한 법이 호의적입니다. 젊든 늙었든 어느 누구도 사랑이 남부끄러운 일이라고 말하지 않습니다. 제 생각엔 그곳 지역 사람들은 달변이 아니므로 골치 아프게 젊은이들에게 사랑을 고백하며 설득하려 하지 않기 때문인 듯합니다. 그러나 이오니아와 같은 야만인들에게 지배를 받는 지역들은 사랑을 불명예스러운 것이라 여기는 관습이 있습니다. 그곳 야만인들은 젊은 남자들을 사랑하는 것을 지혜를 사랑하거나 운동경기를 애호하는 것처럼 나쁘게 생각합니다. 아무래도 그런 지역에서는 전제정치를 하는데 그러한 정치체제가 사랑에 적대적이라서 그런 것 같아요. 지배자는 지배받는 자들이 정신적으로 약해서 그들 사이에 강력한 우정이나 사회적 단결이 이루어지지 않기를 바라기 때문입니다. 그런데 사랑만큼 그러한 단결을 고취하는 동력은 없죠. 우리 아테네의 전제군주들도 경험으로 알고 있습니다. 아리스토게이톤과 하르모디우스의 변함없는 사랑은 전제군주들의 힘을 뒤엎어버릴 만큼 강력했죠(둘은 협력하여 BC 514년 폭군 히파르코스를 암살했다 – 역주). 그러므로 그런 지역들에서 사랑에 대해 불명예스럽게 생각하는 것은 통치자들이 사랑에 나쁜 평판을 만들어내는 악조건 때문인 겁니다. 통치자들은 사리사욕에 빠져 있고 통치를 받는 자들은 겁쟁이들이고요. 반면 어떤 지역들에서 사랑을 무분별하게 칭송하는 것은 사랑에 대한 견해를 내세우거나 관습을 마련하는 사람들이 게으르기 때문입니다. 하지만 제가 아까 말했듯 우리나라에서는 훨씬 좋은 원칙과 관습들이 성행하고 있어요. 그래서 사랑을 설명하기 복잡하고 당황스러운 겁니다. 드러내놓고 하는 사랑은 비밀스러운 사랑보다 더 명예롭고, 또 좀 덜 잘생겼더라도 고귀하고 드높은 사람을 사랑하는 것도 특별히 명예롭게 여겨집니다. 그리고 세상의 모든 사람이 사랑하는 사람에게 주는 격려가 얼마나 큰지 보세요. 사랑하는 사람은 어떤 불명예스러운 일을 하고 있다 여겨지지 않죠. 그가 사랑에 성공하면 칭찬받고 실패하면 못났다고 여겨집니다. 사랑을 추구하기에 인류의 관습은 사랑하는 자가 여러 이상한 일들을 하도록 허락하죠. 만약 사적 이익이나 감투를 얻기 위해, 또는 권력을 잡기 위한 동기로 그러한 일들이 행해지면 철학은 준엄히 비난할 것이지만요. 만약 누군가 그러한 동기로 기도하고 간청하고 애원하고 대문 앞에 드러눕거나 노예가 하는 일보다 못한 짓을 사서 한다고 하면 그의 친구든 적이든 모두 말릴 겁니다. 친구들은 부끄럽게 여기고 충고할 것이며, 적들은 그의 야비함과 아부 근성을 비난할 거예요. 그러나 사랑하는 사람들이 그런 행위를 한다면 그것은 고귀한 행동이 될 수도 있고 관습적으로도 매우 칭찬할 만한 것으로 도덕적으로 비난받을 일이 아니라고 합니다. 무엇보다 이상한 것은 사람들 말에 따르면 오직 연인들만 맹세하고 맹세를 깨뜨리는 것이 가능하며 신들은 그런 행동을 용서해준다는 겁니다. 그래서 연인들의 맹세 같은 건 존재하지 않는다고 말하는 거예요. 이것이 우리나라에서 관습에 따라 인간들과 신들이 모두 연인들에게 부여하는 완전한 자유입니다. 이런 견지에서 아테네에서는 사랑하고 또 사랑받는 일이 모두 명예로운 일로 여겨진다, 이렇게 말할 수 있을 겁니다. 그러나 아버지들이 자신의 아들들이 그들의 연인과 말하는 것을 금하고 이런 일이 없도록 하라고 가정교사를 뽑아 관리시키며, 동년배들이 그 행위를 뭐라고 욕해도 좋은 경우, 또 행여 연장자들이 그것을 보아도 욕하는 동년배들을 말리지도 꾸짖지도 않는 경우, 누군가가 이모든 것들을 보면 우리 아테네에서는 사랑이라는 관습을 가장 불명예스러운 것으로 여긴다고 생각할 수도 있을 겁니다. 그러나 제가 처음에도 말했듯, 그런 관습이 명예스러운 것인지 불명예스러운 것인지는 단순하게 결정할 문제가 아니라고 생각됩니다. 그것을 명예롭게 따르는 자에게는 명예로운 것이요, 불명예스럽게 따르는 자에게는 불명예스러운 것이겠지요. 악을 따르거나 악한 방식으로 따른 경우엔 불명예가 있고 선을 따르거나 선한 방식으로 따르는 경우엔 명예가 있는 겁니다. 악이라 함은 저속한 사랑을 하는 자를 말하는 것으로 안정되고 오래 가는 사람이 못되기에 영혼보다는 육체를 더 사랑하지요. 그 자체로 불안정한 것을 사랑하므로 그가 원하는 젊음이 한창인 육체가 시들어버리면 그는 날개를 펴고 날아가 버리는 겁니다. 그렇게 사랑한다고 맹세하고 약속했지만 말입니다. 그러나 고결한 영혼을 사랑하는 자는 평생을 갑니다. 영속한 것과 하나가 되기 때문이지요. 우리나라의 관습은 두 가지 모두 진실되게 잘 검토하여 우리로 하여금 한쪽은 따르고 추구하도록 격려하고 다른 한쪽은 피하도록 하는 겁니다. 연인과 연동 모두 경쟁과 시험을 통해 각자 앞서 말한 어느 쪽에 속하는지를 보는 것이죠. 그러므로 일단 이런 이유에서 성급한 사랑은 불명예스럽게 여겨집니다. 사랑에 대해 진정한 시험이 될 시금석은 무엇도 아닌 시간이니까요. 두 번째로 돈이나 부, 정치 권력에 의해 사랑에 넘어가는 것은 불명예스러운 겁니다. 돈이나 권력 등이 없다는 사실을 못 참고 항복하거나 돈이나 권력이 주는 이익을 마다하지 않는 사람들은 그것들의 유혹을 결코 넘어설 수 없는 사람들입니다. 왜냐하면 이러한 것들은 모두 영원하거나 그 본성이 지속되는 것이 아니기 때문이지요. 그런 것들에서 관대한 애정이 흘러나오지 않는다는 점은 말할 필요도 없고요. 그러므로 우리나라 관습에서 연동 쪽이 명예로운 사랑을 하는 방법은 딱한 가지가 남아 있지요. 이것은 또 덕의 길이기도 합니다. 연인이 연동에게 봉사하는 행위에 대해 우리가 아첨이나 불명예라 하지 않는 것처럼 연동 쪽에서도 연인 쪽에 불명예스럽지 않게 자발적으로 봉사하는 것입니다. 그리고 이것은 덕이 있는 봉사입니다. 또한 우리나라 관습에는 누군가가 지혜든 아니면 다른 어떤 특별한 덕으로든 자신을 발전시켜 줄 것이라는 기대 하에 그에게 봉사하는 것을 결코 불명예나 아첨으로 여겨지지 않습니다. 바로 이 두가지 관습, 즉 연동의 자발적 사랑, 그리고 철학과 덕을 중요시하는 관습이 서로 만나야만 연동들이 연인들에게 마음껏 애정을 주면서도 명예로울 수 있는 겁니다. 연인과 연동이 모두 자신의 법도를 가지고 사랑을 할 때, 즉 연인은 자신이 사랑하는 영예로운 존재에 대해 어떤 봉사를 하여도 옳은 것이라 생각하고 연동은 자신을 지혜롭고 선하게 만들어주는 사람에게 어떤 친절이든 다 베풀어도 옳다고 생각할 때 명예로울 수 있습니다. 다시 말해 연인은 연동에게 지혜와 덕을 가르치고 연동은 연인으로부터 교육의 관점에서 그러한 것을 추구할 때, 그리하여 두 사랑의 법도가 서로를 충족시키고 하나로서 만날 때 오직 그때만이 연동은 연인을 명예롭게 따르는 겁니다. 이러한 사심 없는 사랑이라면 속아 넘어 간다 해도 불명예가 없습니다. 그러나 다른 모든 경우에는 속이고 속는 것이 모두 불명예스러운 일입니다. 만약 연동이 연인을 부자라고 생각하고 사랑했는데 나중에 부자가 아님이 드러나 돈을 얻지 못해 실망하면 이는 속아 넘어가는 것이고 매우 불명예스러운 겁니다. 결국 오직 돈을 위해서는 누군가에게 어떤 봉사라도 할 수 있다는 걸 보여주기 위해 최선을 다한 꼴이니까요. 이것은 명예로울 수 없습니다. 같은 원리로 연인이 좋은 사람이고 그래서 자신도 좋은 사람이 될 거라는 희망으로 사랑하면 나중에 그 연인이 사실은 좋은 사람이 아니고 덕도 없다는 것이 판명 나도 그 속아 넘어간 연동은 덕이 있는 것으로 여겨집니다. 고귀한 실수로 속은 것이니까요. 덕을 얻고 좋은 사람이 되기 위해 누구에게든 뭐든 해줄 수 있는 사람임을 증명한 것이니까요. 덕을 위해 사랑한다는 것은 모두 고귀한 것입니다. 이것은 아까 말한 천상의 아프로디테에 속하는 사랑으로 개인이나 국가를 위해 엄청난 가치가 있고 또 연인이나 연동 모두 더 좋은 사람이 되려고 노력하게 만드는 것입니다. 그러나 그 외의 다른 모든 사랑은 세속의 아프로디테에 속하는 사랑입니다. 파이드로스, 여기까지가 당신에게 주는 사랑에 대한 제 즉흥적인 연설입니다."

파우사니아스가 말을 멈추자, 다음은 아리스토파네스가 연설할 차례라고 아리스토데모스가 말했지. 그러나 너무 많이 먹어서인지 아니면 다른 이유인지 아리스토파네스는 딸꾹질이 멈추지 않아 옆에 기대앉아 있던 의사 에릭시마코스에게 차례를 넘겨야 했네.

아리스토파네스가 말했어. "에릭시마코스, 의사로서 내 딸꾹질을 좀 멈추게 해주든가, 아니면 멈출 때까지 연설을 좀 대신해주게."

그러자 에릭시마코스가 대답했지. "둘 다 해주지. 그럼 내가 자네 차례에 연설할 테니 자네는 내 차례에 하게. 그리고 내가 연설하는 동안 숨을 최대한 오래 참아보게. 그래도 딸꾹질이 안 멈추면 물로 입안을 좀 양치해 보게나. 만약 그래도 안 멈추면 아무거나 가져다가 코를 간질인 다음 재채기를 해보게. 그렇게 한두 번 재채기를 하면 아무리 심한 딸꾹질도 멈추게 되어 있네."

"자네가 시킨 대로 해보겠네. 그럼 자네 연설을 시작하게나." 아리스토파네스가 대답했지.

에릭시마코스는 다음과 같이 말했네. "파우사니아스의 연설은 처음은 좋았지만 마지막이 조금 부족한 것 같습니다. 제가 그 결핍을 채워줘 볼까요? 그가 사랑의 신을 둘로 나눈 것은 좋았다고 봅니다. 그러나 제가 하는 일인 의술이라는 것은 그러한 두 가지의 사랑이 단지 아름다운 것, 또는 어떤 다른 것에 대한 영혼의 사랑만이 아니라 모든 동물의 몸 안에, 그리고 땅에서 자라는 모든 식물 안에서도 찾아볼 수 있음을 알려줍니다. 아니, 저는 진정 이 세상 모든 것에 사랑이 있다고 말하겠습니다. 의술을 공부한 결과, 저는 사랑의 신이 얼마나 위대하고 놀라우며 또 보편적인가 하는 것을 알게 되었습니다. 그 왕국은 인간뿐 아니라 도처에 뻗어 있으니 말이죠. 먼저 의학으로 이야기를 시작해볼까 합니다. 제가 하는 일인 의술에 영광을 돌리고 싶어서죠. 인간의 몸에는 두 가지의 사랑이 있는데 그 둘은 명백히 다릅니다. 건강한 몸속에 있는 사랑과 병든 몸속에 있는 사랑입니다. 이 둘은 같지 않으면서도 서로를 원하고 사랑합니다. 파우사니아스가 방금 말한 것처럼 좋은 사람을 사랑하는 것은 명예로운 일이고 나쁜 사람을 사랑하는 것은 불명예스러운 일이죠. 몸도 마찬가지입니다. 몸 안의 좋고 건강한 요소들은 좋아해야 하며 병든 요소들은 멀리해야 합니다. 그리고 이것이 바로 의사가 하는 일이며 여기에 의학의 기술이 달렸습니다. 일반적으로 의학은 몸을 사랑하고 욕구에 대해 알며, 어떻게 그것을 만족시킬지 연구하는 지식으로 여겨지니까요. 그리고 최고의 의사는 아름다운 사랑과 추한 사랑을 구분하고 또 이것에서 저것으로 변하게 할 수 있는 사람입니다. 나쁜 것은 없애고 아름다운 사랑은 심어주는 것이죠. 몸 안에서 가장 적대적인 요소들을 화해시키고 서로 사랑하는 친구가 되게끔 하는 것이 좋은 의사입니다. 그런데 가장 적대적인 요소들이란 가장 반대되는 것들을 말합니다. 예를 들어 뜨거운 것과 찬 것, 쓴 것과 단 것, 습한 것과 건조한 것 같은 요소들입니다. 그리고 저의 조상이신 아스클레피오스는 여기 있는 시인들도 말하고 저도 그와 같이 믿는 바 이러한 요소들에 사랑을 불어넣고 화합하게 해 준 의술의 창조자입니다. 그리고 의학뿐 아니라 체육과 농사도 관장하셨습니다. 조금이라도 이 주제에 대해 생각해 보신다면 음악도 마찬가지라는 건 쉬이 알 수 있습니다. 저는 이것이 헤라클레이토스가 말하려 한 바가 아닐까 합니다. 물론 그의 말이 정확하지는 않지만요. 헤라클레이토스는 이렇게 말했죠. '일자는 흩어졌다 다시 뭉친다. 마치 수금과 활의 화음과 같다.' 화음이 불협하거나 불일치하는 요소로 구성된다는 말에는 모순이 있습니다. 아마 그가 말하려는 것은 이런 뜻이었을 겁니다. 화음은 높고 낮은 다른 음들로 구성되는데 이 높고 낮은 음들이 한때는 불일치했지만 음악으로 화합하게 된 것이라고요. 만약 높고 낮은 음들이 계속해서 서로 충돌하면 화음이란 있을 수 없겠죠. 화음이란 서로 화합하는 협화음을 말하는 것이며 화합한다는 것은 일치한다는 의미이니까요. 서로 충돌하고 있는 동안에는 불일치로부터 일치가 나올 수 없지요. 서로 불일치하는 것들을 조화시킬 수는 없어요. 마찬가지로, 화음은 길고 짧은 요소들로 구성되어 있는데 한때는 불일치했지만 이제 화합을 하고 있는 겁니다. 앞의 예에서 의학이 서로 다른 것들을 화합하게 만드는 것처럼 음악도 그러한 다른 요소들에 사랑과 화합을 불어넣어 성장시키는 겁니다. 그러니 음악의 화음과 리듬에 있어서도 이 사랑의 원리를 이해할 수 있는 것이죠. 화음과 리듬의 본질에서 사랑을 알아보는 것은 어려운 일이 아닙니다. 거기 있는 사랑은 아직 둘로 나뉘지 않았죠. 그러나 실생활에서 화음과 리듬을 사용해야 하는 경우, 노래를 작곡할 때나 이미 작곡된 노래의 분위기나 운율을 잘 연주할 때는 어려움이 생겨나고 비로소 좋은 예술가가 필요하게 되는 겁니다. 여기서 논점은 아까 아름다운 천상의 사랑 이야기로 다시 돌아갑니다. 이런 사랑은 아름다운 천상의 뮤즈 우라니아(음악과 시를 맡은 아홉 여신 중 천문을 맡은 뮤즈-역주)의 사랑, 그리고 절제하는 사람과 아직 절제하지는 못하나 해낼 가능성이 있는 사람들을 받아들이고 그들의 사랑을 보전해주는 의무적인 사랑입니다. 그러나 폴리힘니아(음악과 시를 맡은 아홉 여신 중 무용을 맡은 뮤즈-역주)의 사랑은 기쁨을 즐기되 방탕으로 흐르지 않도록 주의해야 하는 사랑입니다.

마찬가지로 의술에서도 식도락가의 욕망을 잘 조절하여 병이 나지 않고 맛을 즐길 수 있게 하는 것이 중요한 문제입니다. 이러하기에 음악이나 의술, 그리고 인간적이거나 신적인 다른 모든 것에서 두 가지의 사랑은 가능한 한 잘 살펴야 하는 것입니다. 둘은 함께 존재하니까요.

사계절도 이런 원리로 가득 차 있습니다. 아까 말한 것처럼 뜨거운 것과 찬 것, 습한 것과 건조한 것 같은 요소들이 서로 간의 조화로운 사랑을 얻어 절제와 절도와 융합되면 계절들은 인간이나 동물, 식물에게 건강과 풍요로움을 선사하고 아무 해를 끼치지 않겠지요. 그러나 방탕한 사랑이 우세하고 계절들에 나쁜 영향을 미치면 매우 파괴적이고 해롭습니다. 전염병의 원인이 되고 동식물에 다른 질병들을 가져옵니다. 서리와 우박과 병충해는 이러한 사랑의 요소들이 지나치거나 무질서할 때 찾아오는 겁니다. 여기서 천체의 운행과 사계절의 관계를 아는 것이 바로 천문학이라고 불리죠. 더욱이 모든 제물을 바치거나 점을 치는 행위는 인간과 신 사이의 교류 기술인데 제 생각엔 이것이 결국 좋은 사랑은 보존하고 나쁜 사랑은 치유하는 것과 관련이 있습니다. 왜냐하면 사람이 자신의 모든 행위에서 조화로운 사랑을 받아들이고 명예롭게 여기며 숭배하지 않고 그 반대의 사랑을 받들면 그 사랑이 신이나 부모를 향한 것이든, 산 자나 죽은 자를 향한 것이든 모든 불경함이 여기서 나오기 쉽습니다. 따라서 점을 친다는 것은 이러한 사랑을 잘 살피고 고치는 것이며, 인간들의 사랑에 존재하는 경건함과 불경함을 알고 신과 인간 사이에 평화로운 조화를 이루는 것입니다. 그렇게 위대하고 강력하며 전능한 것이 사랑의 힘입니다. 좀 더 특별히 좋은 사랑, 절제와 정의와 동행하는 사랑은 인간들 사이에서나 신들 사이에서 가장 큰 힘을 지녀서 우리의 모든 행복과 조화의 원천이며 우리보다 높은 신들과 인간들이 서로 친구가 될 수 있게 해줍니다. 이와 같이 사랑의 신을 찬미했습니다만 몇 가지 빠트리지 않았을까 합니다. 의도적으로 그런 것은 아닙니다만. 내가 빼먹은 것이 있다면 아리스토파네스 자네가 보충해주면 좋겠네. 아니면 다른 방법으로 찬미를 시작해보게나. 이제는 자네 딸꾹질도 멈춘 것 같으니 말이야."

"그래, 딸꾹질은 멈췄네." 아리스토파네스가 말했다네. "그런데 재채기를 하기 전까지는 계속 나왔어. 몸의 조화가 그렇게 간질이고 소리를 내고 하는 것들을 사랑한다는 게 참으로 신기하네. 어쨌든 재채기를 하니 딸꾹질이 바로 멎었어."

에릭시마코스가 말했어. "아리스토파네스, 나를 너무 놀리는군. 자네가 연설할 차례이니 조용히 들을지는 몰라도 나도 자네를 놀릴 수 있는 부분이 있는지 예의주시해 듣겠네."

"알겠네." 아리스토파네스가 웃으며 말했지. "내가 말한 건 취소하기로 하지. 그러니 연설하는 동안 예의주시하지는 말아줘. 나와 다른 사람들이 모두 함께 웃으면 그거야 재밌고 좋지만 그러지 못하고 나만 웃음거리가 될까 염려스럽군."

"미리 그렇게 말해서 빠져나가려고 그러는군, 아리스토파네스. 좋아, 자네가 조심하고 변명할 거리를 잘 준비해 놓는다니 대충 넘어가 주겠네." 에릭시마코스가 말했다네.

아리스토파네스는 파우사니아스나 에릭시마코스가 한 연설과는 완전 다른 성격으로 사랑의 신에 대해 찬미하겠다고 공언했네.

"인간들이 에로스에 대해 하는 말을 보면 에로스의 힘을 전혀 이해하지 못한 게 아닐까 합니다. 만약 그 힘을 알았다면 귀한 성전과 제단을 지어 장엄한 제물들을 바쳤을 거예요. 사실 꼭 그렇게 해야 하는데 전혀 안 했단 말입니다. 왜냐하면 모든 신들 중에서 에로스는 인간의 가장 친한 친구이며 인간을 도와주는 조력자이고 인류의 행복에 가장 큰 걸림돌인 질병과 고뇌를 치유해 주는 신이니까요. 제가 여러분들에게 에로스의 힘에 대해 설명해드릴 테니 여러분은 이 세상 나머지 다른 사람들에게 가르쳐주시길 바랍니다. 우선 인간의 본성과 그것에 무슨 일이 일어났는지를 알아야 합니다. 인간의 원래 본성은 지금과는 달랐습니다. 인간의 성은 지금처럼 남녀 둘이 아니고 원래 셋이었습니다. 즉 남자, 여자, 그리고 그 둘이 합쳐진 중성이 실제 존재했고 그에 맞는 이름도 있었습니다. 그러나 그 제3의 성인 중성이라는 것은 이제는 없어졌고 그 이름만 남아 욕할 때만 사용되고 있습니다.

그다음으로 원시 인간은 둥근 모양이었습니다. 등과 옆구리가 빙 둘려 있었고 손과 발은 각각 네 개씩이 있었으며 둥근 목 위에 머리는 하나인데 얼굴이 반대쪽에 똑같이 생긴 게 하나 더 있어 두 개였습니다. 귀가 네 개였고 음부는 두 개였으니 그 나머지들은 미루어 짐작할 수 있을 겁니다. 지금 사람들처럼 똑바로 서서 걸었고 앞뒤로 얼마든지 방향을 바꿀 수도 있었죠. 그리고 네 손과 네 발을 번갈아 다 이용해 마치 곡예사가 발을 공중에 띄우며 공중제비를 하듯 큰 폭으로 굴러갈 수도 있었죠. 빨리 뛰고 싶을 땐 그렇게 했어요. 그리고 아까 제가 설명했듯이 세 가지 성이 있었습니다. 왜냐하면 태양과 달, 지구 이렇게 세 개가 있었기 때문이에요. 남자는 본래 태양으로부터, 여자는 지구로부터, 그리고 남녀가 섞인 중성은 달로부터 태어났기 때문이죠. 그들이 둥글게 생기고 둥글게 움직인 건 다 그들의 부모를 닮아서죠. 그들의 힘은 대단했고 야심도 커서 신들을 공격했어요. 호메로스의 오토스와 에피알테스 이야기는 바로 그들의 이야기로 그들은 하늘로 올라가 신들을 공격했지요. 신들은 어찌해야 할지 회의를 열었습니다. 거인족에게 했던 것처럼 번개로 그들을 죽이면 인류가 전멸할 것이었고 그러면 인간들이 신들에게 바치던 제물과 숭배도 끝날 것이기에 그렇게 할 수도 없었죠. 그렇다고 그런 불손함을 제지하지 않고 넘어갈 수는 없었지요. 마침내 많은 생각 끝에 제우스는 한 가지 방도를 생각해 냈어요. '저들의 교만을 잠재우고 태도를 고칠 한 가지 방법을 가지고 있도다. 저들을 반으로 쪼개는 것이다. 그러면 힘은 반으로 줄어들고 그 수는 늘어날 테지. 수가 늘어나면 우리한테는 바치는 게 많으니 더 이익이고. 그들은 두 다리로 똑바로 걸을 수 있을 테지만 만약 계속 무례하게 굴고 조용히 하지 않는다면 그들을 한 번 더 쪼개 한 발로 깡충거리며 걷게 만들 것이다.' 이렇게 말하고 난 후 제우스는 마가목 열매를 절이기 전에 반으로 나누는 것처럼 혹은 여러분이 삶은 달걀을 머리카락으로 반으로 나누듯 그렇게 저들을 반으로 잘라버렸죠. 하나하나 반으로 쪼개면서 제우스는 아폴론에게 명령했어요. '저들의 얼굴과 목을 돌려 자신의 잘린 부분을 보게 하라. 그러면 그 굴욕으로부터 배우는 바가 있을 것이니라.' 아폴론은 또한 그들의 상처를 아물게 해주고 형태를 제대로 만들어주라는 명령도 받았습니다. 그래서 아폴론은 그들의 얼굴을 돌리고 지금 우리가 배라고 부르는 곳 위쪽 모든 살가죽을 끌어당겼습니다. 마치 끈을 잡아당겨 잠그는 지갑처럼요. 그리고는 중간에 입을 하나 만들었어요. 매듭을 묶은 거죠. 우리가 배꼽이라 부르는 그것입니다. 아폴론은 또한 그들의 가슴을 만들어주고 구두장이들이 쇳덩어리 위에 가죽을 놓고 주름을 펴듯 그들의 대부분의 주름을 펴 주었습니다. 배와 배꼽 주변에는 주름을 약간 남겨주었는데 옛날 원시 상태를 상기하라는 의미였죠. 그래서 몸이 둘로 갈라졌을 때 각각의 반쪽은 다른 반쪽을 그리워해 함께 모여 팔로 부둥켜안고 다시 하나가 되기를 원했습니다. 그들은 떨어져 있는 것이 싫어 밥도 먹지 않고 자신을 돌보지 않아 죽기도 했습니다. 반쪽이 죽고 반쪽이 살아남으면 그 살아남은 반쪽은 다른 짝, 바로 우리가 남자, 여자라 부르는 것을 찾아 끌어안았습니다. 원래 전적으로 남자였거나 여자였던 반쪽과 만나기도 했지요. 그렇게 그들은 파괴되어 가고 있었어요. 그래서 제우스는 그들이 불쌍하여 한 가지 묘안을 생각해 냈습니다. 즉 생식기를 돌려 앞쪽에 놓은 것입니다. 자기들끼리 교접하여 낳지 않고 베짱이처럼 땅에 씨를 뿌려 낳던 예전과 달리 이제는 남자가 여자로 하여금 아이를 가지게 했던 것이죠. 그렇게 만나 서로 포옹하여 자손을 낳고 인류는 이어질 수 있었습니다. 만약에 남자가 남자를 만나면 그들은 그걸로 만족하고 그대로 있다가 생업에 매진했죠. 이렇게 우리 안에 심어진 서로에 대한 욕망은 고대부터 있던 것입니다. 본래의 것으로 돌아가 하나가 되고 인간의 상태를 치유하는 것이죠. 이처럼 갈라져 넙치처럼 한쪽만 있으면 그 한쪽이 마치 고용계약서라도 가지고 있는 듯 나머지 한쪽을 찾는 것이죠. 예전에 중성이라 불렸던, 본성이 두 개인 인간에게서 쪼개져 나온 반쪽의 남자는 여자를 사랑합니다. 간통을 범하는 사람들이 일반적으로 이 부류이지요. 남자에게 욕정을 심하게 느껴 간통을 범하는 여자들도 마찬가지입니다. 예전에 여자였던 인간에게서 쪼개져 나온 반쪽 여자들은 남자에게 관심이 없고 여자에게 끌리죠. 여성 동성연애자들이 바로 그들입니다. 반면에, 원래 남자였던 인간에게서 쪼개져 나온 남자들은 남자를 따릅니다. 아직 어릴 때는 본래 남성의 한 조각으로서 어른 남자 주위를 돌며 그들을 끌어안습니다. 그들은 천성이 가장 남자다운 이들이라 가장 훌륭한 소년들이고 젊은이들입니다. 어떤 사람들은 이들을 보고 창피한 줄 모른다고 하는데 이것은 진실이 아닙니다. 그들은 부끄러움이 없어 그런 행위를 하는 게 아니라 용감하고 남자다워서, 남자다운 얼굴을 하고 있어서 자신들과 닮은 사람들을 끌어안는 것입니다. 그리고 이들이 크면 우리나라의 정치인들이 되지요. 오직 이들만이 정치를 해낼 수 있어요. 이게 제가 말한 진실의 유력한 증거입니다. 이들은 어른이 되면 젊은이들을 사랑하게 됩니다. 그러나 천성적으로 결혼하고 애를 낳을 의향은 없는 것입니다. 그저 법에 복종하여 그렇게 하는 것뿐입니다. 결혼 없이 함께 살 수 있다면 만족하는 겁니다. 그런 본성은 사랑하는 사람이 되기 쉽고, 받은 사랑을 돌려주는 사람이 되기 쉽습니다. 언제나 자신과 비슷한 사람을 좋아하니까요. 그들 중 하나가 자신의 반쪽을 만나고, 그가 실제로 그의 반쪽이면 그가 젊은이의 연인이든 다른 어떤 자를 사랑하는 사람이든 둘은 사랑과 우정과 친밀감에 빠져 서로가 한순간도 눈에서 멀어지지 않으려 하며 평생을 함께 지내는 것입니다. 그러나 그들은 서로에게 무엇을 원하고 있는지 설명할 수 없습니다. 서로를 향한 그런 열렬한 갈구는 사랑하는 사람과의 성교에 대한 욕구로 보이지는 않아요. 그것은 말로 표현하기는 힘들지만 양쪽의 영혼이 필연적으로 욕구하는 것으로 영혼은 그 원하는 것에 대해 불확실한 예감을 느끼는 겁니다. 그 둘이 함께 나란히 누워 있을 때 대장장이의 신 헤파이스토스가 연장을 들고 나타나 '너희들은 서로에게 원하는 것이 무엇이냐?'라고 묻는다고 추측해봅시다. 그들이 당황해하자 헤파이스토스가 이렇게 더 물었다고 추측해봅시다. '너희들은 완전히 하나가 되는 것을 원하는가? 밤낮으로 붙어 있고 싶은가? 너희들이 원하는 것이 이것이면 나는 너희들을 용접하여 하나로 붙여주어 함께 자라고 하나가 되어 한 사람으로 일생을 살고 죽어서도 둘이 아닌 하나의 영혼으로 저세상으로 가게 하겠다. 이게 너희들의 애정 어린 희망이며 이를 얻으면 만족하겠는가?' 이 제안을 들으면 아마 아무도 둘이 만나 용접되어 하나가 되는 것은 그들의 오래된 욕구의 표현임을 부인하지 않을 겁니다. 이는 인간의 본성이 원래 하나이며 우리는 온전히 하나였기 때문입니다. 그리고 온전한 하나를 원하고 추구하는 것이 사랑이지요.

아까 말한 건데 오래전 우리가 하나였던 때가 있었지만 지금은 인간이 부정을 저질러 신이 우리를 갈라놓았습니다. 마치 라케다이몬 사람들에 의해 아르카디아 사람들이 여러 마을로 흩어진 것처럼 말입니다. 만약 신에 복종하지 않아 또 갈라진다면 마치 기념비에 새겨진 코가 반밖에 없는 부조의 형태로 돌아다니게 될 위험이 있습니다. 그러므로 악을 피하고 선을 얻기 위해 모든 사람에게 신을 믿으라고 권해야 하며 여기에서 사랑의 신은 우리의 주인이고 통솔자입니다. 누구도 사랑의 신을 거역하지 않도록 하십시오. 사랑의 신을 반대하는 자는 모든 신들의 적입니다. 우리가 사랑의 신 에로스와 친구가 되고 잘 지내면 우리는 진정한 사랑을 발견하게 됩니다. 이런 일은 흔히 일어나는 게 아닙니다. 진심입니다. 그러니 제발 에릭시마코스가 날 놀리거나 내가 하는 얘기가 파우사니아스와 아가톤을 암시하는 거라고 말하지 않기를. 물론 나는 파우사니아스와 아가톤이 둘 다 남성적인 본성을 지녔고 내가 조금 전 묘사한 진정한 사랑을 찾은 그런 흔치 않은 사람들에 속한다고 믿어요. 그러나 제 말은 더 넓게 적용되는 겁니다. 도처에 있는 남자들과 여자들을 두고 하는 말입니다. 그러므로 제가 믿는 바는 우리의 사랑이 완전하게 달성되면 각자가 본래 상태로 돌아가 자신의 진짜 사랑을 갖게 되는 것이며 그러면 인류는 행복할 것입니다. 이것이 최고의 일이라면 그다음으로 최고인 것은 현 상황에서 마음에 맞는 사랑을 얻는 것이 될 겁니다. 그러므로 우리에게 이로움을 주는 누군가를 찬미해야 한다면 그건 바로 최고의 은인인 사랑의 신 에로스일 겁니다. 에로스는 지금 이 생애에서 우리의 본성을 찾아주는 동시에 미래에 대한 큰 희망도 줍니다. 우리가 독실하게 신을 믿으면 에로스는 우리를 본래의 상태로 돌려놓고 우리를 치유하며 복을 줄 것입니다.

에릭시마코스, 여기까지가 사랑의 신에 관한 내 담론일세. 자네 연설과 다르지만 조롱하지 말아 달라고 간청하겠네. 다른 사람들도 연설해야지. 다른 사람이라고는 아가톤과 소크라테스 선생님밖에는 남지 않았지만."

"조롱은 무슨, 그럴 일 없네." 에릭시마코스가 말했지. "자네 연설이 매력적이라고 생각되었는걸. 이제 소크라테스 선생님과 아가톤이 남았는데 모두 사랑의 기술에서 대가임을 내가 알고 있으니 망정이지, 아니었으면 더 할 말이 뭐가 남았나 고민할 뻔했네. 그러나 소크라테스 선생님과 아가톤에게는 더 들을 얘기가 많을 테니 걱정이 없군 그래."

그러자 소크라테스 선생님이 말했지. "에릭시마코스, 자네는 자네 역할을 잘 끝냈네. 그러나 자네가 나였다면, 혹은 아가톤이 연설을 끝낸 후의 나의 입장이라면 걱정이 없진 않을 것 같네. 상당히 부담이 될 거야."

"오, 소크라테스 선생님, 저한테 마술을 걸려고 그러시는군요." 아가톤이 말했네. "저에 대한 기대치가 올라가면 제가 몹시 곤혹스러워질 테니까요."

"아가톤, 그럼 내가 본 건 뭐지? 자네가 자네의 작품을 발표하려 배우들과 함께 무대에 올라 수많은 청중과 마주했을 때 전혀 겁내지 않던 그 모습 말이야. 그런 도량을 가진 자네가 이 소수의 친구들 앞에서 곤혹스러워할 거라고 누가 생각하겠는가?"

"오, 소크라테스 선생님, 지각 있는 사람에게는 다수의 바보보다는 소수의 평가단이 더 만만치 않다는 걸 모를 만큼 제 머리가 무대에서의 기억으로 꽉 차 있다고 생각하시는 건가요?"

"아가톤, 자네를 교양 없는 사람처럼 본 건 내 잘못이네. 자네가 생각하기에 현명하다고 여겨지는 사람들을 만나면 그들의 의견이 다수의 의견보다 더 많이 신경 쓰이겠지. 그건 잘 알고 있네. 우리야 뭐 그때 그 극장에 있던 다수의 바보 중 일부이니 소수의 선택된 현명한 자들이라 여겨지진 않을 테고. 만약 자네가 정말 현명한 몇몇 사람들과 함께하게 됐는데 그들 앞에서 망신을 당했다면 자네는 부끄러워하겠지? 아닌가?"

"부끄럽겠죠." 아가톤이 대답했네.

"그렇다면 자네는 다수의 사람들 앞에서는 자네가 망신당했다고 생각되어도 부끄럽지 않을 거란 말인가?"

여기서 파이드로스가 끼어들었습니다. "오, 친애하는 친구 아가톤, 제발 소크라테스 선생님에게 대답하지 말아다오. 선생님은 대화할 상대를 찾으면 특히 아름다운 사람이면 우리 계획이야 어찌 되든 신경 안 쓰신단 말이야. 물론 선생님 말씀을 계속 듣고 싶지만 지금은 사랑의 신에 대한 찬미 시간임을 잊어서는 안 되기에 소크라테스 선생님과 여기 있는 친구들 모두에게 찬미 연설을 들어야 하네. 그러니 소크라테스 선생님과 자네도 찬미 연설로 신에게 제물을 먼저 바친 후 하던 이야기는 나중에 하기로 하세."

"그래 좋아, 파이드로스, 나도 찬미를 해야지. 선생님과 대화는 나중에도 언제든지 할 기회가 많으니까. 그럼 저는 먼저 어떻게 연설할 것인지를 설명한 후, 연설을 하겠습니다.

먼저 연설한 사람들은 사랑의 신을 칭찬하고 그의 본성을 펼쳐보는 대신 오직 그 신이 인간에게 준 혜택에 대해서만 축하하고 찬양한 것 같습니다. 그러나 저는 사랑의 신을 먼저 찬미하고 나서 그 신이 주신 선물들에 대해 얘기해 보려 합니다. 이것은 무엇을 찬미하든 옳은 방법이라고 봅니다. 축복받은 모든 신들 중 사랑의 신이 가장 아름답고 훌륭하므로 가장 축복받은 신이라고 말하면 경건함이 없게 들릴까요? 사랑의 신 에로스는 가장 아름답습니다. 왜냐하면 에로스는 가장 젊습니다. 그리고 그 젊음에 대해서는 스스로가 증인인데 왜냐하면 우리 대부분보다 훨씬 더 빠른 이 에로스는 노년이라는 것의 길에서 재빨리 도망가기 때문이지요. 에로스는 노년을 싫어하고 가까이 가려 하지 않아요. 젊음과 에로스는 함께 살고 함께 움직이지요. 속담에도 '끼리끼리 논다'고 하잖아요. 에로스에 대해 파이드로스가 말한 대부분의 내용에 동의합니다만, 에로스가 이아페토스와 크로노스보다 나이가 많다는 것엔 동의 못합니다. 그렇지 않습니다. 저는 그가 신들 중 가장 젊고 또 언제나 젊다고 주장합니다. 헤시오도스와 파르메니데스가 전하는 옛날 신들 사이에 생긴 일들은 그 전통이 진실이라 해도 운명에 의해 그리된 것이지, 에로스 때문에 그리된 것이 아닙니다. 그 시절에 에로스가 있었다면 신들 사이에서 서로 결박하고 거세하는 일과 같은 폭력은 일어날 수 없을 거예요. 에로스가 통치한 이후로부터 쭉 지금의 천상처럼 평화와 친절만이 존재했을 겁니다. 에로스는 젊고 또한 부드럽습니다. 에로스의 부드러움을 표현하려면 호메로스 정도의 시인이 필요하죠. 호메로스가 아테(미혹, 망상, 재앙의 여신 - 역주)에 대해 그녀는 신이고 부드럽다고 다음과 같이 말한 것처럼요.

그녀의 부드러운 발은 땅에 닿는 일이 없네.
사람들의 머리 위를 걸어 다니니.

여기서 아테가 딱딱한 것 위를 걷지 않고 부드러운 것 위를 걷는다는 사실은 그녀의 부드러움에 대한 뛰어난 증거입니다. 그러면 에로스의 부드러움에 대해서도 비슷한 증거를 대보지요. 에로스는 땅 위를 걷지도, 사람들 머리 위를 걷지도 않아요. 모두 그다지 부드러운 것이 못됩니다. 대신 에로스는 신들과 인간들의 마음과 영혼 안에서 걷지요. 세상에서 가장 부드러운 곳입니다. 에로스는 거기서 걷고 살며 집을 만들어요. 예외 없이 모든 영혼에서 그렇게 하는 건 아닙니다. 딱딱하게 굳은 영혼에서는 떠나고 부드러운 영혼에서는 자리를 잡고 삽니다. 발뿐 아니라 여러 방식으로 가장 부드러운 장소의 가장 부드러운 것들에 둥지를 틀기 때문에 마찬가지로 가장 부드럽지 않을 수가 없습니다. 사실 에로스는 가장 젊고 가장 부드러우며 가장 유연합니다. 딱딱하고 유연성이 없다면 모든 것들을 부드럽게 감싸줄 수 없으며, 아무도 모르게 인간들의 영혼을 굽이굽이 드나들 수 없을 테니까요. 에로스의 그러한 유연함과 균형 잡힌 몸은 그의 우아함이며, 이것은 보편적으로 인정받는 그의 특질입니다. 우아하지 않은 것과 사랑은 항상 서로 싸우는 관계입니다. 에로스의 피부색이 아름다운 건 꽃들 사이에 살기 때문입니다. 에로스는 육체든 영혼이든 그 어디서나 꽃이 피지 않고 아름다움이 시드는 곳에는 깃들지 않으며 꽃과 향기가 있는 곳에 앉아 머뭅니다. 에로스의 아름다움에 대해서는 물론 아직도 말할 게 많지만 충분히 했으니 이제는 에로스의 덕에 대해 말해 보려고 합니다. 그중에서도 가장 영광스러운 덕은, 에로스는 어느 신이나 인간에게도 부정한 일을 저지르지 않고 또 그들에게 부정한 일을 당하지도 않는다는 것입니다. 에로스는 무엇을 겪더라도 폭력으로 겪지는 않습니다. 폭력은 에로스 가까이에 가지 않기 때문입니다. 에로스 또한 무엇을 하든지 폭력으로 하지는 않습니다. 모든 사람이 모든 일에서 자유 의지로 에로스에 봉사하기 때문입니다. 자유 의지에는 자발적 동의가 있는 것이며 이는 '국가의 왕인 법률'(아리스토텔레스의 《수사학》에 나오는 표현으로 소피스트 고르기아스의 제자인 수사학자 알키다마스가 한 말 - 역주)에서도 정의라고 말하는 것입니다. 그뿐만 아니라 에로스는 극심히 절제합니다. 절제는 쾌락과 욕망을 지배하는 수단으로 인정받으므로 어떤 쾌락도 에로스의 주인이 될 수 없습니다. 오히려 에로스가 쾌락과 욕망의 주인이며 쾌락과 욕망을 지배하는 겁니다. 쾌락과 욕망을 정복하기 위해 에로스는 진정 절제할 수밖에 없지요. 그리고 용기에 있어서는 심지어 전쟁의 신도 에로스에게 상대가 되지 않습니다. 전쟁의 신은 에로스의 포로이며 에로스는 그의 주인입니다. 전해오는 이야기에 따르면 아프로디테에 대한 사랑이 전쟁의 신을 지배했으며 지배자는 당연히 그의 지배를 받는 것들보다 강하니까요. 그리고 모든 것들 중 가장 용감한 것을 지배하는 자가 가장 용감한 법이죠. 에로스의 용기와 정의와 절제에 대해 얘기했는데 아직 지혜에 대해선 말하지 못했군요. 제 능력의 한계치로 미루어보아 에로스의 지혜를 설명하기 위해 정말 최선을 다해야겠습니다. 그리고 에릭시마코스가 자신의 직업으로 에로스를 설명했듯 저도 따라 하겠습니다. 먼저 에로스는 시인입니다. 그리고 남들 또한 시인이 되게 하는 근원입니다. 만약 그 자신이 시인이 아니라면 불가능한 일이지요. 에로스의 손이 한 번 닿으면 모두가 시인이 되죠. 심지어 전에는 전혀 시적 감각이 없던 사람조차 그렇습니다. 이는 에로스가 시인이며 모든 예술에 있어 창작 능력을 지닌 신이라는 걸 증명해줍니다. 왜냐하면 아무도 자신이 가지지 못한 걸 남한테 줄 수 없으며, 모르는 것 또한 가르쳐

줄 수 없는 법이니까요. 동물들이 태어나는 것이 에로스가 하는 일이 아니라고 부인할 자가 누가 있나요? 에로스의 지혜의 작품들이며 에로스로부터 태어나고 생겨나는 것 아니겠습니까? 예술가들도 그렇죠. 에로스의 영감을 받으면 명성의 빛을 얻는다는 걸 우리는 모두 알고 있잖아요. 에로스의 손길이 닿으면 절대 어둠 속에 묻히지 않아요. 의술, 활쏘기, 점술 등도 아폴론 신이 사랑과 욕망의 지도 아래 만들어 낸 것들로 이는 아폴론 또한 에로스의 제자라는 뜻이지요. 또한 무사(뮤즈)는 음악에서, 헤파이스토스는 야금술에서, 아테나는 직조에서, 그리고 제우스는 인간과 신들을 지배하는 것에서 모두 사랑을 따르므로 에로스의 제자입니다. 즉 에로스는 신들의 제국에 질서를 부여했어요. 바로 아름다움에 대한 사랑이지요. 이는 에로스가 질서가 없이 추한 것과는 거리가 멀기 때문입니다. 아까도 제가 말했듯 예전에는 신들 사이에 끔찍한 일들이 많이 벌어졌는데 그것은 필연이라는 운명의 신에 의해 지배되었기 때문이에요. 그러나 에로스가 탄생한 이후로는 아름다움에 대한 사랑이 하늘에나 땅에나 모든 좋은 것들로 퍼져 나간 겁니다. 그러므로 파이드로스, 나는 에로스가 모든 가장 좋고 아름다운 것 그 자체이며, 다른 것들에서도 가장 좋고 아름다운 것의 원천이 된다고 말하겠네. 에로스에 대한 다음과 같은 시구가 마음속에 떠오르네요.

대지에 평화를 내리고 바다의 폭풍을 잠재우며,
바람을 고요하게 하니
고단한 자들에겐 단잠을 가능케 하네.

이게 바로 사람들 간의 불만은 없애주고 애정으로 채우며 지금 여기와 같은 연회 자리에서 우리가 만나게 하는 겁니다. 제물을 바치는 자리나 잔치, 무도회 같은 곳에서 에로스는 우리의 주인입니다. 공손함을 이끌고 무례함을 내치며 친절함을 베풀고 몰인정하지 않습니다. 선한 자들의 친구요, 지혜로운 자들에겐 경이로움이며, 신들에겐 놀라움이지요. 사랑을 조금이라도 갖지 못한 자들에게는 원하는 대상이 되고 사랑을 많은 부분 가진 자들에게는 더욱 소중한 것이 됩니다. 섬세함과 호화로움, 욕망과 애정, 부드러움과 우아함의 아버지이며 선한 것엔 마음을 쓰고 악한 것은 외면합니다. 모든 말과 일, 소망, 두려움에서 에로스는 구원자요 조종사이며, 동료이고 조력자입니다. 가장 훌륭하고 밝은 지도자이기에 에로스는 가는 걸음마다 모든 인간이 그를 위해 노래하고 사랑이 신들과 인간들의 영혼을 매혹시키는 그 달콤함에 참여하지 않을 수 없게 만드는 겁니다.

파이드로스, 여기까지가 내가 신에게 바치는 연설이네. 농담도 좀 섞였지만 내 능력의 한도 내에서 진지하게 설명하려 애썼네.”

아가톤이 말을 끝냈을 때 여기저기서 함성이 나왔다고 하네. 아리스토데모스가 말했지. “그 젊은이는 자신에게나 신에게나 어울리는 태도로 연설을 했다고 생각된다네.” 그러자 소크라테스가 에릭시마코스에게 말했지. “그것 보게. 아쿠메노스의 아들이여, 내가 왜 두려워했는지 이제 이해했나? 아가톤이 너무 연설을 잘해서 마지막에 남은 나는 할 말이 없어 궁핍해질 거라고 예언했잖나. 안 그런가?” 하고 말이야.

그러자 에릭시마코스가 말했다네. “아가톤이 연설을 잘할 것이

라는 예언은 맞았습니다만 다른 예언, 즉 소크라테스 선생님이 궁
핍해질 거라는 예언은 맞지 않을 것 같은데요."

"왜지?" 소크라테스 선생님이 말했네. "저렇게 풍부하고 변화무
쌍한 연설을 듣고 난 후 연설해야 할 사람으로서 궁핍하지 않을
이가 누가 있겠나? 나는 특히 말을 맺을 때 연설의 그 아름다움에
매혹당했네. 어느 누가 놀라지 않고 들을 수가 있겠어? 아가톤에
비하면 열등하기 그지없는 내 실력을 생각하니 도망갈 길이 있다
면 그 창피함에 당장이라도 달아나고 싶네. 왜냐하면 나는 연설을
들으면서 고르기아스(대표적인 소피스트 - 역주)가 생각났고 연설의
끝에 가선 아가톤이 내 앞에서 고르고의 머리(《오디세이아》에 나오
는 이야기로 고르고의 머리를 본 자는 화석이 된다고 한다 - 역주)를 흔들
어 나와 나의 연설을 돌로 만들어 벙어리가 되게 하는 게 아닌가
상상할 정도였어(고르기아스와 고르고의 발음이 비슷하여 말을 재밌게
만드는 장면이다 - 역주). 내 차례가 오는 것을 받아들이면서도 사랑
을 어떻게 찬미해야 하는지 그 개념조차 없으면서 사랑의 대가인
척했던 내가 얼마나 어리석었는지 후회했네. 나는 그저 찬미의 내
용은 모두 진실이어야 하고 연사가 이러한 진실을 미리 상정하여
그중 가장 최선의 것을 뽑아내 최선의 방식으로 요약해서 제시하
면 된다고 단순하게 생각했지. 그리고 나는 진실한 찬미의 본성을
알기에 연설을 잘할 거라고 믿고 자부하고 있었네. 하지만 이제는
알게 되었어. 찬미란 모든 위대함과 영예로운 것들을 에로스 덕분
이라고 감사하는 거였네. 그것이 실제 에로스에 속하든 아니든, 진
실이든 그렇지 않든 간에 그런 건 문제가 안 되지. 그러니 처음에
찬미 연설을 하자고 한 제안은 진정으로 사랑의 신을 찬미하려는

것이 아니라 사랑의 신을 찬미하는 것처럼 보이려는 것이 아니었나 하네. 그래서 자네들은 모든 상상 가능한 칭찬의 방법을 다 끌어 모아 사랑의 신 덕분이라 하였고 사랑의 신은 이런 모든 좋은 것 그 자체라 하기도 하고 저런 모든 좋은 것의 원인이라고 하기도 하면서 사랑의 신을 모르는 사람들에게 그 신이 가장 아름답고 최상의 것으로 보이게 했네. 그러나 그것은 사랑의 신을 아는 사람들에게는 통하지 않네. 물론 자네들은 고귀하고 장엄한 칭송을 시연했네. 그러나 내가 나도 차례가 되면 칭송하는 연설을 하겠다고 말했던 것은 내가 그 칭송의 의미를 잘못 이해하고 있었기 때문이야. 그래서 내가 무지한 채로 한 약속이므로 그것을 취소하고 용서받으면 좋겠네. 그것은 입술로 한 약속이지, 마음으로 한 약속이 아니라네. 그래서 이제 그러한 부담으로부터 작별하려 하네. 왜냐하면 나는 그런 식으로는 칭송할 수 없으니까. 그렇지만 자네들이 사랑에 대한 진실을 듣고 싶다면 내 방식대로 설명할 준비는 되어 있어. 자네들의 연설과 비교해 웃음거리가 되는 일이 아니라면 말이야. 어떤가, 파이드로스. 내 머릿속에 떠오르는 어떤 말이든 순서 없이 사랑의 진실에 대해 이야기하는 것을 들어보고 싶은가? 괜찮겠어?"

아리스토데모스가 말하길 파이드로스와 다른 모든 사람은 소크라테스 선생님에게 원하는 제일 좋은 방식으로 연설해달라고 말했다네. 그러자 소크라테스 선생님이 덧붙이기를 "파이드로스, 그러면 내가 연설을 하기 전에 아가톤에게 몇 가지 물어봐도 괜찮겠나? 내 연설의 전제로 그의 동의를 얻어야 할 것이 있네."

"그럼요, 물어보셔도 됩니다"라고 파이드로스가 말했지.

그러자 소크라테스 선생님은 이렇게 말했네.

"아가톤, 자네가 방금 한 참으로 훌륭한 연설에서 사랑의 신에 대한 본성을 먼저 말하고 그다음 그가 하는 일들에 대해 말하기로 제안한 것은 옳다고 생각하네. 그렇게 연설을 시작하는 방법은 참 좋은 것이네. 그리고 사랑의 신의 본성에 대해서는 자네가 유창하게 설명했으므로 나는 이런 걸 좀 더 묻고 싶군. 사랑은 어떤 대상이 있는 사랑일까, 없는 사랑일까? 이렇게 질문한 건 아버지에 대한 사랑이나 어머니에 대한 사랑 같은 대답, 즉 그 대상을 들으려는 것이 아니네. 그렇게 되면 그건 우스꽝스러운 질문이지. 그러나 내가 듣고 싶어 질문한 것은 이런 질문과 비슷한 거네. 아버지가 누군가의 아버지인지, 아니면 아무의 아버지도 아닌지 묻는 그런 질문 말일세. 자네는 전혀 어려움 없이 어떤 아들이나 딸의 아버지라고 대답할 테고 그 대답은 또 옳은 대답일 거야."

"네, 맞습니다." 아가톤이 대답했네.

"어머니한테도 똑같이 적용되겠지?"

아가톤은 그렇다고 했지.

"그렇다면 내가 말하는 것의 의미를 더 분명히 하기 위해 몇 가지만 더 물어보겠네. 형제는 본질적으로 누군가의 형제라고 여겨지지 않는가?"

"그렇게 여겨지죠."

"그래, 그 대상은 남동생이거나 여동생, 누나 등이겠지?"

"그렇습니다."

"그래, 그럼 이제 사랑의 신 에로스에 대해 다시 질문해보세. 그것은 대상이 있는가, 없는가?"

"확실히 있습니다."

"그러면 그 대상이 무언지 염두에 두면서 내 질문에 대답해 주게. 에로스가 그 대상을 욕망하는가?"

"네, 당연히요."

"그렇다면 에로스는 그 대상을 소유하고 있는가, 아닌가?"

"아마 소유하고 있지 않으니까 욕망하는 거겠지요."

"아니네, 아가톤, 아마라는 말을 쓰지 말고 필연적으로 그렇다고 해야 할 것이네. 에로스는 대상을 갖지 못했을 때 욕망하는 것이며, 그것을 가져 원하는 것이 없을 때는 아무것도 욕망하지 않는다는 게 내 생각이야. 아가톤, 이것이 필연적이고 절대적으로 옳지 않나? 어떻게 생각해?"

"동의합니다."

"좋아, 그럼 큰 사람이 커지길 원하고 강한 사람이 강해지길 욕망할까?"

"앞에서 동의한 바에 의하면 그럴 수 없지요."

"그렇지. 자기가 이미 가지고 있는 성질을 욕망하는 사람은 없을 테니까."

"맞습니다."

"어떤 사람이 강하면서 강하기를 원하고 빠르면서 빠르기를 원하고 건강하면서 건강하기를 욕망한다면 그는 이미 가지고 있는 것을 원한다고 생각되어질 거야. 오해를 없애려 계속 예를 든 것이네. 아가톤, 이런 성질들을 가지고 있는 사람들은 그들이 원하든 원하지 않든 지금 각각의 성질을 지녔다고 생각될 수밖에 없다네. 그리고 누가 지금 가지고 있는 것을 욕망하겠나? 그러므로 어떤 사람이 나는 건강한데 건강해지고 싶어, 부자인데 부자가 되고 싶어, 그리고 나는 내가 가진 걸 가지고 싶다고 말하면 자네는 그에게 이렇게 대답하겠지. 친구여, 자네는 부와 건강과 힘을 이미 가지고 있으니 그것들을 계속해서 가지고 싶다는 말을 의미하는 거지? 자네가 원하든 원하지 않든 지금 그것들을 가지고 있으니 말이야. 그리고 지금 가지고 있는 것 말고 원하는 게 없다는 말은 지금 가진 걸 미래에도 계속 가지길 원한다는 말 아닌가? 그러면 그 친구는 맞는다고 동의할 것이네. 그렇지 않은가?"

"동의하겠죠."

"그러면 그가 지금 가지고 있는 것이 미래에도 보존되기를 원한다면 그것은 지금은 존재하지 않는, 즉 아직은 갖지 않은 것을 갖기를 원한다는 것과 같은 말 아닌가?"

"그렇습니다." 아가톤이 말했네.

"그러면 그는, 아니 누구라도 무언가를 욕망한다는 건 지금 이미 갖고 있지 않은 것, 결여되어 있는 것을 욕망한다는 거야. 소유하고 있지 않거나 그 성질이 없다거나, 결여된 무언가가 있다는 것. 이것이 바로 사랑과 욕망이 추구하는 대상들이지?"

"네, 맞습니다."

"그럼 여태 이야기한 걸 요약해보세. 사랑은 대상이 있는 것이고, 또 그 대상은 자신에게 결여되어 원하는 그 무엇이 아닌가?"

"네, 그렇습니다."

"그럼 자네 연설에서 했던 말을 상기해보게나. 기억이 안 난다면 내가 알려주겠네. 아름다운 것들에 대한 사랑이 신들의 세계에 질서를 세웠고 기형적이고 추한 것에 대한 사랑은 존재하지 않는다고 말이야. 그런 비슷한 말을 한 게 맞지?"

"네."

"그래, 아가톤, 그 말은 옳은 말이었어. 이게 사실이라면 에로스는 아름다운 것에 대한 사랑이고 추한 것에 대한 사랑은 아니지?"

아가톤은 동의했네.

"사람은 원하고 갖지 않은 어떤 것을 사랑한다는 주장에는 우리가 이미 동의했지?"

"맞습니다."

"그러면 에로스는 아름다움을 원하므로 아름다움을 가지고 있지 않은 건가?"

"그렇죠." 아가톤이 대답했네.

"그러면 자네는 아름다움을 원하고 또 아름다움을 가지지도 않은 것을 아름답다고 칭송할 텐가?"

"아니지요."

"그래, 그럼 아직도 에로스가 아름답다고 주장할 텐가?"

이에 아가톤이 대답했네.

"오, 소크라테스 선생님, 저는 제가 말하는 걸 이해하지도 못한 채로 지껄인 게 아닌가 두렵습니다."

"아니야, 자네 연설은 훌륭했네. 그러나 한 가지 기꺼이 던지고 싶은 사소한 질문이 더 있네. 좋은 것은 아름다운 것 아닌가? 그러면 좋은 것은 아름다운 것이니 에로스는 아름다운 것이 결여되어 있다면 좋은 것도 결여되어 있겠군."

"저는 소크라테스 선생님께 반박 못 하겠습니다. 선생님이 말씀하시는 게 옳다고 생각해요."

"사랑하는 아가톤, 그렇게 말하면 안 되고 진리에 반박 못 하겠다고 말해야 하는 걸세. 소크라테스야 쉽게 반박될 수 있지. 그럼 이제 아가톤에게 질문하는 건 끝내고 전에 만티네이아의 디오티마에게서 들은 사랑 이야기를 해보겠네. 그녀는 사랑에 관해 아주 지혜롭고 그 외의 것들도 많이 알고 있는 사람으로 그 시대에 아테나인들에게 전염병이 닥치기 전에 희생제물을 바쳐 그 병을 10년이나 늦추었던 사람이야. 그녀는 나에게 사랑의 기술을 가르쳐 준 분이네. 아가톤이 동의한 내용들을 시작으로 그녀가 내게 한 말들을 반복해 보겠네. 그것들이 완전히 같지는 않아도 그 현명한 여인이 내게 질문한 것들과 거의 비슷했어. 가능한 한 그녀의 이야기를 잘 전달해 보겠네. 그리고 아가톤이 제안한 대로 먼저 에로스의 존재와 본성에 대해 설명한 후 그다음 에로스가 하는 일에 대해 이야기하겠네. 처음에 나는 아가톤이 좀 전에 내게 말한 것과 거의 같은 소리를 그분에게 했지. 에로스는 위대한 신이고 아름답다고 말이야. 그랬더니 그녀는 내가 방금 아가톤에게 대화하며 보여준 그 방식으로 에로스는 아름답지도 않고 좋은 것도 아니라고 증명했어. 그래서 내가 말했지.

'무슨 뜻인가요, 디오티마. 에로스는 그럼 추하고 악하다는 건가요?'

그러자 그녀가 말했다네. '아름답지 않은 것은 반드시 추한 것인가요?'

그래서 나는 '그렇죠.' 하고 대답했어.

'그럼 현명하지 못한 것은 다 무지한 것인가요? 지혜와 무지 사이의 중간은 보이지 않는가요?'

그래서 나는 그 중간이라는 게 뭐냐고 물었네. 그러자 그녀는 그것은 '옳은 의견'이라고 대답했네.

'당신도 알다시피 옳은 의견을 가지고 있지만 그 이유를 대지 못하면 그것은 잘 안다고 할 수 없지요. 잘 안다고 하면서 이유를 모른다는 게 말이 안 되니까요. 또한 무지는 진리를 깨달을 수 없지요. 그러나 지혜와 무지 사이엔 중간 정도 되는 그 무엇이 분명 있답니다.'

이렇게 말해서 나는 '옳으신 말씀이오.' 했네.

그러자 그녀는 '그러니까 이제 더 이상은 아름답지 않다고 해서 꼭 추한 것이며, 선하지 않다고 해서 꼭 악한 것이라고 우기지 마시오'라고 했지. '에로스라는 것도 마찬가지로 아름답지도 선하지도 않지만 그렇다고 추하지도 악하지도 않은 그 중간의 것입니다.'

나는 그래도 에로스는 모든 사람이 위대한 신으로 인정하고 있다고 말했지. 그러자 그녀는 그 모든 사람이라는 게 지혜로운 자 모두를 의미하는 것인지, 지혜가 없는 자 모두를 의미하는 것인지 되물었어. 내가 그 모두를 다 의미한다고 하니 그녀는 웃으며 이러더군.

'오, 소크라테스, 에로스가 전혀 신이 아니라고 말하는 사람들에게 어찌 위대한 신이라 인정받을 수 있나요?'

나는 '그렇게 말하는 사람들이 누군가요?'라고 물었지. 그러자 그녀는 자신과 나도 그들 중 하나라는 거야. 어째서 그렇냐고 묻자, '그건 알기 쉽죠. 소크라테스 당신은 신들은 모두 행복하고 아름답다고 인정하지요? 감히 어느 신이 그렇지 않다고 말할 수 있나요?'

'그렇게는 말 못하죠.'

'당신은 행복하다는 것이 선하고 아름다운 것들을 소유함을 의미한다고 생각하지 않나요?'

'그렇죠.'

'그러나 당신은 에로스가 선하고 아름다운 것들을 가지고 있지 못하므로 그것들을 욕망한다고 인정했죠?'

'네, 인정했습니다.'

'그렇다면 아름답고 선한 것을 가지지 못한 자가 어찌 신일 수가 있습니까?'

'신일 수 없지요.'

'자, 보세요. 당신은 에로스의 신성을 부인하고 있잖아요.'

'그렇다면 에로스는 뭡니까? 그것은 인간처럼 언젠가는 죽는 것인가요?'

'아니요.'

'그럼 도대체 뭐죠?'

'앞의 예에서처럼, 에로스는 인간처럼 언젠가는 죽는 운명도 아니며 신처럼 불멸하지도 않아요. 그 둘의 중간 어디쯤 있죠.'

'아, 정말 에로스는 무엇인가요? 디오티마.'

'에로스는 위대한 정령(다이몬)입니다. 모든 정령은 인간처럼 죽을 운명과 신처럼 불멸하는 성질 중간에 있어요.'

'그러면 정령은 무슨 힘을 가지고 있죠?'

'그는 통역자입니다. 인간들과 신들 사이에서요. 그는 인간들의 기도와 제물을 신에게 전달하고 신의 명령과 기도의 답을 인간에게 전달하지요. 신과 인간의 중간에서 그들 사이의 갈라진 틈을

메우고 모든 것들을 자신의 안에 묶어 놓습니다. 그리하여 그를 통해 예언자와 성직자의 기술, 즉 제물과 신비와 주술 등이 행해지고 모든 예언과 주문이 그 길을 찾는 것이지요. 신은 인간과 섞이지 않아요. 오직 에로스를 통해서만 인간과 교류하고 대화하지요. 깨어 있을 때나 잠들어 있을 때나요. 이것을 이해하는 지혜야말로 영적인 것이죠. 예술이나 공예 같은 것들에 능한 지혜는 아무런 영성도 지니지 못하지요. 이러한 정령들이나 힘을 가진 중간자들은 수도 많고 종류도 많습니다. 에로스는 바로 이런 것들 중 하나이지요.'

'그럼 에로스의 아버지와 어머니는 누구인가요?'

'얘기하자면 길어지겠지만 그래도 얘기해 드리지요. 아프로디테의 생일날 신들이 잔치를 벌였어요. 거기에는 사려 깊고 신중한 신인 메티스의 아들인 풍요의 신 포로스도 참석해 있었지요. 잔치가 끝나자 가난의 여신 페니아가 거지들이 으레 그렇듯이 문간에 나타나 구걸을 했어요. 넥타르(신들의 술 - 역주)에 거나하게 취한 포로스는 제우스의 정원에 들어가 깊은 잠에 빠져 있었습니다. 페니아는 자신의 곤궁한 상태를 생각하고는 포로스의 아이를 가질 계략을 꾸며 그의 옆에 누웠고 결국 에로스를 잉태했습니다. 에로스는 아프로디테의 추종자요, 시종이 되었습니다. 아름다움을 사랑하기도 했지만 아프로디테 자체가 아름다웠기 때문이지요. 또한 아프로디테의 생일날 태어나기도 했고요. 그리고 그의 혈통이 그렇듯, 즉 풍요의 신 포로스와 가난의 신 페니아의 자식이기에 두 성질이 모두 그의 운명이 되었습니다. 우선 에로스는 항상 가난합니다. 많은 사람이 상상하듯 부드럽고 아름답지 않아요. 거칠고 남루하며 신발조차도 없어요. 살 집도 당연히 없어 노천가나 문간 등에서 잠을 자지요. 늘 곤궁하던 그의 어머니처럼요. 그러나 에로스는 그의 아버지 포로스도 닮아서 아름답고 좋은 것들을 얻기 위한 궁리를 합니다. 용감하고 진취적이며 강해요. 힘센 사냥꾼이죠. 항상 모략을 꾸미고 지혜를 얻는 데 열렬하며 풍부한 재략가요 철학자이죠. 엄청난 주술사요 마법사이며 궤변가이지요. 에로스는 본래 인간처럼 죽는 운명도 아니며 신처럼 불멸하지도 않아요. 그러나 풍요로운 시기엔 살아서 번성하고 또 어떤 때는 죽어 있지요. 그러다 또다시 생기를 얻고요. 아버지의 본성을 닮아 그런 겁니다. 언제나 흘러 들어왔다 흘러나가는 것이지요. 그래서 에로스는 항상 가난하지도 않고 항상 부자이지도 않아요. 또한 에로스는 무지와 지혜의 중간이기도 합니다. 그 이유는 이렇지요. 어떤 신도 지혜를 사랑하거나 지혜를 추구하지 않아요. 왜냐면 이미 그들은 지혜를 지녔으니까요. 어떤 지혜로운 인간도 마찬가지로 지혜를 추구하지 않죠. 그런데 무지한 사람들 또한 지혜를 추구하지 않습니다. 바로 이게 무지의 문제점입니다. 선하지도 지혜롭지도 않으면서 스스로 만족하니까요. 자신이 갖고 있지 않다는 생각조차 못하는데 그것을 욕망할 리 없지요.'

'그렇다면 디오티마, 지혜를 사랑하는 자란 도대체 어떤 자들이오? 그들이 지혜롭지도 않고 무지하지도 않다면 말이오.'

'그건 어린애도 대답할 수 있을 것 같군요. 그 둘 중간에 있는 자들이지요. 에로스도 그중 하나입니다. 왜냐하면 지혜는 가장 아름다운 것이고 에로스는 아름다운 것에 대한 사랑이니까요. 그러니 에로스는 지혜를 사랑하는 자, 즉 철학자지요. 그리고 지혜를 사랑하는 자라는 것은 지혜로운 자와 무지한 자의 중간에 있는 것입니다. 그리고 이것 또한 에로스의 출생이 원인입니다. 그의 아버지는 부유하고 지혜로웠으며 어머니는 가난하고 어리석었으니까요. 소크라테스, 이러한 것이 바로 정령 에로스의 본성입니다. 당신이 처음에 에로스에 대해 잘못 생각한 것은 자연스러운 일입니다. 그리고 당신이 말하는 것으로 미루어보건대 그런 잘못된 생각은 사랑하는 것과 사랑받는 것을 혼동함으로써 나온 겁니다. 그래서 당신은 사랑한다는 것은 다 아름다운 거라고 생각하게 된 거죠. 왜냐하면 진정 아름다운 건 사랑받는 것이니까요. 사랑받는 것은 섬세하고 완전하며 복된 일입니다. 그러나 사랑한다는 것은 다른 본성을 가지고 있어요. 여태 내가 이야기한 것처럼요.'

'오, 참으로 신기한 여인이올시다. 디오티마, 그러나 에로스가 당신이 설명한 것과 같다면 도대체 인간에게 소용이 될 건 무엇이오?'

그러자 디오티마가 말했다네. '소크라테스, 지금부터 얘기하려는 게 그것이오. 에로스의 성질과 출생에 대해서는 이미 얘기했고 또 에로스가 아름다운 것에 대한 사랑이라는 점은 당신도 이제 인정했고요. 그러나 어떤 이는 이렇게 물을지 몰라요. 소크라테스와 디오티마, 도대체 아름다운 것을 사랑한다는 게 뭐요? 아니면 사람이 아름다운 것을 사랑할 때 그는 무엇을 욕망하는 것인가요? 이렇게 말할 수도 있어요.'

그래서 내가 거기에 대답했지. '그 아름다운 것을 소유하기를 욕망하겠죠.'

'그러나 그 답변은 여전히 또 다른 질문을 낳습니다. 아름다움

을 소유하면 무엇이 좋은가요? 이렇게요.'

그래서 나는 '그 질문에는 바로 대답할 수가 없겠는걸요' 했지. 그러자 그녀는 만약 '아름다운 것' 대신 '좋은 것'을 집어넣어 그 질문을 다시 해보면 어떨까 물었어.

'사랑을 하는 자가 좋은 것을 사랑하는 거라면 도대체 그가 욕망하는 것은 무엇인가요?'

'그 좋은 것을 소유하기를 욕망하는 것이죠.'

'그럼 그 좋은 것을 소유하는 사람은 무엇을 얻죠?'

'그건 아까보다 대답하기 쉽네요. 행복을 얻겠죠.'

'맞습니다.' 그녀가 대답했지. '행복한 사람들은 좋은 것을 소유하기에 행복해지는 겁니다. 그리고 사람이 왜 행복해지기를 원하는지 물을 필요는 없으니 더 이상의 질문은 필요 없겠죠.'

'옳습니다.' 내가 대답했지.

'그러면 이 바람과 욕망은 누구에게나 해당되는 걸까요? 모든 사람이 좋은 것을 가지길 원할까요, 아니면 어떤 사람들만 그런 걸까요? 어떻게 생각하나요?'

'모든 사람이요. 그 욕망은 모든 이에게 해당된다고 생각해요.'

'그렇다면 소크라테스, 모두가 같은 것들을 사랑하고 있다고 말하면서 왜 모든 사람이 사랑하고 있다고 말하지 않고 어떤 이는 사랑을 하고 있고 어떤 이는 아니라 하나요?'

'왜 그런지 그건 저도 궁금합니다.'

'궁금할 것 없어요. 그 이유는 사랑의 일부만이 따로 떼어져 사랑이라는 전체의 이름을 부여받고 그 나머지는 다른 이름이 붙여져서 그래요.'

'예를 들어 설명해 주시오.' 내가 말했네.

그러자 그녀는 '가령 시詩가 그래요. 시는 복잡하고 다양하지요. 모든 창작, 혹은 무에서 유로 바뀌는 과정은 시이며 제작입니다. 모든 예술의 과정 또한 무언가를 만들어 내는 것입니다. 그래서 모든 예술의 대가들은 시인이며 제작자들이죠.'

'네, 맞습니다.'

'그러나 당신도 알다시피 그들은 시인이라 불리지 않고 다른 이름으로 불리죠. 오직 예술 중 음악이나 운율과 관련된 일부분만 떼어 내어 시라고 이름 붙이고 이런 의미에서 시를 짓고 소유하는 사람을 시인이라 부르지요.'

'그렇습니다.'

'사랑도 마찬가지예요. 좋은 것과 행복에 대한 모든 욕망은 위대하면서도 미묘한 사랑의 힘입니다. 그러나 다른 것들, 돈을 버는 것이나, 운동경기 혹은 철학의 길을 통해 사랑에 이끌리는 것, 즉 이러한 것들을 사랑하는 사람들은 '사랑하는 자'라고 불리지 않지요. 사랑이라는 전체에 대한 이름이 오직 한 가지 형태만을 띠는 애정을 지닌 자들에게 붙여져 사랑하는 자, 혹은 사랑받는 자 이렇게 불립니다.'

'맞는 말씀이십니다.'

'그래요, 그리고 또 사람들이 사랑은 자기의 반쪽을 찾는 거라고 하는 말도 들어봤을 거예요. 그러나 저는 사랑이란 자기 반쪽을 찾는 것도 전체를 찾는 것도 아니라고 생각해요. 그 반쪽이나 전체가 좋은 것이 아니라면 말이에요. 사람들은 자기의 손이나 발도 해가 되면 잘라 내버릴 수 있죠. 사람들은 자신의 소유라고 해서 다 사랑하지는 않습니다. 자기 것은 좋은 것이고 남의 것은 나쁜 것이라고 무조건 주장하는 사람이 있으면 모를까요. 좋은 것 외에 사람들은 아무것도 사랑하지 않습니다. 좋은 것 말고 사랑하는 게 있나요?'

'없죠. 좋은 것만 사랑합니다.'

'네, 그러면 이제 진리는 간단합니다. 인간은 좋은 것을 사랑한다.'

'맞습니다.'

'한 가지 덧붙여 말해야 해요. 인간은 좋은 것을 소유하는 것을 사랑한다.'

'그렇게 말하는 게 정확하겠네요.'

'그리고 단순히 소유라고 말할 게 아니라 영원한 소유라고 해야겠죠.'

'그렇게 해야겠군요.'

'그러면 사랑이란 좋은 것을 영원히 소유하기를 원하는 것이라고 말할 수 있겠죠.'

'진정 맞는 말씀이오.'

'그러면 이것이 사랑의 본성이라면 사랑을 추구하는 방식은 뭔지 더 설명하실 수 있을까요? 사랑이라 불리는 열의와 열정을 보이는 사람들은 무엇을 하는 걸까요? 그들의 마음속에 있는 목적은 무엇일까요?' 디오티마가 묻더군.

'저는 모릅니다. 제가 알았더라면 이 문제에 대해 궁금해하지도 않았을 테고 디오티마 당신의 지혜에서 배우려고 찾아오지도 않았겠죠.'

'그러면 제가 가르쳐드리죠. 그들의 목적은 육체적으로든 정신적으로든 아름다움 속에서 출산을 하는 겁니다.'

'무슨 말씀을 하시는 건지요? 신이라도 해석이 필요하겠는데요?' 내가 말했지.

'제 말을 좀 더 분명히 해드리리다. 모든 이가 육체적으로나 정신적으로나 출산을 한다는 건데 인간은 특정 나이가 되면 본성적으로 출산을 원하죠. 이 출산은 당연히 아름다운 것 속에서 이루어져야지, 추함 속에서 행해지면 안 되겠지요. 그리고 출산은 남녀가 결합하여 이루어지는 것으로서 신성한 겁니다. 임신과 출산은 인간들 사이에서 일어나지만 불멸의 원리를 지녀요. 그리고 절대 그 조화가 깨지지 않습니다. 추한 것은 언제나 신성한 것과 부조화를 이루지만 아름다운 것은 조화를 이루죠. 아름다움은 누군가 출생할 때 부여되는 출산의 운명 혹은 여신이에요. 그래서 아름다움에 가까이 갈수록 임신의 능력은 순풍을 받아 확산되고 온순해지며 마침내 아이를 갖고 출산을 하게 되는 겁니다. 반대로 추함을 보면 그것은 찌푸리고 오그라들며 고통을 느껴 뒷걸음치죠. 그렇게 쪼그라들어 고통을 느끼며 임신을 거부합니다. 이런 이유로 만삭이 되면 아름다움이 다가온다는 그 설렘과 기쁨으로 충만해 산통도 다 잊는 겁니다. 소크라테스, 사랑이란 당신이 생각했던 것처럼 오직 아름다운 것에 대한 사랑이 아닙니다.'

'그럼 뭐에 대한 거죠?'

'아름다움 속에서의 출산이지요.'

'그렇군요.'

'정말 그래요. 그러나 왜 출산을 하려는 걸까요? 그것은 출산이란 죽을 운명을 가진 인간들에게는 일종의 영원이자 불멸이기 때문이지요. 그리고 앞에서 우리가 인정한 것처럼 사랑이 좋은 것을 영원히 갖기를 욕망하는 거라면 모든 사람은 좋은 것과 함께 불멸하기를 당연히 원할 겁니다. 그러므로 사랑은 불멸에 대한 사랑인 겁니다.'

디오티마라는 여인은 여러 번의 기회를 통해 사랑에 대해 말해줬고 이 모든 걸 내게 가르쳐 주었다네. 또 한 번은 이렇게 묻더군. '소크라테스, 사랑과 그에 따르는 욕망의 원인은 무엇일까요? 짐승이든 새든 어떤 동물이라도 출산을 하고 싶을 때는 사랑이 전염되면서 흥분하고 교미의 욕구를 보입니다. 그 후 새끼를 낳으면 가장 약한 자라도 자신의 새끼를 지키기 위해 가장 강한 자를 상대로 싸우고 죽을 각오가 되어 있는 게 보이지 않나요? 새끼를 먹여 살리기 위해 자신이 굶주리거나 어떤 고통을 겪어도 아랑곳하지 않아요. 인간은 이성에 따라 그와 같이 행동할 수 있어요. 그러나 동물은 왜 이렇게 정열적인 감정에 사로잡힐까요? 왜인지 말할 수 있나요?'

'디오티마, 아까도 말했지만 제가 왜인지 알면 당신을 찾아왔을 이유가 없잖아요. 저는 선생님이 필요해서 당신을 찾아온 겁니다. 그 이유를 말해주시고 그 외 다른 사랑에 대한 신비스러운 일들에 대해서도 알려주세요.'

'앞에서 우리가 여러 번 인정한 것처럼 사랑이 불멸에 대한 사랑이라는 걸 믿는다면 어려울 게 없어요. 인간과 같은 원리예요. 마찬가지로 동물도 다 죽을 운명을 타고나니 이런 것들은 모두 불멸을 추구하지요. 그래서 출산을 하는 거예요. 출산은 항상 새로운 존재를 낡은 자리에 잉태해 남겨 놓는 거죠. 같은 인간의 일생에 조차도 연속은 있어요. 절대적 동일함은 아니지만요. 사람이 평생 같다고 하지만 사실 젊었다가 늙을 때까지 모든 동물은 생명과 정체성을 지니며 상실과 재생이라는 끊임없이 계속되는 과정을 겪습니다. 머리털, 살, 뼈, 피, 그리고 전체 몸이 항상 바뀌죠. 이것은 육체뿐 아니라 영혼에도 해당되어요. 버릇, 기질, 견해, 욕망, 즐거움, 고통, 두려움 등이 절대 우리 안에서 항상 같지 않아요. 왔다가 가고 갔다고 오고 하죠. 더욱 놀라운 것은 지식도 마찬가지로 불멸한다는 겁니다. 지식도 생겨났다 사라졌다 하는 것이므로 우리 안의 지식이 항상 같지는 않지만 지식이 겪는 것도 불멸하는 변화입니다. 그래서 '상기시킨다'는 단어가 암시하는 것이 지식의 불멸성입니다. 우리의 지식이 완전히 잊히지만 다시 새로워지고 상기함으로써 보존되며 실상은 새로운 것이지만 언제나 같은 것처럼 보이는 거죠. 바로 아까 말한 연속이라는 법칙에 의해서 가능한 거예요. 모든 죽을 운명을 가진 것들은 이 연속의 법칙에 의해 완전히 같은 것은 아니나 대체됨으로써 보존됩니다. 목숨이 다한 것들은 새롭지만 비슷한 존재를 그 뒤에 남겨놓고 가는 거죠. 항상 똑같고 다른 비슷한 것이 있을 수 없는 신성한 것들과는 달리 말입니다. 소크라테스, 죽을 운명을 갖고 태어나는 것들은 바로 이런 방식으로 불멸에 참여하는 거예요. 불멸한 것들은 다른 방식으로 하고요. 그러니 모든 인간이 자손을 사랑하는 것은 당연한 겁니다. 보편적인 사랑과 관심이란 불멸하는 것을 위한 거지요.'

나는 그녀의 말에 경탄하여 말했네. '그게 진실입니까? 지혜로운 디오티마여.'

그러자 그녀는 마치 임무를 완료한 소피스트 같은 태도로 말했어. '소크라테스, 당신은 확신하게 될 거예요. 인간들의 야심만 봐도 그래요. 그들이 명성에 대한 불멸성을 얼마나 사랑하는지 생각하지 않는다면 당신은 그들의 무모함에 놀라게 될 거예요. 자신들의 이름을 영원히 남기는 것이라면 심지어 자식을 위해 무릅쓰는 위험보다 더 큰 위험을 무릅쓰며 얼마든지 돈을 쓰고 어떤 고통도 겪을 겁니다. 죽음까지도 불사하지요. 알케스티스가 아드메토스를 살리기 위해 죽은 것, 아킬레우스가 파트로클로스의 복수를 위해 죽은 것이나 또 코드로스 왕이 아들들에게 왕위계승을 하기 위해 죽은 것도 그들의 덕을 영원히 후세에 남기려는 야심이 아니었다면 가능했을 거라 생각하시나요? 모든 인간은 불멸의 덕이라는 영광스러운 명예를 위하여 무엇이든 합니다. 특히 더 훌륭한 사람들은 더욱더 그렇게 한다고 확신해요. 왜냐하면 그들은 불멸의 것을 사랑하기 때문이랍니다. 육체적으로 생식능력이 있는 사람들은 여성에게 자신을 바쳐 함께 아이를 낳습니다. 이것이 그들이 하는 사랑의 성격이죠. 그들은 후손들이 그들의 기억을 보존하기를 희망하며 그들이 미래에 욕망하는 그 축복과 불멸을 후손들에게 내립니다. 그러나 영혼의 측면에서 생식능력이 있는 사람들, 분명 육체보다는 정신적으로 훨씬 창의적인 그런 사람들은 영혼이 담고 품기에 적합한 것들을 영혼 안에 잉태합니다. 그러면 이들이 품는 건 무얼까요? 보통은 지혜와 덕입니다. 그런 창의적인 사람들은 보통 시인이거나 칭송받는 예술가들이 많죠. 그러나 가장 위대하고 아름다운 지혜는 나라와 가족을 바로잡는 일과 관계되며 바로 우리가 절제와 정의라고 부르는 것이지요. 어려서부터 이런 것들의 씨앗이 심기거나 영감을 받은 사람은 성장해서 그것의 성과를 낳으려 합니다. 그래서 그것을 낳을 아름다운 상대를 찾아 헤맵니다. 당연히 추한 것에서는 아무것도 낳지 않으려 하니까요. 당연히 추한 육체보다는 아름다운 육체를 받아들입니다. 무엇보다 아름답고 고귀한, 잘 성장한 영혼을 만나게 되면 그는 육체와 영혼을 하나로 받아들입니다. 그리고 덕에 관하여, 좋은 사람의 본성과 추구하는 것들에 관하여 할 얘기가 가득하여 그 상대를 교육하려 합니다. 그리고 곁에 없을 때도 그의 머릿속에 항상 존재하는 그 아름다운 상대와 함께하며 인간 아이를 낳는 커플보다 더 진한 우정을 나누고 친밀하게 지내며 오래전부터 영혼 안에 품어왔던 그것의 성과를, 즉 둘의 소생을 낳는 겁니다. 그 성과는 인간 자손보다도 아름답고 불멸하는 것입니다. 호메로스나 헤시오도스, 그 외 훌륭한 시인들을 보면서 어찌 평범한 인간 아이를 낳는 것을 더 좋다고 하겠습니까? 어느 누가 후세에 길이 남아 기억될 그러한 성과를 낳는 것을 원하지 않겠습니까? 라케다이몬뿐 아니라 그리스 전체에 구세주라고 할 수 있는 리쿠르고스가 남기고 간 자손들을 보세요(리쿠르고스는 스파르타의 위대한 입법자로 여기서 자손들은 좋은 법률들을 의미 - 역주). 그 누가 그런 성과를 마다하겠습니까? 또한 아테네 법의 아버지, 존경받는 솔론이 있죠. 또한 아테네든 다른 나라든 많은 곳에서 많은 사람이 고귀한 일을 하고 온갖 종류의 덕을 낳았습니다. 그들이 남긴 자식들, 즉 그 성과들을 기리기 위해 많은 전당이 세워졌지요. 단순히 육체적 자식들을 낳았다고 이러한 전당이 세워진 적은 없었습니다. 여태 한 이야기들은 사랑에 대한 이야기 중 덜 비밀스러운 것인데 소크라테스 당신도 잘 따라왔을 겁니다. 그러나 이들 중 최고라고 할 수 있는 진짜 위대하고 숨겨진 이야기들은 당신이 올바른 정신으로 추구해야 겨우 얻을 수 있을지도 모릅니다. 어찌 됐든 저는 최선을 다해 설명해 볼 테니 할 수 있으면 따라와 보세요. 사랑에 관해 올바른 길로 나가고자 하는 이는 아름다운 육체로 가기 위해 어려서부터 시작해야 합니다. 지도자가 올바르게 인도한다면 아름다운 한 육체만을 사랑하고 그것을 통해 아름다운 생각들을 낳아야 합니다. 그는 곧 한 육체의 아름다움이 다른 육체의 아름다움과 비슷하며 육체의 아름다움이 그가 추구한 것이라면 모든 육체의 아름다움은 결국 같다는 사실을 깨닫습니다. 그렇지 못한다면 그는 어리석은 겁니다. 그가 이것을 인식하는 때에 그는 한 육체에 대한 정열을 누그러뜨릴 수 있게 되며 그것을 하찮은 것으로 여기고 경멸하며 모든 아름다운 육체를 사랑하는 사람이 될 겁니다. 그리고 다음 단계에 그는 밖으로 보이는 육체의 아름다움보다는 정신의 아름다움이 더 명예로운 것임을 알고 덕이 있는 영혼이 조금은 덜 아름다운 육체를 지녔다 해도 그 사람을 사랑하고 보살피며 향상시킬 생각들을 찾고 낳게 되는 겁니다. 그렇게 하면 상대는 여러 가지 제도와 법들에서 아름다움을 찾고 또 보게 되며 결국 그 아름다움이란 하나로 연계되고 한 개인의 육체가 지닌 아름다움이란 하찮은 것임을 이해하게 됩니다. 제도와 법들 다음에 그는 지식들로 나아가 거기에서 아름다움을 보게 됩니다. 그러면 얕고 좁은 마음의 노예로서 한 젊은이나 어른, 제도에만 집착하던 사랑을 벗어나 아름다움의 거대한 바다를 생각하며 끝없는 지혜의 사랑 속에서 많은 아름답고 고결한 생각들을 창조해내는 겁니다. 그는 성장하고 강해져서 하나의 단일한 지혜, 어디에나 존재하는 아름다움에 관한 그 지혜를 보게 되는 겁니다. 그리고 이제그 아름다움에 대한 지혜를 설명할 터이니 잘 들어주길 바랍니다. 사랑에 관한 것들을 잘 지도받고 여기까지 온 사람은, 그리고 옳은 순서로 아름다움을 바라보도록 배운 사람은 막바지로 다다르면서 갑자기 놀라운 아름다움의 본성에 눈을 뜨게 될 것입니다. 그리고 소크라테스, 이것이 여태 그 고난을 참아온 궁극적 이유입니다. 첫째로, 아름다움은 영원불변하는 본성을 지니며, 자라고쇠퇴하거나 차고 기우는 그런 것이 아닙니다. 두 번째, 그 본성은어떤 관점에서는 아름답고 또 다른 관점에서는 아름답지 않은 것이 아닙니다. 어떤 시간과 관계, 장소에서는 아름답고 다른 시간과관계, 장소에서는 추한 것이 아닙니다. 어떤 이들에게는 아름답고다른 이들에게는 추한 그런 것이 아닙니다. 또한 얼굴이나 손, 그외 육체의 어떤 부분의 모양으로 나타나는 것도 아니며 말이나 지식의 형태로 나타나지도 않습니다. 동물이나 천상이나 지상이나그 외 어떤 특정한 장소에 존재하는 것도 아닙니다. 그것은 대신절대적이고 독립적이며 단순하고 영원합니다. 늘지도 줄지도 않고변화를 겪지 않습니다. 그리하여 성장하고 멸하는 다른 모든 것들의 아름다움은 여기에 참여하지요. 진정한 사랑의 영향 아래 이러한 순서로 올라온 사람은 아름다움의 끝에 거의 도달한 겁니다. 다른 것에 인도되어 올바른 순서를 밟고 아름다움의 본성에 대한 진정한 사랑으로 가는 길은 하나의 아름다운 육체에서 둘로, 둘에서 모든 아름다운 육체들로, 모든 아름다운 육체들에서 모든아름다운 행동과 실천으로, 거기서 다시 모든 아름다운 관념들로, 그리고 종국에는 절대적인 아름다움의 관념에 다다르게 되는 것입니다. 그리고 마침내 아름다움의 본질이 무엇인지 알게 되지요. 소크라테스, 이것이 사람이 살아야 하는 바로 그 삶입니다. 절대적인 아름다움을 생각하며 사는 것이지요. 이 아름다움을 일단 한 번 보게 되면 금은보화나 화려한 의복, 아름다운 소년들이나 젊은이들 등 당장에 당신 눈에 들어오는 그런 아름다움은 쳐다보지도 않을 겁니다. 이런 아름다움은 먹거나 마시지 않아도 쳐다보고 함께하는 것만으로도 즐거운 것입니다. 가능하다면 말이죠. 오직 바라보고 함께 있고 싶겠죠. 그러나 진정한 아름다움을 보는 눈을 가진다면 어떨까요? 진정한 아름다움은 신성한 아름다움으로 순수하고 깨끗하며 아무것도 섞이지 않은 겁니다. 속세의 때가 묻지 않고 인간 삶의 모든 화려함과 허세에 물들지 않은 이런 단순하면서도 신성한 아름다움을 바라보고 벗 삼는다면요. 기억하세요. 마음의 눈으로 아름다움을 보면 그 사람은 아름다움의 이미지가 아닌 실재를 낳을 것이며, 진정한 아름다움의 덕을 낳고 키운다는 것은 신과 벗하게 되며 불멸하게 되는 것입니다. 그런 삶을 누가 원하지 않겠어요?'

파이드로스, 그리고 여기 친구들 모두여, 여기까지가 디오티마에게 내가 들은 이야기라네. 나는 그 진리에 설득되었고 이제는 이것을 다른 이들에게 설득하고 싶다네. 이러한 인간 본성의 목적을 얻는 데 사랑만큼 좋은 조력자는 없는 거야. 그래서 내가 사랑을 영예롭게 여기고 그 길을 가는 것처럼 모든 이들이 그렇게 해야 한다고 말하는 것이네. 그리고 내 능력이 되는 한 사랑의 힘과 정신을 언제까지나 찬미할걸세. 그럼, 여기까지의 내 말을 사랑에 대한 찬미였다고 여겨주려나, 파이드로스? 찬미가 아닌 다른 무엇으로 불러도 상관은 없네."

소크라테스가 말을 마치자 나머지 사람들이 모두 박수를 보냈다네. 아리스토파네스는 자신의 연설에 대해 소크라테스가 넌지시 말한 것에 대한 답으로 무언가를 말하기 시작했는데, 바로 그때 집 문을 두드리는 소리가 나더니 술주정꾼들의 흥청대는 소리와 여인의 피리 부는 소리가 들려왔네. 아가톤은 시종들에게 나가서 누구인지 보고 만약 친구들이면 안으로 들이고 아니면 이제 술자리는 끝났다고 말하라고 명령했어. 잠시 후 마당에서 알키비아데스의 목소리가 들려왔다네. 그는 상당히 취해 있는 상태였고 "아가톤은 어디 있지? 나를 아가톤에게 데려다줘"라며 계속 소리를 지르고 있었네. 마침내 피리 부는 여인과 그의 하인들 몇 명이 부축하여 그를 아가톤과 친구들 앞에 데려다 줬네. 담쟁이와 오랑캐꽃으로 만든 화관을 쓰고 리본들로 머리를 장식한 그는 문간에 서서 말했지. "친구 여러분, 안녕하신가요? 여러분의 축하 잔치에 이 취한 사람을 끼워주시겠소? 아니면 아가톤에게 화관을 씌어주기만 해도 될까요? 제가 온 목적이 그것이니 그렇게만 하고 돌아가도 됩니다. 어제는 제가 참석할 수가 없어서 오늘 머리에 이렇게 리본들을 매고 왔습니다. 이 리본들을 풀러, 그렇게 부르는 것이 허락된다면 가장 아름답고 현명한 아가톤의 머리에 장식해주려고요. 제가 취했다고 웃으시는 겁니까? 웃으셔도 좋지만 저는 제가 진실을 말하고 있다는 걸 압니다. 그렇지만 우선 지금 제가 한 말을 이해하셨다면 제가 들어가도 될까요? 저와 같이 한잔하시겠습니까?"

그곳에 있던 사람들은 모두 환호성을 치며 들어와 앉으라 했고 아가톤은 정식으로 그를 불러들였지. 그래서 그를 부축하는 사람들에 의해 알키비아데스는 방으로 들어왔고 자기 머리의 리본을 떼어 아가톤에게 달아주려고 하는데 눈앞에 리본이 대롱거려 잘 안 보이는 탓에 자리를 비켜준 소크라테스와 아가톤의 사이에 앉게 되었네. 그는 아가톤을 껴안으며 그에게 화관을 씌워줬네. 아가톤은 "얘들아, 알키비아데스의 신을 벗겨드려라. 그리고 우리 침상에 그의 자리까지 세 명의 자리를 마련해라." 하고 말했지.

그러자 알키비아데스는 "아니, 왜 세 명 자리야?" 하며 뒤를 돌아보더니 소크라테스 선생님을 보고 깜짝 놀랐네. "오, 헤라클레스여, 이게 어찌 된 일인가요, 소크라테스 선생님! 또 여기서 저를 기다리셨나요? 언제나 있을 거라 절대 기대할 수 없는 곳에서 나타나시는 소크라테스 선생님! 그리고 농담을 잘하고 좋아하는 아리스토파네스 같은 자의 옆에 계시지 않고 무리 중 제일 아름다운 사람 곁에 자리를 잡고 계신 건 뭔가요?"

소크라테스 선생님은 아가톤을 쳐다보며 말했네. "오, 아가톤, 나 좀 지켜주게. 이 친구가 나를 너무 사랑해서 나 또한 그의 흠모자가 되고 난 후 나는 다른 어떤 아름다운 사람과도 말할 수 없고 쳐다보는 것도 안 된다네. 내가 그렇게 하면 이 사람은 부러움과 질투로 미쳐 가지고 나를 욕할 뿐 아니라 밀치기까지 한단 말이야. 그러니 우리 둘을 화해시켜주게. 그가 만약 폭력을 쓰면 나를 지켜주고. 정말 이 사람의 미친 열정에 몸이 떨린다네."

그러자 "선생님과 나 사이엔 화해란 있을 수 없습니다." 알키비아데스가 말했어. "그리고 지금 이렇게 말씀하신 것에 대해 나중

에 복수할 거예요. 그리고 아가톤, 리본 몇 개만 돌려다오. 이 폭
군의 놀라운 머리를 장식하게 말이야. 내가 자네 머리만 장식하
고 자신은 무시했다고 할까 봐 그래. 언변으로 온 세상 사람을 정
복하는 분을 무시하면 안 되겠지. 아가톤 자네가 그저께 무대에
서 그랬던 것처럼 말이야. 그런데 자네는 한 번뿐이었지만 이분은
언제나 그렇게 하시지." 그리고는 알키비아데스는 리본 몇 가닥
을 소크라테스 선생님의 머리에 장식해주고 나서 자리에 기대었
어. 그런 다음 말했지. "친구들, 자네들은 모두 안 취한 것 같은데
말이야. 그럴 필요가 없어, 마셔야 해. 내가 여기 들어올 때 약속
했잖아. 안 되겠네. 자네들이 다 취할 때까지 내가 이 잔치의 주인
이 되어야겠어. 아가톤, 큰 술잔을 가져오라고 해줘. 아니야, 애들
아, 커다란 대접을 가져오너라." 그의 눈에는 그 대접이 보통 잔의
여덟 배 정도 크게 보였어. 그는 거기에 술을 부어 다 마셔 버렸지.
그러더니 하인에게 그 빈 대접에 다시 술을 부어 소크라테스 선생
님에게 드리라는 거야. "친구들, 소크라테스 선생님은 내 아무리
술책을 써도 끄떡도 안 하시지. 또 술은 얼마를 드시든 취하지도
않으시거든."

소크라테스 선생님은 시종이 대접에 부은 술을 마셨다네. 그때
에릭시마코스가 말했어.

"알키비아데스, 우리보고 어쩌란 말이야. 우린 술잔을 이렇게 들
고 말도 하지 말고 노래도 하지 말란 거야? 그저 목마른 사람처럼
술만 마시라는 건가?"

"오, 에릭시마코스, 가장 지혜롭고 훌륭한 아버지의 훌륭한 아
들이여!" 알키비아데스가 말했지.

"그건 자네도 마찬가지지." 에릭시마코스가 답변했어. "그건 그렇고 우린 어쩌라는 거야?"

알키비아데스는 말했네. "무엇이든 자네가 하고 싶은 대로 하게. 다 자네에게 달려 있네. '한 사람의 현명한 의사가 군대보다 낫다'는 말도 있지 않은가. 처방을 내려주게, 에릭시마코스. 우리는 자네가 하라는 대로 할 거야."

그러자 에릭시마코스는 말했지. "그럼 알겠네, 알키비아데스. 자네가 오기 전에 우리는 돌아가면서 할 수 있는 한 최고로 좋은 말로 에로스를 찬미하기로 했네. 왼쪽부터 오른쪽으로 돌아가며 연설을 모두 마쳤는데 자네는 아직 하지 않았잖아. 거나하게 잘 마셨으니 자네도 한 번 연설을 해보게나. 그리고 나선 옆의 소크라테스 선생님에게 자네가 원하는 아무 얘기나 시키게. 그러면 소크라테스 선생님은 다시 오른쪽 사람에게 시키고, 그렇게 쭉 돌아가며 얘기하세."

"그거 괜찮네." 알키비아데스는 에릭시마코스에게 말했지. "그렇지만 취한 사람의 연설과 정신이 말짱한 사람들의 연설을 비교하면 불공평해! 그리고 이 순진한 친구야, 아까 소크라테스 선생님이 한 말을 정말 믿는 거야? 사실은 완전 그 반대라고. 만약 내가 선생님 앞에서 신이든 인간이든 선생님이 아닌 다른 사람을 찬미하면 선생님이 날 가만두지 않을걸."

"아이고, 망측하구나." 소크라테스 선생님이 말했지.

"잠자코 계세요. 포세이돈에 걸고 맹세하겠는데 저는 정말로 선생님 앞에서는 다른 어떤 누구도 찬미하지 않을 거라고요." 알키비아데스가 말했네.

"그래? 그렇다면 자네는 소크라테스 선생님을 찬미해보는 게 어떨까, 좋다면 말이야." 에릭시마코스가 말했지.

"뭐야, 에릭시마코스, 내가 자네들 앞에서 선생님을 공격하고 복수하는 걸 꼭 보여줘야겠나?" 알키비아데스가 말했어.

"아, 도대체 뭘 하려는 거야? 날 칭찬해서 웃음거리로 만들 속셈이지?" 소크라테스 선생님이 말했네.

"저는 진실을 말하겠습니다. 선생님, 허락해주세요." 알키비아데스가 말했네.

"그래, 허락하겠네, 그리고 나 또한 진실을 말해달라고 청하네."

"그럼 바로 시작하겠습니다. 만약 제가 진실이 아닌 말을 하거든 저를 막으시고 저건 거짓말이라고 말씀해주세요, 선생님. 저는 진짜 거짓말을 할 의향이 없습니다. 그리고 제 머릿속에 떠오르는 대로 이야기할 테니 놀라지 마십쇼. 지금 술 취한 제 상태로 선생님의 기이한 성질들에 대해 순서대로 능숙하게 말하는 건 무리이니까요. 자, 그럼 친구들, 저는 비유를 사용해서 소크라테스 선생님을 찬미할 거예요. 이게 희화화하는 것처럼 느껴질 수도 있으나 저는 진실을 위해 그렇게 하는 것입니다. 저는 소크라테스 선생님이 저 실레노스(그리스 신화에 등장하는 포도주의 신 디오니소스를 추종하는 반인반수의 종족 - 역주)의 흉상들과 똑같다고 말하겠어요. 조각상 가게에 놓여 있는 그 흉상들은 파이프를 들고 입에는 플루트를 불고 있죠. 그 흉상들은 가운데에서 열 수 있게끔 만들어졌는데 그걸 열면 그 안에 신들의 이미지가 들어 있어요. 소크라테스 선생님은 사티로스(그리스 신화에 등장하는 반인반수의 자연의 정령 - 역주)의 하나인 마르시아스(사티로스의 하나로 팬플루트를 불고 있는 모습으로 신화에 나온다 - 역주)와 같습니다. 소크라테스 선생님도 스스로 인정하실 겁니다. 선생님 얼굴은 사티로스를 닮았어요. 생긴 것뿐만 아니라 다른 점들에서도 비슷한 게 많아요. 선생님은 장난쳐서 남을 괴롭히는 걸 좋아하시죠. 인정 안 하시면 증인도 댈 수 있어요. 그리고 선생님은 플루트도 잘 부시잖아요. 마르시아스보다 훨씬 잘 부신답니다. 마르시아스는 입김으로 악기를 불어 사람들의 영혼을 매료시킵니다. 다른 사람들도 그의 곡을 연주하면 그렇게 다른 사람들을 매료시킵니다. 올림포스 신들의 멜로디도 다 마르시아스가 가르친 것입니다. 이런 멜로디들은 플루트의 대가가 불든 피리 부는 초보자 여인이 불든 다른 사람은 갖지 못한 묘한 힘이 있죠. 그 노래들만이 영혼을 가지고 있으며 신과 신비를 필요로 하는 사람들의 갈망을 드러내 보여 주죠. 그 노래들은 신성한 것이니까요. 그런데 선생님은 그 같은 효과를 오직 말만으로도 내신답니다. 플루트를 불지 않고도 말이에요. 그게 바로 여러분들과 선생님이 다른 점이죠. 다른 연사들이 말하는 걸 들으면 아무리 좋은 연사라도 우리에게 대단한 효과를 발휘하지 못합니다. 그러나 선생님 말씀의 일부라도 직접 듣거나 다른 사람을 통해 듣는다면 영혼이 사로잡혀 버리지요. 그것을 전하는 사람이 말을 잘 못하는 사람이든, 듣는 이들이 성인 남자이든, 부인들이든, 아이들이든 전혀 상관없어요. 만약 여러분이 제가 형편없이 취했다 생각하지 않으신다면 저는 선생님의 말씀이 제게 미친, 그리고 지금도 미치고 있는 영향에 대해 말씀드리고 진실임을 맹세하렵니다. 선생님 말씀을 듣고 있으면 코리반테스 무용수들(춤과 북 연주로 프리지아 여신 키벨레에게 숭배의식을 하던 사람들 - 역주)보다 더 가슴이 뛰고 눈에서는 눈물이 비 오듯 쏟아집니다. 저뿐 아니라 다른 사람들도 그런 현상을 나타내는 걸 많이 보았습니다. 페리클레스나 그 외 훌륭한 연설가들의 웅변을 듣고 말을 참 잘한다고 생각은 했지만 좀 전에 말한 그런 느낌을 받은 적은 한 번도 없었습니다. 그들 연설에는 제 마음이 송두리째 뒤흔들린 적이 없었고 마치 제가 그들의 노예가 된 듯 이상한 기분이 들어본 적이 없습니다. 그러나 여기 마르시아스 같은 선생님의 연설은 언제나 저를 그런 상태로 빠지게 했고 심지어 제가 영위하는 삶이 견딜 수 없이 하찮게 느껴지기도 했습니다. 소크라테스 선생님, 인정하시죠? 그래서 제가 선생님 말씀에 귀를 닫지 않는다면 마치 세이렌(아름다운 노랫소리로 선원들을 유혹했다는 그리스 신화의 여신 - 역주)의 목소리에 속아 넘어가는 사람들의 운명과 똑같은 결과를 맞게 될 거예요. 선생님은 저를 곁에 잡아맬 것이고 저는 평생 선생님 곁에서 노예처럼 살게 될 거예요. 선생님은 제가 아테네 일에만 신경 쓰느라 제 영혼의 부족함엔 눈을 돌리지 못하니 이렇게 살아선 안 된다고 고백하게 만듭니다(알키비아데스는 아테네의 정치가요 웅변가이며 장군이었다 - 역주). 그래서 제가 귀를 막고 선생님한테서 떨어져 있으려 하는 겁니다. 제 성격상 그럴 리 없어 보이겠지만 소크라테스 선생님은 저를 부끄럽게 만드는 유일한 분이십니다. 선생님 말고는 누구 앞에서도 부끄러워 본 적이 없거든. 그리고 선생님이 명하는 대로 해야만 한다는 걸 잘 알고 있지요. 그를 떠나면 대중들의 사랑과 인기에 빠져 저의 잘못을 잊고 살게 돼요. 그래서 저는 선생님으로부터 달아나지만 다시 선생님을 뵈는 날에는 제가 고백한 것을 부끄럽게 느끼게 됩니다. 저는 여러 번 그분이

이 세상에 없으면 좋겠다고 생각했어요. 그런데 진짜 그렇게 되면 기쁨보다 슬픔이 훨씬 크리란 걸 저는 알아요. 그래서 저는 어찌해야 좋을지를 모른답니다. 여기까지가 바로 사티로스의 플루트 연주에 저와 많은 다른 사람들이 고통받는다는 이야기였습니다. 그렇지만 할 말이 더 있습니다. 제가 든 비유가 얼마나 소크라테스 선생님의 이미지와 잘 맞는지, 선생님의 힘이 얼마나 놀라운지 들어보세요. 저는 아무도 선생님을 잘 모른다고 생각합니다. 그래서 제가 다 드러내 보여드리려고요. 이왕 시작했으니 그래야겠죠. 소크라테스 선생님이 얼마나 아름다운 걸 좋아하는지 보이시나요? 그는 항상 아름다운 것들과 함께 있고 그것들에 매료되어 있지요. 그 외의 것들은 알지도 못하며 알려고 하지도 않으시죠. 그게 바로 그의 이미지입니다. 이런 점에서 실레노스와 같지 않나요? 분명히 그렇죠. 그러나 밖으로 드러난 선생님의 얼굴이 실레노스의 조각상 머리와 비슷하다는 것이 다는 아닙니다. 오, 술자리 친구 여러분, 그 머리를 열어젖히면 그 안에 들어 있는 절제가 보이실까요? 많은 이들이 경외하는 아름다움이나 부나 명예 같은 것들은 그에게 중요하지 않습니다. 아니, 그것들을 그는 완전히 경멸합니다. 소크라테스 선생님은 그런 것들을 가진 사람들을 전혀 높게 평가하지 않습니다. 인류가 그에게는 아무것도 아니죠. 그는 평생 무지한 척하면서 그런 사람들을 조롱하고 무시하며 살아갑니다. 그러나 그의 속마음을 열었을 때 저는 신성하고 황금빛을 띤 이미지를 보았습니다. 너무나 매력적인 아름다움이라서 저는 그가 명령하는 것이라면 무엇이든 바로 따를 준비가 되어 있을 정도였어요. 다른 사람들은 관찰하지 못했을지도 모르지만 저는 그

걸 봤습니다. 저는 소크라테스 선생님이 저의 아름다움에 매료되었다고 생각했습니다. 그래서 저는 선생님이 아는 것들을 말씀하실 때 그걸 들을 기회가 주어지겠구나 생각했어요. 제 청춘의 매력에 자신이 있었으니까요. 이런 생각으로 그 후로는 항상 같이 오던 하인을 보내고 선생님과 둘이 만났습니다. 저는 진실만을 고백하는 중이니 소크라테스 선생님, 혹시 제 말에 거짓이 있다면 지적해 주세요. 저는 우리 둘만 있으면 연인이 연동에게 그들 둘만 있을 때 들려주는 그런 이야기를 저도 들을 수 있을 거라 생각하고 기뻐했어요. 그러나 그런 일은 일어나지 않았어요. 선생님은 평소대로 하던 얘기만 하시고 돌아가시곤 했지요. 그 후 저는 선생님께 운동을 같이 하자고 제안해서 아무도 없는 곳에서 여러 번 아주 가까이 선생님과 씨름을 하기도 하고 그랬어요. 이 방법으로 저는 성공할 거라 생각했지요. 그러나 아무 효과가 없었답니다. 저는 계속 실패했으므로 마지막으로 더 대담하게 선생님을 공격해 보기로 마음먹었어요. 이미 시작한 일이고 선생님을 포기 못했으며 선생님과 제 사이가 어떤 건지 알고 싶었죠. 그래서 선생님을 저녁 식사에 초대했어요. 마치 선생님이 사랑받는 아름다운 젊은이이고 제가 그를 사랑하는 사람인 것처럼요. 선생님은 초대에 응하려 하시질 않았어요. 그러나 얼마 후 초대를 받아들이셨는데 처음 오셨을 때는 저녁만 먹고 바로 돌아가시려고 하기에 선생님을 붙잡기가 창피해 보내드렸습니다. 그러나 두 번째는 저의 계략을 꼭 성공시켜야 한다는 마음에 식사가 끝나고 밤늦게까지 이야기를 계속 이어갔습니다. 선생님이 가시려 하자 밤이 늦었다는 핑계로 주무시고 가는 게 좋겠다고 설득했습니다. 그래서 식사한 자리에서 선생님은 제 옆자리에 누우셨지요. 그 방에는 저와 선생님 둘밖에 없었습니다. 여기까지 모든 이야기는 창피함 없이 누구에게나 할 수 있는 이야기입니다. 그러나 다음 이야기들은 제가 취하지 않고는 진짜 할 수 없는 이야기입니다. 속담에도 술에는 진실이 있다고 하지 않습니까? 그러니 저는 말해야 합니다. 그리고 또 소크라테스 선생님을 찬미한다면서 그의 고매한 행적을 숨기는 것은 정당화될 수 없겠지요. 저는 뱀에게 물리는 고통을 느꼈습니다. 그리고 사람들이 말하기를 뱀에 물려본 사람은 뱀에 물려본 사람들에게만 그 고통을 말한다더군요. 오직 그들만이 고통에 못 이겨 한 말이나 행동을 너그럽게 이해할 수 있으니까요. 저는 좀 더 강한 독사에게 물렸고 제 심장, 아니 영혼 그 어딘가를 물렸고 그 고통은 가장 극심한 것입니다. 철학이라는 뱀에 물리면 천진한 젊은 이는 무엇이든 말하고 행하게 되는 겁니다. 그리고 여기 파이드로스, 아가톤, 에릭시마코스, 파우사니아스, 아리스토데모스, 아리스토파네스 다 있는데, 소크라테스 선생님이야 말할 필요도 없고요. 모두 지혜를 추구하면서 이런 광적인 열정을 경험한 적이 있을 거예요. 그러니 그 당시의 제 행동과 지금 하는 말을 여러분은 이해해 주실 겁니다. 그러나 시종들과 그 외 불경하며 교양 없는 자들은 귀를 꽉 막아주시길! 불이 꺼지고 하인들이 다 물러갔을 때 저는 소크라테스 선생님에게 아무런 모호함 없이 솔직해져야겠다고 생각했습니다. 그래서 선생님을 흔들며 주무시냐고 물었죠. '아니'라고 하셨습니다. 저는 '제가 무슨 생각을 하고 있는지 아세요?' 하고 물었죠.

'무엇을 생각하고 있는가?'

'저를 사랑해준 많은 사람들 중에 제게 가장 맞는 유일한 분은 선생님이라는 생각입니다. 그런데 선생님은 제게 왜 이렇게 삼가시는지요. 저는 이런 식으로든 아니든 어떤 호의도 선생님께 드려야 하고 그러지 않는다면 바보라고 생각합니다. 그렇게 제가 가진 모든 것과 친구들이 가진 모든 것을 선생님께 다 바쳐서라도 덕의 길에서 선생님이 저를 인도해주시면 좋겠습니다. 그게 제가 가장 원하는 것이고 선생님이야말로 누구보다 더 잘 도와주실 분이라고 믿습니다. 제가 선생님 같은 분에게 호의를 드릴 때 대부분의 어리석은 대중이 제게 하는 말보다 선생님께 드릴 호의를 거부할 때 현명한 사람들이 제게 하는 말은 훨씬 더 부끄러움을 줄 겁니다.'

저의 이 말에 소크라테스 선생님은 예의 그 반어적 태도로 대답하셨습니다.

'알키비아데스, 지금 말하는 게 사실이라면 그리고 자네를 더 나은 사람으로 만들 힘이 내게 진짜 있다면 자네는 진정 고상한 목적을 지녔군그래. 자네는 자네에게서 내가 보는 아름다움보다 무한히 더 좋은 그런 종류의 귀한 아름다움을 내가 지녔다고 보는 게 분명하군. 그러므로 자네가 자네의 아름다움과 나의 아름다움을 교환하려 하는 것이라면 자네는 내게서 큰 이득을 보는 것일세. 자네의 겉으로만 보이는 아름다움을 내게 주고 나의 진정한 아름다움을 받으려는 속셈이니까. 마치 디오메데스가 청동을 주고 금을 받은 격 아닌가. 그러나 자네 다시 한 번 잘 보게. 자네가 나에게 속은 것이 아닌지 말이야. 몸의 눈이 안 좋아지면 마음의 눈이 예리해지기 시작하네만 자네는 아직 몸의 눈이 나빠지려

면 멀었지 않은가.'

이 말을 듣고 저는 말했죠. '저는 굉장히 진지하게 제 의견을 말씀드린 거예요. 그러니 저와 선생님에게 뭐가 제일 좋은 건지 생각해봐 주세요.'

'그래, 좋네, 그러면 나중에 이것이나 또 다른 문제들에 대해 제일 좋은 게 뭔지 생각도 해보고 실행도 해보세.'

저는 제가 한 말이 마치 화살처럼 선생님께 상처를 입힌 게 아닌가 생각했습니다. 그래서 더 말하기를 기다리기도 전에 저는 일어나서 제 외투를 우리 둘 위에 덮고 선생님의 다 떨어져 낡은 외투 속으로 기어들어 갔습니다. 때는 마침 겨울이었고 저는 밤새이 놀라운 괴물을 팔에 안고 누워 있었습니다. 소크라테스 선생님, 이에 대해 부인하진 않으시겠죠? 그러나 이렇게 애원했어도 선생님은 너무 도도하셔서 저의 애걸 같은 건 아랑곳하지 않으시고 제가 스스로 매력 있다고 여긴 저의 아름다움을 경멸하고 조롱하고 업신여겼습니다. 들어보세요, 재판관님들, 여러분은 소크라테스 선생님의 오만한 덕을 심판해 주셔야 합니다. 그리고는 그밤 아무 일도 일어나지 않았습니다. 그 다음날 아침 저는 잠자리를 나오면서 마치 아버지나 형과 잔 것 같은 기분을 느꼈습니다. 이런 거절을 받고서 제가 어떻게 느꼈는지 추측하실 수 있겠습니까? 물론 창피했지만 저는 또한 선생님의 자연스러운 절제와 자제력, 남자다움에 경탄하지 않을 수가 없었습니다. 그러한 지혜와 인내를 가진 사람을 만날 수 있을 거라고는 상상도 해 본 적이 없었습니다. 그래서 선생님에게 화를 낼 수도 없었고 사귀는 걸 그만둘 수도 없었으며 선생님의 마음을 얻기를 희망하는 것도 더 이상

할 수 없었습니다. 왜냐하면 아이아스가 철검에 전혀 상처를 입지 않았던 것만큼이나 소크라테스 선생님이 돈에 전혀 영향받을 사람이 아님을 알고 있었고 나의 개인적인 매력으로 선생님을 사로 잡으려 한 유일한 기회도 실패로 돌아갔기 때문이지요. 그렇게 저는 망연자실한 채 있었습니다. 아무도 그렇게 절망적으로 누군가의 노예가 되다시피 한 적은 없을 겁니다. 이 모든 일은 저와 선생님이 포테이다이아로 원정을 가기 전의 일입니다. 우린 함께 원정을 갔고 저는 거기서 피로를 견디는 선생님의 비상한 힘을 관찰할 기회가 있었습니다. 전쟁터에서 흔히 있는 일이지만 공급되는 식량이 끊겨 음식 없이 지내야 했을 때 선생님의 인내는 한마디로 놀라운 것이었습니다. 저는 당연하거니와 어느 누구도 선생님보다 더 잘 견뎌내지 못했죠. 그러다가 또 음식도 있고 견딜만한 날들에는 선생님만이 그런 시간을 온전히 즐기는 진정한 능력을 가진 사람이었죠. 선생님은 술을 잘 드시려 하지 않았지만 마셔야 하는 상황이 되면 누구도 못 당하게 마실 수 있는 분이었습니다. 놀랍게도 아무도 선생님이 술에 취한 걸 본 적이 없습니다. 이런 선생님의 능력은 이 자리에서도 곧 증명이 될 겁니다. 또한 추위를 견디는 선생님의 불굴의 의지도 놀라웠습니다. 그곳의 겨울은 엄청나게 추워 서리가 내렸고 아무도 밖에 나가지 않으려 했어요. 설사 나간다 해도 옷을 여러 겹 꽁꽁 싸매 입고 다리와 발은 양털로 감싸고 나가죠. 그런데 소크라테스 선생님은 매번 입던 외투만 걸치고 맨발로 얼음 위를 걸었는데 신발을 신은 군인들보다 훨씬 더 행진을 잘했죠. 그래서 군인들은 소크라테스 선생님이 자신들을 경멸하는 것처럼 보인다며 적의를 가지고 선생님을 바라봤습니다.

있었던 일 한 가지를 얘기한 건데요, 하나 더 말씀드릴까요? 들을만한 가치가 있을 겁니다.

이것도 원정 때 일인데요, 어느 날 아침 소크라테스 선생님은 풀 수 없는 어떤 문제에 대해 열심히 생각하고 계신 것 같았어요. 포기할 생각이 없어 보였고 새벽부터 정오까지 같은 곳에 서서 생각을 계속하셨습니다. 그리고 호기심 많은 군인들 사이에서도 소크라테스 선생님이 새벽부터 무언가에 골몰한다는 소문이 퍼졌죠. 마침내 저녁이 되자, 여름이었으므로 이오니아 군인들은 이불을 가지고 밖으로 나와 야외에서 자기로 했습니다. 소크라테스 선생님이 밤새 생각을 하며 서 있는지 보려는 호기심에서였죠. 과연 선생님은 다음날 아침까지 서 계셨어요. 해가 뜨자 기도를 드리고는 어디론가 가버리셨답니다. 원하시면 전장에서 선생님이 보여주신 용기에 대해 한 가지 더 얘기해 드리죠. 아니, 꼭 얘기해야만 하는 건데요, 왜냐하면 그 일은 제가 용기가 있다며 장군들에게서 표창을 받았던 그 교전에서 생긴 일이거든요. 제가 부상을 입었는데 선생님께서는 저를 떠나지 않고 저와 제 무기를 다 구해주셨지요. 저는 제가 이 표창을 받게 된 건 일부분 제 지위 때문이기도 하니 정말은 선생님이 받아야 한다고 장군들에게 얘기했지요. 그런데 이 표창을 선생님이 아니라 제가 받아야 한다고 누구보다 강하게 주장한 분이 소크라테스 선생님이셨어요. 그리고 선생님의 행동이 두드러졌던 또 다른 에피소드가 있는데요, 중무장을 한 군인들과 선생님이 열심히 싸웠던 델리움 전투에서 패전하고 군이 후퇴하고 있던 때였죠. 저는 포테이다이아에서 선생님을 뵈었을 때보다 더욱 선생님을 이해할 기회를 얻었지요. 선생님과 라케스 장군은 군대와 함께 후퇴하고 있었어요. 선생님은 걷고 있었고 저는 말을 타고 있어서 상대적으로 더 안전했지요. 저는 선생님과 라케스 장군에게 용기를 잃지 말라고 했고 또한 그들을 절대 버리고 가지 않겠다고 약속했어요. 그리고 아리스토파네스, 자네가 글에서 소크라테스 선생님을 묘사한 것처럼 선생님은 아테네 거리에서 걷던 그대로였는데 마치 사다새가 눈을 굴리며 성큼성큼 걸으면서 침착하게 적군과 아군을 둘러보는 그런 모습이었어. 이런 모습은 멀리서 봐도 눈에 띄어서 아무도 선생님을 공격하려 하지 않았지. 그러면 강력한 저항에 부딪칠 것 같았을 테니 말이야. 그래서 선생님과 그의 동료는 도망칠 수가 있었습니다. 보통 적들은 앞뒤 보지 않고 냉큼 도망가는 사람을 뒤쫓지, 이런 사람들은 건드리지 않게 마련입니다. 저는 특별히 소크라테스 선생님이 어째서 라케스보다 더 뛰어난가를 관찰할 수 있었습니다. 저는 소크라테스 선생님을 찬미하기 위해 많은 놀라운 것들을 말할 수 있습니다. 선생님이 평소 살아가는 방식들은 다른 사람들과 큰 차이가 없으나 예전이나 지금의 어느 누구와도 비슷한 데가 없는 절대적 다름을 지니고 계십니다. 예를 들어 아킬레우스와 비슷한 사람을 찾으려면 우리는 브라시다스나 그 외 다른 이들을 생각해볼 수 있고, 페리클레스와 비슷한 사람에는 네스토르와 안테노르 등이 있습니다. 그 외 유명한 다른 사람들도 마찬가지로 비슷한 사람들의 이름을 댈 수 있지요. 그러나 소크라테스 선생님의 그 괴이한 개성을 닮은 사람은 예전 사람이나 요새 사람들 중에서 절대 찾아볼 수가 없습니다. 오직 아까 제가 말한 실레노스나 사티로스만이 비견될 수 있죠. 그들은 선생님의 생긴 모습뿐만 아니라 선생님이 하는 말씀에서도 닮은 바가 있어요. 생각해 보니 아까 이 말을 빼먹었군요. 소크라테스 선생님의 말은 처음 시작할 때는 실레노스의 이미지와 겹칩니다. 처음 들으면 우스꽝스럽고 엉터리 같지요. 선생님은 저 방탕한 사티로스의 살가죽 같은 언어로 자신을 감쌉니다. 짐을 실은 당나귀나 대장장이, 구두 수선공이나 무두장이 같은 것들이죠. 선생님은 같은 단어들로 똑같은 말을 반복합니다. 그러니 무지하거나 경험이 없는 사람들은 선생님을 우습게 생각합니다. 그러나 그 가슴을 열어 보면 그 안에서 발견하는 것들은 오직 의미 있는 말들입니다. 가장 신성하고 덕의 아름다운 이미지들로 가득하며 선하고 명예로운 사람이 가져야 하는 모든 의무에까지 광범위하게 미치는 내용의 말들인 겁니다. 친구들, 이게 소크라테스 선생님에 대한 저의 찬양입니다. 저를 막 다루신 것에 대한 비난도 포함은 했습니다만. 그리고 저한테만 그런 게 아니고 글라우콘의 아들 카르미데스와 디오클레스의 아들 에우튀데모스, 그리고 그 외 많은 다른 이들에게 똑같이 대우했습니다. 처음에 선생님은 그들을 사랑하는 사람으로 시작하였으나 결국에는 그들이 자신에게 구애하도록 만든 것입니다. 그러므로 저는 소크라테스 선생님에게 속지 말라고 아가톤에게 말하는 바입니다. 내 경험으로부터 배워 충고해주는 것이니 속담에서처럼 경험에서 배우고 바보가 되지 말게, 아가톤."

알키비아데스가 말을 마쳤을 때 그의 솔직함에 들던 사람들은 웃음이 터졌다네. 왜냐하면 여전히 소크라테스를 사모하고 있는 것처럼 보였기 때문이지.

"자네는 취한 게 아니었군." 소크라테스가 말했어. "그랬다면 사티로스를 찬미한답시고 그렇게 기발하게 에둘러 말할 수는 없었겠지. 결국 자네의 긴 이야기의 결론은 나와 아가톤 사이를 이간질하려는 것이 아닌가. 나는 자네만을 사랑하고 다른 누구도 사랑해서는 안 되며, 또 아가톤은 자네의 사랑만을 받고 다른 사람으로부터는 사랑을 받아서는 안 된다는 것이잖아. 그렇지만 실레노스와 사티로스 이야기로 자네가 꾸민 음모는 다 들통나고 말았다네. 그러니 아가톤, 알키비아데스가 우리를 이간질하도록 허락해서는 안 되네."

"네, 선생님 말씀이 맞아요. 그러고 보니 알키비아데스가 저와 선생님 사이에 누운 것도 그런 생각에서였군요. 그러나 원하는 걸 얻진 못할걸요. 제가 저쪽으로 넘어가 선생님 옆으로 옮겨 눕겠습니다."

"그래, 좋아, 이쪽 편으로 와서 내 옆에 눕게."

"아아, 정말 선생님은 저를 바보로 만드시는군요. 무슨 일에서나 저를 이기려고 마음에 두고 계시는 것 같아요. 선생님, 그러면 차라리 아가톤을 우리 사이에 눕게 합시다."

"그건 안 되지." 소크라테스 선생님이 말했습니다. "자네가 나를 찬미했으니 이제 내가 내 오른쪽 사람을 찬미할 차례야. 그런데 아가톤이 우리 사이로 자리를 옮기면 내가 아가톤을 찬미하는 게 아니라 아가톤이 나를 찬미할 차례가 되네. 제발 질투하지 말고 내가 아가톤을 찬미하게 해줘. 나는 너무 아가톤을 찬미하고 싶단 말이야."

"만세, 소크라테스 선생님이 나를 찬미해준다면 나는 당장 일어나 자리를 바꾸려네." 아가톤이 말했네.

"소크라테스 선생님이 계신 곳에선 언제나 이런 일이 일어나는 군. 아무도 아름다운 사람을 차지하지 못하게 되지. 지금도 선생님이 아가톤을 자신에게 끌어들이려고 허울 좋은 이유를 얼마나 손쉽게 만들어냈는지 보세요."

그래서 아가톤은 일어나 소크라테스 선생님 옆에 가서 누웠지. 그때 갑자기 한 무리의 술주정꾼들이 들어와 술자리를 어지럽혔어. 누군가가 나가면서 방문을 열어두었는데 그걸 보고 저 술 좋아하는 사람들이 잔뜩 들어와서는 술자리가 더 시끌벅적해졌다네. 모두가 엄청난 양의 술을 마실 수밖에 없었지. 아리스토데모스는 에릭시마코스와 파이드로스, 그리고 다른 몇 사람은 밖으로 나갔고 자신은 잠이 들었다고 했어. 밤이 길어서 깊은 잠을 잘 잤더래. 닭이 울어 깨어보니 새벽 즈음이었는데 어떤 이들은 갔고 어떤 이들은 자고 있었는데 오직 소크라테스 선생님과 아리스토파네스, 아가톤만 큰 잔을 돌려가며 술을 마시고 있었다는 거야. 소크라테스 선생님은 그 둘과 담론을 하고 있었다네. 아리스토데모스는 반쯤 깬 상태라 그 담론의 처음은 들을 수가 없었으나 담론의 주요한 내용은 희극 작가의 재능을 가진 자는 비극 작가의 재능도 있고, 진정한 비극 작가는 또 진정한 희극 작가이기도 하다는 것을 소크라테스 선생님이 그 둘에게 인정하게끔 하고 있었다는 거였어. 그 둘은 그 주장을 완전히 따라가지 못해도 졸면서는 그것을 거의 인정하지 않을 수 없는 지경에 이르렀다네. 먼저 아리스토파네스가 잠이 들었고 훤히 동이 트자 아가톤도 잠들었다네. 소크라테스 선생님은 그들을 편히 눕히고 나서 일어나 나갔다고 해. 아리스토데모스는 항상 하던 대로 소크라테스 선생님을 따라나섰고. 소크라테스 선생님은 리케이온에서 목욕을 하고 평소처럼 하루를 보냈고 저녁에는 집으로 가서 잠자리에 들었다고 하네.

작가 연보

기원전 423년경	아테네의 명문가에서 태어나다. (기원전 427년경으로 보기도 한다.)
404년	펠로폰네소스 전쟁이 끝나고 아테네에 스파르타의 괴뢰 정권으로 30인 참주정이 수립되다.
403년	30인 참주정이 붕괴되고 민주정이 회복되다. 이즈음 플라톤이 소크라테스의 문하생으로 들어가다.
399년	소크라테스가 사형 선고를 받은 후 독약을 마시고 죽다. 이에 현실 정치에 환멸을 느끼고 아테네를 떠나 메가라, 이탈리아, 시칠리아. 이집트 등지를 여행하다.
383년경	아테네로 돌아와 아카데메이아를 창설하다.
366년	시칠리아의 도시국가 시라쿠사에 가서 자신의 정치철학을 펼치고자 했으나 실패하다.
361년	다시 시라쿠사에 갔다가 죽을 고비를 넘기고 아테네로 돌아와 평생을 제자 양성과 연구에 전념하다.
348년경	플라톤이 죽다.

소크라테스의 변명

크리톤·파이돈·향연

초판 1쇄 인쇄 2023년 12월 26일
초판 1쇄 발행 2023년 12월 29일

지은이 플라톤
옮긴이 최유경
펴낸이 이효원
편집인 음정미
마케팅 추미경
디자인 문인순(표지), 이수정(본문)
펴낸곳 올리버
출판등록 제395-2022-000125호
주소 경기도 고양시 덕양구 삼송로 222, 101동 305호(삼송동, 현대헤리엇)
전화 02-381-7311   **팩스** 02-381-7312
전자우편 tcbook@naver.com

ISBN 979-11-93130-34-6 03160